林华光 ◎著

迢迢心路 乐章芬芳
—— 许怀中的文学人生

海峡出版发行集团 | 海峡文艺出版社

图书在版编目(CIP)数据

迢迢心路 乐章芬芳:许怀中的文学人生/林华光著. —福州:海峡文艺出版社,2024.1
ISBN 978-7-5550-3269-4

Ⅰ.①迢… Ⅱ.①林… Ⅲ.①许怀中—传记 Ⅳ.①K825.6

中国国家版本馆CIP数据核字(2024)第021616号

迢迢心路 乐章芬芳——许怀中的文学人生

林华光 著

出 版 人	林 滨
责任编辑	莫 茜
出版发行	海峡文艺出版社
经 销	福建新华发行(集团)有限责任公司
社 址	福州市东水路76号14层
发 行 部	0591—87536797
印 刷	福州锦星元印务有限公司
厂 址	福州市晋安区新店镇健康村健康工业区6号
开 本	720毫米×1010毫米 1/16
字 数	268千字
印 张	16.25 插页 4
版 次	2024年1月第1版
印 次	2024年1月第1次印刷
书 号	ISBN 978-7-5550-3269-4
定 价	68.00元

如发现印装质量问题,请寄承印厂调换

1952年许怀中厦门大学中文系毕业留影

1983年12月,许怀中参加全国作代会,在冰心家中与冰心合影

1984年，许怀中在厦门与丁玲合影

1993年8月，许怀中在美国西雅图参加国际艺术节

1993年9月，许怀中在美国西雅图参加国际艺术节

1992年7月,许怀中参加在英国剑桥大学召开的国际学术交流会

许怀中在书房写作

本书作者林华光简介

林华光，1961年10月出生于福建福清市，祖籍福建闽侯县，1978年12月入伍，先后学习于空军第二航空学院航空自动化专业、辽宁大学法律专业、中国人民大学行政管理专业、空军指挥学院政治专业。曾任沈阳军区空军航空兵某部副政治委员等职。2000年8月转业到福建省政协，历任机关党委副调研员、省政协研究室信息新闻处副处长（主持工作）、信息处调研员，福建省文史研究馆办公室主任、一级调研员、馆党支部书记。现任福建省作家协会会员，中华诗词学会理事，福建省诗词学会副会长兼秘书长、学会党支部书记，福建省炎黄文化研究会会员，福建省林则徐研究会会员。从事党务工作，曾被中共福建省委授予"全省优秀党务工作者"；从事政协宣传和社情民意信息工作，曾连续六年荣获全国政协系统信息工作先进单位，个人连续多年被全国政协办公厅授予"全国政协系统信息工作先进工作者"；从事政协宣传工作，曾获全国政协系统好新闻一等奖、二等奖等。数十年来，坚持业余写作，在军地各类刊物发表上百篇论文，撰写和整理馆员咨政建言论文，被国务院参事室、中央文史研究馆《国是咨询》《工作通讯》刊发50多篇，居全国政府参事室、文史馆之首，得到国务院参事室领导表扬。著有《馆员春秋》《馆员风采》等，曾任《福建丛书》《福建文史丛书》和《福建文史》《福建诗词》杂志编委、《福建诗词学会通讯》主编。退休后应邀当选福建省诗词学会党支部书记、副会长兼秘书长，创作诗词发表在《诗词中国》杂志和北京文艺界等诗刊媒体上。

目 录

第一章
  少年才俊 志存高远 / 1

第二章
  风华正茂 不负韶华 / 15

第三章
  文铺锦绣 南强青春 / 29

第四章
  文化交流 异域风情 / 53

第五章
  走南闯北 神州漫游 / 123

第六章

  鲁迅研究　　结缘绍兴　／155

第七章

  闽山闽水　　山水有道　／164

第八章

  乡愁哲思　　清风明月　／212

第九章

  老骥伏枥　　艺术常青　／255

第一章
少年才俊　志存高远

1. 出身贫寒，家境艰难

许怀中祖籍仙游县钟山乡，那是个离著名风景区九鲤湖很近的山村小镇。许家世代都是劳动人民，到许怀中父亲那一代，家族搬进县城飞钱巷已有七八代了。父亲许子烈虽生于东南一隅的小县城，却胸怀天下，一心想获得高学历，但只考上泉州第四师范，后因家道不济，便辍学回仙游，与从北京回来的燕京大学学生陈丙中和厦门大学学生陈侃创办《新仙游报》。

许子烈秉性耿直，爱激动，嗓门大，声音洪亮。他们出版的《新仙游报》言辞激烈，招怨不少，常被控告，出了一年就被认为反对当局，下令封闭；不久复刊，半年后又因批评当权者征收烟苗捐，在仙游站不住，不得不迁往角田发行。此时，许子烈写的一篇《傅瑛传》流传到福州，在仙游籍省城学生中传诵，为不久后发生的"傅瑛案"埋下了重要的伏笔。

傅瑛是天主教仙游县陶青小学校长，仙游县实业局局长（未经省里委任），出入衙门，为县长、神父办事，横行霸道，引为自豪，不恤人言，公然不讳。1923年，傅瑛到福州，自称代表仙游各界，给当权的福建军务会办王永泉送"为国为民"匾额。仙游籍省城学生斥其无耻，认为傅瑛是仙游败类，集合100多人，到下杭街当面声讨傅瑛，并动手将傅瑛捆缚，送警局收押。后福建督署将傅瑛释回仙游。不久，北洋军阀孙传芳令仙游县县长林升，又将傅瑛解省，由督署军法处讯问，处以死刑，执行枪决。傅瑛创下了因巴结官长而获罪致死的"千古奇闻"。

北伐军入闽，激进的青年学生普遍受到重用，陈丙中被委派为政治监察员，许子烈经人引荐，在县政府任代理财政科科长，他们在《新仙游报》上发表文章，要求取消已受编易帜的军阀吴威在仙游征收的"老鼠饷"。仙游县当局反对吴威的部队驻防仙游，拒绝继续拨付"老鼠饷"，留下积怨。

1927年蒋介石在上海发动"四一二清党"，吴威在福州得讯，即宣布这些激进的青年人为"共党分子"，下令其驻仙游的部属动手。4月14日拂晓，吴威的部队分路包围了仙游县政府、红十字会和教育局等机关，逮捕了陈丙中、许子烈等10多人，被逮的机关工作人员遭吊绑毒打、野蛮侮辱（有的被灌屎）后释放。陈许两人被关押数日后，军方贴出布告，宣布两人为"共党分子"，执行枪决。

天蒙蒙亮，吴威部队的一排士兵押着被五花大绑的陈丙中和许子烈来到荒凉的仙游南门兜。几乎没有什么复杂的程序，两人面朝木兰溪站定，背后的枪声便响了。第一阵枪响后，许子烈自然而然地倒了下来，感觉到周围的尘土都飘了起来，身边传来陈丙中的呻吟声；随之，第二阵枪响，子弹在头顶呼啸而过，许子烈失去了知觉……

黎明时分，许子烈很快就醒了过来，发觉自己并没有死，甚至连一根毫毛也没有丢失，他不顾双手被反绑着，站起来便跑……背后有个早晨起来解手的邻居发现了他，便大叫起来："子烈！子烈！你不要跑。"许子烈听清了是邻居的声音，遂停下颤抖的双脚，让这人替自己解下绑绳，逃回家去。当夜许子烈躲到乡下的姐姐家里，两天后的夜晚又化装逃到了同安县城，不久上了厦门鼓浪屿，随后托人把妻子和长子许人望从仙游老家接到鼓浪屿。几个月后，妻子生下许怀中的姐姐，许子烈为纪念那个苦难的4月，给女儿取名许怀四；两年后的1929年12月19日，许家第三个孩子诞生在鼓浪屿一座面海的房子里，父亲为了怀念自己的难友陈丙中，给他取名"许怀中"。

陈丙中以"共产党员"的"罪名"饮恨倒在国民党军阀的枪口下，可细查中共烈士的名册，却找不到他的名字。若干年后，许怀中苦苦翻阅《仙游县志》，终于找到，就在南门兜的枪声响过10天之后，中共闽中特委书记陈国柱首次只身来到仙游山区游洋的一个小村庄，铁锤镰刀旗下，8位游洋农民举起了造反者的手臂庄严宣誓——他们是仙游全境最早的中共党员。

许子烈死里逃生的原因众说纷纭，事隔多年，难以查考，只是此后20多年，仙游政坛和社会"乌白派"纷争激烈，作为乌派早期骨干的许子烈再也没有参与其中，以至于晚年侨居太平洋彼岸的李果撰文回忆少年往事，只字不提许子烈的名字。

8年后回到仙游的许子烈，面对木兰溪绕城东去，轻轻地吟哦着："问君能有几多愁，恰似一江春水向东流！"

生活的重压很快代替了理想破灭的惆怅。许子烈初回故乡便重操旧业，在《闽中日报》当编辑，不久便应聘到莆田兴化湾南岸一个靠海的乡村小学当教师。但终因子女多负担重，很快又辞了教职回仙游城关做生意，先是碾谷，后是制蜡烛，新中国成立后被评为手工业者成分。

许怀中一家回仙游住的房子是他堂哥许国经（参加革命后改名许彧青）家的房子，此时堂哥家里仅母亲、妹妹两人，他母亲年轻守寡，14岁生下许彧青，另有一个妹妹。许彧青少年时便参加地下党活动，由于叛徒出卖，被敌人堵住门口，恰好他在门后露天厕所如厕，便提起裤子，逃离了家乡，后直奔皖南投奔新四军部队。

有一次，母亲带许怀中从厦门乘船回莆仙，听说喜欢说笑的母亲临行前和友人开玩笑，友人说海上碰到大风大浪，看你哭都来不及。果然不幸言中，途中遇到台风，船上哭声顿起，风浪把船只抛起又落下。母亲可能产生幻觉，恍惚间看到一位白须垂膝的老者坐在床沿，像是保护神似的。台风果然渐而停息，母亲立即带许怀中上岸，避免了一次海难。

许怀中父母又一次搬家，从鼓浪屿搬到厦门双十路一座平房，当时他父亲从事的是制蜡烛手工业。许怀中经常看到双十中学的学生穿着制服排队游行。有一个春节，许怀中和姐姐在双十路上，听到稀稀落落的鞭炮声，家人脸上的表情带着忧愁，不见过春节的欢乐。原来当时日寇的铁蹄踏进国土，厦门也将沦陷，这是许怀中童年在厦门度过的最后一个节日。不多久，他父亲挈妇将雏回故乡仙游，从鹭江滨到木兰溪畔。木兰溪弯弯曲曲，穿过山谷和大地，奔流入海。许怀中在木兰溪畔度过童年最后一段时光。许怀中受过大海博大胸怀的熏陶，又得到木兰溪母亲河顽强奔流精神的感染，这都是对许怀中童年的厚赐。

2. 家学渊源，博览群书

许怀中从懂事起，便爬到那座平房靠海的窗口眺望大海，那时海面上停泊着各种轮船，挂着不同国家的国旗，后来才知道那是五口通商后厦门的缩影。

当许怀中重返厦门时，寻找那座曾经居住的龙头码头平房，可房子早已不见踪迹了，比许怀中年长两岁的姐姐还能画出平房的平面图。记忆犹新的是住宅附近是菽庄花园，仲夏之傍晚，父母亲带许怀中到花园沙滩上乘凉，海风轻吹，潮声如催眠曲，许怀中不觉坠入梦乡，睡在柔软沙滩的怀抱。大海犹如生他养他的母亲，她那博大的胸怀，不知不觉陶冶许怀中幼小的心灵。

许怀中父亲擅长文字和写诗填词，在厦门报社谋了一个编辑的职业，还在襁褓中的许怀中，听他用方言背诵古典诗词，什么"春花秋月何时了，往事知多少"……那时的许怀中当然没有什么"往事"，到许怀中长大后，才慢慢懂得父亲所背诵诗词的内容。喜欢文学的基因，也在那时造就。他父亲作诗填词，直到晚年还和朋友唱和，填写了一首比《长恨歌》还长的咏梅妃的《梅妃曲》长诗。因患白内障，视力大减，遗稿上字行有时重叠，有时隔得很开，读之令人感怀。前些年许怀中为父亲出版他生前编好的《许子烈诗词集》。

几年后，从龙头码头搬到附近的一座洋楼上住，那时许怀中从窗口望海，夜间海面泛着霓虹灯的五颜六色，但已不能再到海滨乘凉了。原来楼下住着人贩子，有一天许怀中母亲突然看不见许怀中，发动家人四处寻找。后来在轮渡码头找到许怀中，许怀中坐在圆圈上哭，仅一步之差，许怀中就会被带到对岸的厦门本岛，到时要找便犹如海底捞针。每当他母亲谈起此事，余惊犹存。

在这之前，还发生过另一件惊险的事。听说许怀中不满周岁时，父母带他去上海玩，在火车上吃了油炒饭，一到上海就一直拉肚子，奄奄一息。父亲四处奔走求医，偶然在人山人海的南京路上，遇见莆田籍的牧师。当时父亲低头奔走，牧师主动向父亲打招呼，问他为何如此奔忙。

父亲如实以告，牧师说赶快送到莆田老乡当院长的医院抢救，最终许怀中被抢救过来，可谓死里逃生。

许怀中进的学校是仙游县文虎小学，校址在城东燕池埔，即如今仙游师范那个地方。

读小学之初，他父亲蒙冤，后考公务员，到永春工作。开始许怀中学习成绩平平，到三年级注册时，老师不经意地说你年纪这么小，读书读得还不错呀，受到这无意间的鼓励，许怀中从此成绩跃入前茅，还参加优秀学生的合影纪念。那时的校舍，便是后来的仙游师范校址，校园环境优美，靠近体育场，许怀中参加过在那里举行的运动会。

考初中时，许怀中的成绩在县立中学和私立慕陶中学都名列榜首，因抗战县中迁到乡下，他父亲考虑要在县城附近就读，许怀中便入慕陶中学。这所教会办的学校，由慕范中学和陶德女中合并，故名。环境十分幽美，校园背后是农村，每逢冬天，走出后门，便闻到农民榨甘蔗煮糖的清香，令人陶醉。

初中阶段，许怀中的文理科均优。有一次考几何，年轻的女教师出了三道难题，当场宣布，每题给35分，最高分可得105分。许怀中去领回考卷时，女老师满脸笑容地说："你被扣了2分，得了103分。"当时许怀中的语文科成绩优良，语文老师极严，对作文更是严格要求，许多同学都是低分，许怀中的作文却受到表扬。许怀中写的《如何做个一等国民》，被登在校刊上。

当时许怀中得了疟疾（即打摆子），三天发作一次，发冷时双重棉被不够盖，发热时，高烧难耐。那时医疗条件差，病好了一段又发作，直到三年后才痊愈。即使这样，许怀中坚持就读，没有停学。疾病锻炼人的意志。除了语文、数学，许怀中的其他科目，如美术、音乐也得高分，还参加学校的歌咏队。体育也能锻炼人，许怀中小时候就和堂哥等夜晚在街上赛跑，常常跑在前头。

尽管许怀中初中时学习成绩不错，但却发愁上高中要出县，要到莆田或永春念高中，那时仙游还没有一所高中，许怀中的哥哥便是到永春念高中。

天无绝人之路，初中快毕业时，仙游成立了省立高级中学，校址在金石山，校园优美。初中毕业后去投考，榜单贴在县政府大门口，许怀中的名次尚高。记得第一届招收了三个班级，校长陈侃，是许怀中父亲的朋友，同属反地方恶势力的派别，他后来加入民盟，系民主人士。当时每周一举行集会，陈校长在一次演讲时说："民不畏死，奈何以死惧之。"他引这句古语，是针对国民党反动当局残杀人民的罪行，他拒绝反动当局党团在学校活动。现今校友聚会时，还有人感怀陈校长救了许多学子。校友李南谷几年前给许怀中寄来陈校长的几首诗歌，其中一首如下：

晚霞夕照漫天红，我再三年与君同。
半世仓皇炮火里，一生庸碌乱离中。
中舍拱楼照皓月，怀中南谷卷东风。
华发当年皆少年，而今都是七旬翁。

下有注释曰："中舍、拱楼系金石中学的两栋教学楼。怀中是怀念丙中之意；怀中系许子烈之次子，仙高一组；南谷是仙高三组，相差一年。"

当许怀中念高中二年级时，同学陈秋玉写了一新诗，要许怀中交给在《全民报》当工友的堂哥转给编辑，不几天见报了。受陈秋玉的启发，许怀中以同班同学为模特儿写了《阿槽》一文，也在报纸上发表了。从此一发不可收，许怀中写了诗歌、散文、随笔、小说，从仙游到莆田、福州、惠安甚至台湾报刊发表。他曾和文友詹文树（笔名郁平）到报栏上撕下自己发表的作品，积了好大一本剪报。那时他还和同班同学黄永鉴等成立大风文学社，在《全民报》上借一个版面，编副刊。那时许怀中在仙游师范有位文友笔名田家儿，他俩经常通信，但从未见面。田家儿毕业后回惠安，编了副刊《离离草》，许怀中在那儿发表散文《秋色满山楼》，这也是许怀中第一本散文集的书名。许怀中念大学三年级时，参加惠安土改，到徐岭镇报到，看到镇长杨雀林在报到函中写的字迹和田家儿字迹相仿，后来才知原来就是他。无意相逢，喜出望外。

高中快毕业时，习作剪报已是厚厚的一本，许怀中视为家珍，随身携带。后来去福州参加高考，途经涵江，宿于小旅社，同房有一位客人，醒来后客人不见了，许怀中的包袱无影无踪，剪报也不翼而飞了。许怀中想，他的所得不过是几件破衣服，那剪报对他来说只是废纸一团，而许怀中心血的结晶，却是从此再也找不回来了，只剩下几篇残稿，收在第一本散文集里，聊作纪念。

许怀中父亲有五个兄弟，他最小，后与书峰农家女子结婚，成家立业。父亲因早年失学之痛，把希望寄在子女身上。大概因许怀中书读得较好，他希望许怀中能上大学，甚至出洋留学。

父亲深厚的古典诗词修养催生了少年许怀中的文学天才，父亲刚烈的秉性潜意识里促动了许怀中"直面人生"的勇气。许怀中第一篇发表在仙游《全民日报》上的小小说《阿槽》，是以同班一个同学为模特儿的，名是诨名，事是真事，写这位生性乖巧的同学为了巴结老师，经常去这位在家制售肥皂的老师家买肥皂，以博得老师好感的故事。小说发表之后，自然触怒了那位理化老师。在接下去的学期考试中，老师在许怀中写满正确答案的化学考卷上批了三个红字"不及格"！放寒假了，许怀中也无心去玩，不过补考的时候，老师又还给他100分。

一生为人师表、桃李满天下的许怀中教授，如今回忆少年往事，仍对他的这位老师怀有歉疚之情："其实向老师买肥皂也不是坏事，可见当时我是个不懂世事的人。"

《阿槽》引起的一场小小风波，成了许怀中文学生涯的起点。从此，他写小说，写诗歌，写散文……郁达夫、巴金、冰心和臧克家等新文学作家的作品给他很大的影响，鲁迅的著作还不太懂。他写的另一篇《春香》是反映农村少女命运的小说，描写了一位村姑进城给富人当丫头，受尽欺凌，终于被逼去跳木兰溪的悲惨经历。小说发表在仙游的《国中新报》上，标志着青年许怀中已经悟出了"命运"这一文学的核心命题。

许怀中在福州考上了教会办的协和大学中文系。此时的省城福州，已是"山雨欲来风满楼"的一派激奋气象，即使在这座教会严密控制的大学校园里，也难以躲开历史大潮的冲击。一年级新生许怀中很快卷入了推翻反动统治阶级的学潮中，他的文学灵感迅速与时代气氛共振，写朗诵诗，为贫困的同学募捐，投身到反饥饿反迫害的罢课游行队伍中去……

1949年6月，人民解放军渡过长江，并迅速翻过武夷山脉，人民解放的隆隆炮声遥遥传来，福州所有的大学全部停课，许怀中回到了仙游。

堂哥许国焕也从厦门大学回到故乡，这位地下党人带着堂弟热情地投身到迎接仙游解放的活动中，他把从厦门带回的毛泽东《新民主主义论》，让许怀中抄成大字报贴上仙游的主街道，让新中国的光辉抢先一步照耀了木兰溪畔的小县城。

3. 大学求学，转学厦大

高中毕业后，经过一年补习，许怀中考上美国人办的协和大学中文系。学校在福州魁岐，站在高处的院楼前，可眺望闽江。在江边的这所大学，风景秀丽，学校的教师多为洋人，课本和讲课都是用英文。那时莆田籍学生林兰英已经毕业，到国外留学，后当上院士，许怀中无缘得见。国文老师严叔夏，是严复的儿子，当时倾向进步。许怀中的一篇作文写一个工人参加进步活动被开除的故事，严叔夏批注："有意思。"协和大学确是当时地下党的活动基地，近年许怀中为平潭作家撰写的《曾焕乾传奇》《翁绳金传记》等书作序，其主人公都是协和大学地下党的领导人。许怀中那时所接触的莆田籍同学黄氏，一直借给许怀中进步书籍阅读。新中国成立后才知道，黄姓同学是党的地下组织城工部的。

1949年11月，厦门解放。堂哥许国焕回到厦门大学继续读书；许怀中受革命气氛的感染，已对省城那座大学不再留恋，便毅然决定转学厦门大学，并以转学考试第一名的成绩进入厦门大学中文系二年级，开始了他终生与厦门大学的不解之缘。

许怀中童年从厦门回家乡时，父母就曾借居许彧青住宅，在伯母书桌上，许怀中见过许彧青的照片，那时他是新四军。听说他在莆田念书时，参加地下党，有次叛徒带军警连夜到许家逮捕他，机动灵活的他知道不妙，从后门逃走。先到南洋，抗战时回到解放区，中华人民共和国成立后被派到厦门市委任要职，住在厦门日报社宿舍，伯母和他团圆。许怀中在厦门大学时常去看伯母和堂哥。后来许彧青被调任中共福建省委宣传部部长，离休前当过副省长，逝世时许怀中曾写悼念他的文章。

在厦门大学就读时，备战气氛相当浓厚，边读书，边挖战壕。那时校长是王亚南，他请在英国剑桥留学的郑朝宗回国任中文系主任，接替余老主任的班。郑朝宗教写作，徐元度教授教文艺理论，黄典诚教授教新文字，还有些名家任教，如林惠祥教社会发展史。当时刚解放，群众社会工作热情高。许怀中参加了厦门市区户口整理，走街串巷后被高年级同学介绍入团，再后来当了厦门大学团委会宣传部部长、厦门大学学生会文化部部长。

厦门大学是陈嘉庚创办的大学,后改为国立厦门大学。鲁迅写给许广平信上说这所学校"风景佳绝",那时他应林语堂邀请到厦门大学任教,先宿生物楼,后搬到集美楼。这段生活,在《两地书》中记述得相当详细。

许怀中在厦门大学就读时,先宿于映雪楼,楼下是演武亭,即郑成功练兵的操场。后来也住过囊萤楼。这两座楼在一字形的建筑首尾,取古人刻苦读书典故为楼名,勉励学生勤学苦练。厦门大学校训"止于至善",系当时南方之强。

当时许怀中所承担的社会工作,锻炼最大的是当《厦门日报》通讯员。厦门日报社那时在中山路一座楼房上办公,许怀中经常去送稿,报社也常派编辑和许怀中联系,组织通讯员学习,学习过魏巍的通讯《谁是最可爱的人》。报社青年女编辑姓费,是上海南下的,她常和许怀中联系,许怀中写稿较勤,被评为模范通讯员,在大会上介绍经验。记得初次在大会上讲话,许怀中很紧张,连讲话稿都忘了。经过锻炼,后来在会上讲话就习以为常了。许怀中写的通讯,比较有影响的算是《厦大一年》,即写了新中国成立后厦门大学一年的变化。

不久后,厦门大学创办《新厦大》校刊,许怀中参加编辑工作。有时通宵工作。后又创办厦门大学有线电台,设在映雪楼楼下。初播时,许怀中在寒风中的楼外听播音,心中热乎乎的。由于工作热情高涨,许怀中被评为厦门市模范团员。记得厦门大学只评上许怀中一人,厦门电台请许怀中去讲话,向全市广播。校刊上还报道许怀中的事迹。母校给许怀中的荣誉,他毕生难忘。

最荣幸的是,许怀中在厦门大学礼堂聆听过华侨领袖陈嘉庚的讲话。陈嘉庚用闽南话讲演,要翻译。当时王亚南校长主持,他说,厦门大学和陈嘉庚分不开,提到厦门大学就要提到陈嘉庚,提到陈嘉庚,就要提到厦门大学。事实恰是如此。三年的厦门大学学生生活,很快就结束了,母校给许怀中的恩情,却是一辈子难忘的。

4. 大学毕业，最初历程

　　人民翻身解放的腰鼓声激发了许怀中热爱新中国，努力学习，献身社会的积极性，共青团组织从地下公开到地上之后，他成为第一批入团的人，并很快当上了学生会文化部部长和校团委宣传部部长，被评为厦门市的模范团员。因为积极参加各种社会活动，他甚至没有时间写文学作品，而是配合形势在《厦门日报》上发表了不少新闻稿，被评为该报的模范通讯员。一直忙到1952年夏天，毕业的时候到了，许怀中那从小埋藏于心底的"作家梦"苏醒了。当时分配的去向中有个去西藏的名额，为了实现心中那个神圣的"作家梦"，许怀中没有接受中文系主任郑朝宗要他留校的美意，决心奔赴遥远的青藏高原，去追逐那个缥缈的梦境——"香巴拉"。

　　合该许怀中与那片心中的净土无缘，就在此时，他胃出血住进了医院，组织上否决了他的请求。

　　没有去成西藏，牵引着青年许怀中人生方向的作用力仍然是文学。就为了魏巍的那篇《谁是最可爱的人》写得实在太动人了，他果断地打起背包去了福州荣誉军人学校报到，然后又随学校迁往山区建瓯县。

　　荣誉军人学校的学员都是文化基础很差的革命功臣，有老红军、老八路，资历最差的也是志愿军立功伤残人员，主管部门为了给他们创造更幽静的学习环境，把学校迁往山区。这些开口闭口"他妈的！老子当年在战场……"的有功之臣，因身上留着伤痕，甚至敌人的子弹还未取出，脾气难免急躁，但他们深得性情宽厚的许怀中的喜爱，彼此关系和谐。许怀中在学校任教育干事，这些英雄的档案是他最好的精神营养，他们从烽火硝烟的战场用生命和鲜血创造的传奇故事哺育和浇灌了许怀中的文学理想和天才的花朵，在荣军学校的5年中，他发表了一篇又一篇以英雄为题材的通讯特写。

　　1956年，随着抗美援朝战争结束，荣誉军人学校的生源断了，改办为疗养院。许怀中没有回一直想要调他回去的母校厦门大学，而是去福州作半个月的考试复习，以优异的成绩考进中共中央第三中级党校。第三党校设在上海，许怀中和一群20多岁年轻人在这里度过了一年的愉快时光。

1957年9月，许怀中从党校毕业，响应党的号召"归队"回到厦门大学，在刚刚成立的海外函授部任教。"反右"运动之后，海外函授部与中文系合并，他被任命为中文系党总支副书记兼教师支部书记（副处级）。每天从芙蓉楼前走过，他的脑海里会闪过毛主席那春风浩荡的诗句："我欲因之梦寥廓，芙蓉国里尽朝晖。"

在中文系副书记任内，许怀中推荐品学兼优的毕业生留校，还介绍他们入党，师徒还合作写过影评。许怀中的学生中，有的当省、厅各部门的领导，有的成了教授、专家学者，成绩斐然。许怀中常常对人说："青出于蓝而胜于蓝。"

5. 大海情缘，大海胸怀

生活在海滨、和大海结缘的人，是幸运的。20世纪二三十年代之交，降生在厦门鼓浪屿海滨的许怀中，从记事起就和大海相依相伴。他记得在龙头靠海的一座住房窗外，便是大海。他爬上窗口，静静地观望大海，海面停泊着、行驶着各种各样、大小不同的舟船，汽笛声和涛声交响出一支独具韵味的海湾曲。尽管海是喧嚣的，却毫无逼仄之感，能触摸到大海胸怀的博大，领略到她那宽容的秉性。仲夏的夜晚，父母亲把许怀中带到海滨的沙滩上，轻柔的海风吹拂，海平静下来了，他躺在柔软的滩床上，在涛声的摇篮曲中，轻轻地坠入梦乡。大海潜移默化地浸入童年的生活，润物细无声地拓展着童年的心胸，把那有容乃大的品性灌输给成长中的他。许怀中的爱静性格当是大海的厚赐！

在海滨，从童年走向青年，从青年步入中年，又从中年一步一步地往前走，岁月在潮起潮落中流逝。许怀中刚回厦门，车过集美海堤，在海风中见火一样的凤凰木，心情和海浪一样奔腾翻滚："大海，我的母亲，我又回到你的身旁！"后来，他从鼓浪屿海滨搬到厦门大学校本部宿舍，最后落脚在20世纪60年代初新盖的西村"讲师楼"二楼，和厦港邻近，在这里度过了20多个春秋。他教书和写作、研究相结合，从助教到讲师，从讲师到副教授、教授，从发表小文章到论文，从论文到著作。

6. 木兰溪畔，琴声难忘

那是"文革"动乱发生后的一年多，学校早已停课，春雨连绵，许怀中心烦如乱丝，真想逃离一段。正好姐姐从遥远的云南回故乡，姐弟俩多年未见，许怀中很想回去看看，又可在家当一回"逍遥派"。许怀中的这个念头无意中透露给毕业班学生老乡林君。林君是调干生，书念得好，是厦门大学中文系毕业班的优秀生。不几天，天还未亮，许怀中听到敲门声，那时草木皆兵，门户一有响动，神经就绷得紧紧的，不敢贸然开门。许怀中从门缝朦胧中见一人坐在楼梯头，细看，原来是林君，赶忙迎进。他告诉许怀中，正好有辆货车回仙游，就停靠附近。许怀中于是连忙收拾简单的行囊，跟他上车。货车敞篷，没有什么货物，只见架着一根长长的木材，像架着大炮。过了集美，心才安下来。许怀中回到故乡，见了姐姐，又和父母团聚，心暂驶进避风港，一丝平静，几分慰藉。当时许怀中父母住在飞钱巷中祖传的百年老屋，老屋已像老态龙钟的老人，破旧不堪。这座老屋有个传说，说的是北宋长乐知县朱可大的母亲朱妈，是个慈善的老太婆，她乐善好施，常年把钱拿去救济穷人，终于自己也成了穷人。观音大士闻知此事，化身为女道士请求施舍；朱妈已无物可舍，女道士要求朱妈把脚上的鞋袜脱下施舍，朱妈答应后转身进屋脱鞋袜时，忽听楼上叮叮当当，原是天上飞来银钱，堆满了阁楼……陈氏后人既出高官显爵，也难免有不肖之徒。后来这一座曾祖留下来的古屋，被堂亲卖掉，陈氏后人已无立锥之地。

那时，父母亲就住在这古屋里，许怀中从厦门回家正是雨纷纷的清明节。按家乡的过节习惯，炒面吃。因古屋曾租给旁人，地砖都被挖去卖，收回时，无力修缮，小厅凸凹不平，坑坑洼洼，母亲常把只剩下的几块红砖擦得干干净净。厅的一角，放着炉灶，土墙壁被灶火熏得发黑，年迈的父亲佝偻着身子当煮食的厨师。那年头，左邻右舍都吃得简单，清明节吃顿炒面和蚵汤，就算是改善。

百年老屋住不下，只好借宿于对面的小阁楼上。夜晚，父亲提着用墨水瓶自制的小油灯，弯着腰送许怀中过去，看许怀中爬上楼梯才转身回去。夜间，受跳蚤老鼠的扰乱，不得安眠。幸好后来姐姐向过去的老同事在仙游师范借了一间教师宿舍，许怀中搬过去住，学校距家不过一箭之地，来回倒也方便。

这所师范学校是许怀中念书时的文虎小学校舍扩建而成，当时这个教育摇篮空空荡荡，师生闹"革命"去，校园静悄悄，十分清静。借来一套《鲁迅全集》，日夜在这座小楼二层的客房读书，可真是"躲进小楼成一统，管他冬夏与春秋"。只是每当下午，从楼下传来钢琴声，那悦耳的琴声，跳跃的音符，旋转，轻荡，飞扬，进入耳膜，犹如叮当山泉流淌进干涸荒芜的心园，又似久旱的甘露，滋润着龟裂的心田。那时，等待着回校"斗、批、改"的茫然心情，听到周遭那一片"打打杀杀"的声浪，这琴声像知己者温暖的手之轻抚，别有风情，难以忘怀。虽弹的不是肖邦、贝多芬、柴可夫斯基等世界音乐大师的名曲，弹者是谁，那时也无心下楼探访，可他（她）能在精神的荒园中，坚持练琴，可真是难能可贵。它真如在百花凋零中送来的一束艺术鲜花，在燥热烦闷的空气里吹来的一阵凉爽的清风。后悔那时没有去结识那弹奏者，或窥视一下他（她）的容貌，留下了一个永远无法弥补的遗憾。若干年后读了仙游师范毕业生、年轻女作家陈雪珠的长篇小说《师范生》，写了学生在音乐室练钢琴。许怀中当时所住的楼下，便是学校的音乐室，那弹琴者，可能便是当时的师范生。他（她）能在罢课中每天不断练钢琴，可谓真纯之至的莘莘学子之一。

每当雨纷纷的清明节，许怀中不禁想起小时在家乡随父亲去扫墓的情景，想起在故乡过清明的心情，想起那难忘的琴声。

1976年"文革"结束到1983年夏离开厦门这一段，是许怀中埋头平静的书斋、撰写专著的"丰收季节"。这期间的心态，是最佳的心态，失而不可复得。这段人生旅途，留下了许多让许怀中在后来岁月里不时眷顾和感怀的恋情。"四人帮"倒台后的冬天，许怀中到绍兴鲁迅纪念馆，为《鲁迅〈朝花夕拾〉赏析》一书定稿，这是1975年中文系工农兵学员专题组与鲁迅纪念馆合著的。这时，许怀中开始设计第一部专著《鲁迅与文学批评》的框架，此书后在江西人民出版社出版，不想竟成为恢复评职称后评上副高的主要成果。之后，系主任郑朝宗老教授和许怀中合招研究生，许怀中把鲁迅研究以著作的形式系列化，一年撰写一部鲁迅研究的专著，暑假写初稿，寒假定稿。撰写初稿时，每天手写七八千字，一日不停。写得疲惫时，便步行到近在咫尺的海边，下海游泳，于是倦意顿消，又精神抖擞地回到案前，许怀中记住这大海的"神助"。第三部专著《鲁迅与中国古典小说》出版正好赶上评正教授，省里组织了一个评委会，很幸运，又顺利通过。

完成第四部专著初稿之后，许怀中的人生道路上发生了不期然的变化，离开大海，来到闽江畔，在省里文化宣传部门的领导岗位上开始过起与高校截然不同的生活。

第二章

风华正茂　不负韶华

1. 不似春光，胜似春光

不似春光，胜似春光，寥廓江天万里霜。以 1981 年秋天在厦门大学建南大礼堂隆重召开的纪念鲁迅诞辰 100 周年大会为标志，52 岁的许怀中自觉进入了学术研究的成熟期。他不无自得地看到，《福建日极》报道这次会议盛况时，第一次称他为"鲁迅研究专家"。然而，随着中国社会发生的历史性大转折，作为优秀知识分子代表的许怀中个人命运同时也在悄悄酝酿着历史性的转折。

次年春天，许怀中到福州出席福建省作家协会理事会，同乡前辈郭风给他透风："听说你要到省里来了？"许怀中愣住了。郭风补充说："项南来闽主改后，要选一批中青年专家学者参政，你是重点推荐的对象之一。"许怀中不太相信，说："我可是做梦都没梦过要当官的！"

回到厦门大学，许怀中继续圆他的作家梦。到了年底，有一天他刚接待完北京来的作家，回到家里，便得到通知，让他到校门口的学校招待所去一趟。他不明就里，按照通知说的来到 301 房间，敲门进去，只见几个人表情严肃地在开小会。见许怀中来了，省委宣传部的一位干部走出来说："请你先在隔壁等一下。"

省里来考核的领导同志先向他介绍了中央关于干部"四化"的政策和省委决定在厦门大学挑选优秀专家担任行政领导干都的情况，接着对地说："许老师，您先把周围熟悉的人介绍一下。"

许怀中很认真地把厦门大学中青年教师逐一加以推荐。领导紧接着问:"你自己呢?"许怀中回答说:"我对自己目前的状态很满意,既搞自己喜爱的鲁迅学术研究,又带研究生;我对项南书记在福建改革开放中所做的工作由衷钦敬,感谢他对知识分子的关心和爱护。"考核的领导同志强调现在改革开放事业需要"四化"干部,必须从高校挑选一些知识分子去从政。

许怀中很感激组织的信任,但确实感到时间对他的重要,便说:"我什么都不要,只要有时间。"事后,许怀中把谈话内容向学校领导如实汇报。消息很快扩散出去,一时间,说客盈门。同乡、亲戚、朋友、学生纷至沓来,有说还是当官好的,有说不去也好的,弄得宁静的书斋似乎再也不得安宁。

许怀中心里也不踏实,他怕辜负了项南的一片苦心,赶紧寄去一本《鲁迅与中国古典小说》,并附信对项南表示:"请给我十年时间,我想在鲁迅学术研究上走出一条自己的路。"没有得到任何回音,许怀中以为事情就这样过去了,他继续醉心于学术论著的写作,夜以继日地投入《鲁迅与文艺思潮》专著的定稿。到了暑假,这本新作又完成了。

1983年夏季,根据中央的要求,随着老部长黄明的退休,省委宣传部除一位副部长续任,宣传部班子作了调整,许怀中任副部长兼省文化厅厅长、党组书记。

随后,省委组织部部长找许怀中谈话,许怀中表示:组织既然已经决定,他坚决服从,作为共产党员,要有党性。但如果有机会,再回厦门大学搞研究,教书。

同年9月,《福建日报》同时公布了何少川和许怀中任省委宣传部部长、副部长的消息。

许怀中的著述生涯也到了告一段落的时候。上任几天,正值中秋之夜,他在西湖宾馆写会议讲话稿,步出房门。一轮明月高挂中天,无限清辉透过树荫洒落眼前。人生在圆满辉煌的时候也难免有缺陷和无奈。他在院内散了一会儿步,便返回屋里写起全省文化工作会议的讲话稿。

身在官场的许怀中面对新的工作岗位,千头万绪,需要重新学习,努力去做好宣传文化部门工作。他停笔了一年半,但依然念念不忘著书立说。约过的稿,像沉在心中的石头,越来越沉重。如江西人民出版社曾约请他出一本中国现代文学史的书,上海文艺出版社约他写一部文学批评的专著,他利用回厦门过春节,利用在中央党校学习,甚至利用会议的空隙，又完成了三部学术论著，但拥有权力、运用权力所创造的辉煌，却远远超出了他的预期，或者说超过了他自己著述所达到的思想高度与艺术价值。

他对莆仙戏《秋风辞》的举荐就是其中之一。

1984年，他的学生周长赋带着油印的《秋风辞》剧本来福州找他，他连夜读完学生的处女作，深为这部悲剧所震撼。周长赋告诉他，以自己目前的资格（莆田县文化馆普通干部），这个戏在县里都选不上，更无法参加全省戏剧调演。许怀中作为省文化厅厅长和老师，亲自赶到莆田看剧团彩排，并当场决定该剧到福州参加全省调演。

初评时把《秋风辞》评为三等奖，评选意见报到省委宣传部，后调到一等奖！许怀中出面请省里有关领导观看《秋风辞》，获得了一致好评。

1995年，项南带着《秋风辞》剧组晋京并进中南海怀仁堂演出。《秋风辞》一举震撼中国剧坛。在此之间，有人劝许怀中："周长赋是您的学生，您应该避嫌！"许怀中说："许怀中不避！避嫌但不能避贤啊！"

2. 迢迢心路，乐章芬芳

许怀中的著作《芬芳岁月》，紫罗兰色的封面上印着一帧照片：广袤无垠的庄稼地，一道道田垄披着金色的霞光，远处一辆拖拉机正在辛勤地耕耘。许怀中满怀喜悦，依旧笔耕不辍，他拥抱着人生的芬芳岁月，心中贮满了紫罗兰的温馨。许怀中笔耕生涯的辉煌时期是由三部乐章组成的。

随着十年浩劫的结束，中国文坛步入了一个崭新的时期，现实主义文学重放异彩，在一片鲜花堆锦、眼花缭乱中，许怀中情有独钟——全方位研究鲁迅，撰写鲁迅研究的系列专著。1977年春，他开始酝酿写作《鲁迅与文艺批评》，他一面准备资料，一面给毕业班文艺评论专题组的四位同学讲授，在讲授的过程中，也就理出了书稿的粗坯。其间，许怀中去北京参观了鲁迅纪念馆和鲁迅北京故居，当时这两个"文坛圣地"尚门可罗雀，许怀中那景仰和专注的神情，使多少抱着参观游览心理的同学，隐隐觉得亵渎了什么。《鲁迅与文艺批评》于1979年出版后，许怀中一鼓作气写出了《鲁迅创作思想的辩证法》《鲁迅与中国古典小说》《鲁迅与文艺思潮流派》等鲁迅研究专著，在文学界声名鹊起。厦门大学风景秀丽，校园里到处洋溢着青春活力的年轻面孔，学者的坐冷板凳生涯，在旁人看来总是单调和枯燥。许怀中从不讳言做学问是一项寂寞的事，可他珍惜寂寞的赐予，因为寂寞正是创造的伴侣，他在其中感到生命的丰富和厚实。正当他认定目标执着地追求之际，命运之神扣动他的心扉，他的生命旅途面临着意外的抉择。组织上决定调他到省里担任省委宣传部副部长兼文化厅厅长。在常人眼中这是何等荣耀的事，许怀中却陷入了苦闷与彷徨。对于这人生道路上不期然的变化，他真有些不知所措，正如他后来在文章中所写的："记得当离开平静的书斋的时候，真是心如刀割，果真我的学术研究生命，就从此夭折了吗？""舍不得割断正陶醉其中的研究课题和写作所牵连的丝缕情结。""从小就和文学结了缘，早已难弃了。"有一对学生夫妇抱着还未满周岁的幼儿，在贫民窟似的单间宿舍里略备小酌为先生饯行。学生们搜肠刮肚寻找慰藉先生的话，有的说，学者当官，从学术角度来说固然是人才的浪费，可是，在知识分子成堆的部门，若非学有专长、德高望重的行家任领导，往往会出现"武大郎开店"压抑人才的局面。许怀中听了若有所思，但未置可否。他毕竟是带着某种缺憾走马上任去了，内心交织着一个知识分子告别书斋生活的留恋和肩负新工作的责任感。

　　流逝的岁月给世界装点了新的色调，也给人们留下各自的况味。暮色降临的厦门大学校园林荫道上，不见了许怀中漫步的身影。学生们时常关注老师的新状况，听说老师很快适应了新的生活和工作，不仅应付裕如，并且口碑颇佳。在20世纪80年代前期，思想文化界十分活跃，但也处于多事之秋，许怀中稳健和宽容的气质，正是知识分子所心仪的。心有千千结。许怀中深知他在各种繁文缛节之余，一定还眷恋着学术研究和写作，因为这已成了他生命中不可分离的一部分。屏山大院里阒无声息，在夜幕的笼罩下，厦门大学的学生们顺着曲曲弯弯的石阶拾级而上，依据所指，找到了坐落在山坡上的那座楼房。周围高大的古樟树，把这座楼房隐蔽在幽绿之中，在石阶上几度上下往返，终于觅到通向第三层的一座水泥浮桥。一株苍劲老松扎根在斜坡石隙之间，树根盘满山坡，长须低垂，虬枝四展，把桥面遮得严严实实，像深山的古刹，十分清幽，倒是个做学问的处所。他们参观了每一间房，小孩蹦蹦跳跳地点数房间的数目，最后竟没点算清楚，他们都快乐地大笑。学生们说，如果当初这些房子安置在厦门大学，写东西就不愁没地点了。许怀中却有点怏怏，说很忙，时间对他太吝啬了，又说他经过一年多新生活的调适，准备重新拿起笔写作和研究。学生们笑而不答，明知这是绝无可能的事，但用不着去浇老师的兴头。许怀中到任后，先是分管文化、文艺、出版等工作，后又分管教育、理论。

到新工作岗位没几天，正逢国庆节，许怀中回厦门过节。厦门大学举行节日游园欢庆，许怀中在回家途中，看见空中烟火灿烂如绽放的鲜花，但心中思绪交织，想到从此离别厦门大学新西村，心情复杂。后来许怀中在散文《蓦然回首》中抒写了这段邻里之情和生活情景。

新的征程摆在面前，需要认真对待，不能辜负时代和社会之所托。虽然省委组织部领导和许怀中谈话时，许怀中表达了有机会要让他再回厦门大学的愿望，但此时箭在弦上又不能不发，许怀中决定倾尽所学尽力而为，并以"开明、开放、开创"为自勉。

刚上任不久，中央关于思想战线不能搞"精神污染"的指示下达，省里文艺界开大会，理所当然许怀中要去讲话。许怀中走进会场，感觉气氛紧张，便没有照念讲稿，直接开讲，讲话大意是：强调先要学习，不要急于联系具体的人和事，接着说在省委的正确领导下，省文艺事业基本情况是好的。此外还引用鲁迅"文艺是国民精神所发的火光"，说明文艺的重要性，大家应该搞好文艺工作。后来，省委项南书记从北京回来，召集宣传部门领导等来审看省电影制片厂拍的新片，还请记者到场。看后，项南发表谈话，实事求是，掷地有声。谈话后来发表在《福建日报》上，对文艺界启发帮助很大，也稳定了人心。

许怀中曾以《文艺界的卓越领导项南书记》为题发表文章，缅怀项书记在位期间，带领福建省各部门、各界人士开拓进取的丰功伟绩，他那卓越的领导才能，为国为民的赤诚之心，不愧为福建省杰出的领导，也是福建省文艺界卓越的领导。

许怀中到新工作岗位后，开始介入学校音乐周活动。音乐周活动由省委宣传部牵头，几个单位联办，参加活动的大、中、小、幼师等上百万人。内容也相当丰富，除举办各类以学校的教学班为单位的歌咏比赛外，还有多种类型的音乐会、讲座等。活动前后办了十届，社会反响强烈。中国音协主席吕骥认为，"学校音乐周，这是具有战略眼光的措施，应向全国推广"。项南看了福州地区汇报演出后，第二天亲自写信给省音协，予以高度评价与鼓励。第二届音乐周活动，省文化厅也加入主办单位。项南又出席观看综合汇报演出，并指示："要把学校音乐周活动作为好的传统保持下去。"又在省委有关加强社会主义精神文明建设决议中对学校音乐周加以肯定。1984年12月，省委宣传部也下文各地宣传部门加强领导。学校音乐周圆满举办了十个春秋，书写了文化活动重要的一页。

许怀中和省内外文艺界一直保持着密切联系。在厦门大学教学时，许怀中曾被选任厦门市文联副主席、厦门市作协主席，到省里工作后的1984年和1985年之交，许怀中带领福建省代表团参加在北京召开的全国第四次作代会，来接他们的中国作协同志，曾经是许怀中在厦门大学时的子弟，他兴奋地告诉许怀中一行，文艺的春天已经来临。

那次会议开得相当热烈，代表们自由选举理事，许怀中有幸被选上，票数还较高。后来，许怀中受聘为名誉委员，一直至今。作代会期间，福建代表特地去看望冰心老人。此后，每次上京开会，许怀中都到冰心家里去看望她。在厦门任作协主席期间，许怀中经常到省里参加省作协会议，会上认真做笔记，还得到郭风主席的表扬。1980年，福建省文联召开代表大会，许怀中也参加了会议。分管文艺后，许怀中和福建省文艺界，更密不可分。

福建省文联按章程规定，应于1985年召开第三次文代会，后因各种原因推迟至1989年初春召开。那次会议在梅峰宾馆举行，许怀中作为福建省文联党组书记主持大会，会议选举许怀中任福建省文联主席。据陈章武回忆："记得闭幕那天，主持文联日常工作的张贤华要当面向新任主席许怀中请示有关他的办公室安排。没想到，他一听，就连声说：免了吧！"（《追忆闽海文坛的五次盛会》）此事许怀中早忘了，陈章武还记下这一笔，"录以存照"。后来省文艺界流传，许怀中兼任省文联主席20年期间，从未向省文联提出过什么个人要求。

福建省第三次文代会开得适时，陈章武的回忆文章中还提到：那时处在"山雨欲来风满楼"之时，好在省委当机立断，决定召开省文代会，事后，许多人都说，要是再延后一两个月，1989年春夏之交的政治风波开始，大会就更是遥遥无期了。会后，《福建日报》发表题为《振奋民族精神，繁荣文艺创作》的社论。政治风波后，要繁荣发展文艺事业，更面临做好文艺界稳定工作的任务，力求"稳中求进"，在稳定中进步、发展。

福建省第三次文代会之后的六年，我国在深化改革、扩大开放中保持了社会的稳定，国民经济持续、快速、健康发展，福建省文艺界也实现安定团结的新局面，文艺事业欣欣向荣。在这大好形势中，1995年7月福建省第四次文代会在福州梅峰宾馆开幕。许怀中致开幕词，贾庆林代表省委、省政府致祝词。许怀中连任省文联主席。会议开得隆重热烈，《福建日报》发表《投身时代洪流，繁荣文艺创作》社论。这一任许怀中已从省委宣传部副部长岗位上退下来，文联工作由新党组书记主持，比较超脱。

在筹备福建省第五次文代会期间，省委组织部领导专程找许怀中谈话，还要许怀中当省文联主席的候选人，参加选举。这是在新世纪举行的福建省文艺界第一次盛会，会议于2001年10月25日在福州西湖宾馆召开。开幕式上，许怀中致开幕辞，省委书记宋德福代表省委、省政府致祝贺词，题为《坚持先进文化的前进方向，为人民奉献更多的精神食粮》，讲话热情洋溢，博得全场热烈的掌声。《福建日报》全文刊发宋书记的祝词，发表评论员文章《实践"三个代表"，繁荣福建文艺》。

福建省第六次文代会于2007年底在福建会堂召开，许怀中不再担任省文联主席了。他仍主持预备会，会议结束时他讲了这样一段话："我因年事已高，要求不再担任省文联主席。多年来，得到文艺界同志的支持和帮助，我表示衷心的感谢！"话音刚落，热烈的掌声经久不息，许怀中感动得难以言表。闭幕当晚，在西湖宾馆凌波厅举行盛大的联欢晚会，许怀中陪同省领导观看并致开幕辞，算是许怀中与省文联告别的一次致辞。此后，许怀中还以省文联顾问的身份参加了一些活动。福建省文联党组书记范碧云是厦门大学中文系毕业的，曾在省委宣传部任文艺处处长，和许怀中共事好几年，她在省文联主持工作期间，文艺事业进一步繁荣发展。在她任上，正逢省文联成立60周年，省文联于2010年5月在福建会堂举行盛大的纪念大会，会上为从事文艺工作60年工作者颁发奖章与奖状。时任省委书记孙春兰为许怀中颁发，这是省文联给许怀中的一项殊荣，许怀中为之感激不尽。

在省文联时，许怀中经常到县、市、区活动，必到各地文联办公室去，希望当地改善基层文联的条件，使其摆脱困难处境。如2008年夏季，应泉港作协主席陈华发邀请，许怀中参加泉港作代会，会上他对泉港作协的工作给予肯定。陈华发几年前仍是泉港作协主席，主编的《泉港文艺》每期都寄来，并聘许怀中为特邀顾问。该刊的编委陈小平，和陈华发是好友，许怀中曾为他们的书写过序，许怀中对基层文联的情感依然留存。

许怀中任省文联主席期间为中国文联委员，参加中国文联的会议，如读书班、全委会、工作会议、代表大会等。有一年参加中国文联在山东烟台办的读书班，正值仲夏，还下海游泳。有时外省文联请许怀中去活动，记得有一次到湖南，游览名山胜水；还有一次游山东，登泰山，是和陈章武一道爬山的；还有浙江省文联的客人来闽，请许怀中讲课。许怀中和兄弟文联的关系甚洽，人们称赞他是福建文艺界的常青树。

许怀中第一次参加全国作代会，是在1984年，后来大多参加全国文代会。2016年11月他参加了第九次全国作代会，代表们宿北京国二招宾馆，据说这是颇有名气的宾馆。刚到那晚，中国作协主席铁凝、中国作协党组书记钱小芊就到住处看望许怀中。钱书记曾来福建指导工作，于五四那天到许怀中家里看望，许怀中和他交谈中，表达了想参加作代会的心愿。他们在京聚会，算是实现了，会务人员为他们摄影留念。

许怀中回忆，在赴人民大会堂途中，红彤彤的朝阳在东方冉冉升起，进入会堂，会场高挂标语："紧密团结在以习近平同志为核心的党中央周围，高举中国特色社会主义伟大旗帜，推进社会主义文艺繁荣发展，为实现两个一百年奋斗目标，实现中华民族伟大复兴的中国梦而奋斗"。会场济济一堂，习近平总书记作了极其重要的长篇讲话，首先他表明党对文艺工作历来高度重视，这是因为文艺事业是党和人民的重要事业，并充分肯定文艺工作者所做出的十分重要的贡献。他讲话的结尾激情满怀，催人奋进："'江山留胜迹，我辈复登临。'伟大的时代呼唤伟大的文学家、艺术家。广大文艺工作者要牢记使命，牢记职责，不忘初心，继续前进，同党和人民一道，努力筑就中华民族伟大复兴时代的文艺高峰！"

分组讨论会由陈毅达主持，许怀中在会上说："习近平总书记的讲话很重要，很新颖，很有文采，内容丰富，又很精辟。他站在时代高度，立足于中华历史文化，遵循文艺规律，指导性、针对性强。这是继总书记于2011年10月在文艺工作座谈会上讲话后又一个指导性很强的文艺工作纲领性文献，体现了总书记一贯重视文艺工作的精神。我来北京之前，在福建省参加了冯梦龙学术研讨会。习近平总书记在福建宁德地区任地委书记时，多次谈到冯梦龙。大家知道，冯梦龙是明代有名的通俗文学家，60岁高龄到宁德地区一个山区县寿宁当县令。习近平总书记对此十分重视，说明他对历史文化和文学的关注。后来他当了省委、省政府的领导，极其重视文艺工作，福建文艺界至今感念他。今天聆听了总书记的讲话，非常激动，讲话提到文艺'奏响了时代之声、爱国之声、人民之声''文运同国运相牵，文脉同国脉相连'。他对大家提出四点希望，强调文化自信在时代发展和文艺发展规律中的作用，希望大家坚持服务人民，用积极的文艺歌颂人民。讲话中关于勇于创新和坚守艺术理想的论述，论理透彻，阐述精当，极其深刻。"许怀中的这段发言被登在大会简报上，又在《文艺报》上发表。

大会还通过对《章程》的修改，选举新领导班子和委员，铁凝仍为主席，钱小芊继续担任党组书记和作协副主席。许怀中仍然受聘为名誉委员。

3. 生命不息，创作不止

岁月如流。在人生的道路上，许怀中从念书到教书、从政，这其中文学创作与文学研究相伴相随，一左一右地同行。然而，严格地说，是文学创作先行，起步要早。创作可说是有家学渊源，许怀中从懂事起，就听他父亲用莆仙方言背诵古典诗词，潜移默化，渐渐懂得"春花秋月何时了，往事知多少"的意思。念初中时，他读了《红楼梦》等古典小说，又热衷于"五四"以后的新文学作品，还从课本上接触鲁迅的名篇。

高中阶段，许怀中主要写诗歌，除了古典诗词的陶冶，还受臧克家《烙印》等诗集的影响。他年轻时，诗情较浓，动不动就写诗。此外也写小说，如写女佣人受主人虐待投河自尽的题材。散文如《人力车夫》，同情下层人民之类。有时也莫明其妙地感伤，在故乡报纸上发表感慨人生的文章，他父亲看了后对他说："年纪轻轻，别写这样的文章。"

那时许怀中把作家看成是神圣、高尚的代名词。怀着当作家的梦，他去投考大学中文系。在高等学府的校园，学术气氛浓郁，许怀中虽也写些作品，但文学创作激情不如中学阶段。

在大学教书的岁月里，可谓文学创作和文学研究同行。高校往往看重学术研究，对创作并不看重，许怀中在文学刊物上发表作品，莘莘学子倒是很羡慕。那时，他经常写些杂文，似乎成为《厦门日报》副刊《海燕》专栏作者。同时，他是《福建文学》的作者。许怀中在大学读书时，便看《福建文学》前身《园地》，毕业后到上海党校学习看到《园地》改为《热风》，后又易名《福建文艺》。《福建文学》的编者常到学校约稿，许怀中曾参加该刊在福州仓前山办的学习班，撰写约稿。学习班留下的照片，作为珍贵的史料保存。许怀中的文章发表带动了一批学生，他们开始也在副刊上发表作品，后来成为作家、专家、学者。文学的爱好，创作的锻炼，为他们的成长打下扎实的基础。有一批在省报、在研究所成为中坚力量，便是那时从报纸副刊起步的。

为了教学需要，文艺理论、学术研究必须提上日程，许怀中担任文艺理论和中国现当代文学教学，就这个学术领域进行研究，但在那批判丁玲"一本书主义"的风气下，只写些鲁迅研究和评论之类的论文，却不敢滋生写专著的念头。在"文革"期间，许怀中回故乡当"逍遥派"，因学校都在罢课，借居邻近仙游师范的教师宿舍，"躲进小楼成一统"，借一套《鲁迅全集》，日夜苦读，做卡片。每天下午从楼下传来学生练钢琴的琴声，伴随着鲁迅的思想源泉，枯竭的心灵沙漠多了几分慰藉滋润。没有想到，这却成为许怀中后来撰写鲁迅研究专著的基础和准备。在厦门大学招收工农兵试点班时，集体编写《鲁迅在厦门》一书，许怀中是主笔。后他带学生"开门办学"，到绍兴鲁迅纪念馆，合撰鲁迅《朝花夕拾》赏析一书。"文革"刚结束，他又到绍兴定稿。在每天大雪纷飞、天寒地冻但心里充满民族复苏的希望中，许怀中利用这机会，阅读了鲁迅纪念馆的馆藏资料，他的第一本鲁迅研究著作《鲁迅与文艺批评》，很快在江西人民出版社出版。之后，许怀中以专著形式，把鲁迅研究系列化，一连撰写了几本书。暑假写完《鲁迅与文艺思潮流派》书稿，他人生道路发生了不期然的变化，告别了平静的书斋，来到省里宣传文化部门工作，停写一年半后，又开始艰难的写作，继续完成鲁迅研究系列写作计划，并扩大到中国现代文学史研究，利用在京脱产学习半年，撰写《中国现代小说理论批评的变迁》（上海文艺出版社约稿）。退休后，完成国家社科基金课题"中国现代文学史研究史论"。

关于许怀中的学术研究道路，青岛大学学报《东方论坛》向他约稿时，他自己以"学术道路自述"为题，做了历史的回顾。结尾引用鲁迅在厦门大学时写的《写在〈坟〉后面》中的一段话："以为一切事物，在转复中，是总有多少中间物的。或者简直可以说，在进化的链子上，一切都是中间物。"这"中间物"对许怀中来说是"过渡物"。此外，又像是"两栖物"。记得有位外省文联领导，他对许怀中说，当作家时，省里领导对他很客气，以作家看待，当文联领导后，省领导便视他为干部，而文艺界也不再把他当作家，而是"官员"了。这是作家兼官员"两栖人物"的心态。

至于散文创作，20世纪80年代以后是许怀中的旺盛期。工作性质变化后，出差机会多了，社会接触面广了，他便利用空闲写散文，不知不觉，这些年来结集出版了10部散文集，而且一本比一本厚。王瑶教授读了许怀中的第一本散文集后，来信热情地写道："《秋色满山楼》，我已仔细读过，谨申谢忱。我以前仅读过您的学术著作和论文，甚佩功力之深厚。自您调动工作以来，私意颇感惋惜，盖搜集资料掌握动态，细致分析，潜心著作，皆与目前之工作不易协调。今读此书，不但对您之经历等有更多了解，且文笔深沉优美，富有个人风格，因思今后仍可多写一些此类文章，一则较易与繁忙之日常工作协调，二则此书篇幅似太少，大有发展余地。福建之诗人及散文家颇多，或与地域文化有关。故建议勿放过稍纵即逝之思绪，长短不拘，暇及命笔……"冰心老人也为许怀中写过序，把他视为乡亲中的"散文名家"。老散文家郭风在许怀中散文集序中说，许怀中的散文是"学者散文"。这是许怀中文学创作和文学研究同行的注释。他们对后辈的厚爱和鼓励，使许怀中刻骨铭心，终生难忘。

散文写作是生活的一部分，是生命存在不可或缺的精神寄托。往往忘记的往事，都从散文集里寻回，散文也是人生经历的印记。这些年来，写序占去了许怀中许多时光，想再撰写学术著作，颇感艰难。这百多篇的序言和评论，已结集成册出版。好心的朋友，对写序也许有不同的看法和想法，他都能理解。但要推掉任何一篇序，都于心不忍。鲁迅曾为一个名不见经传的普通学生作序，虽是短文，但对《红楼梦》的见解极其深刻。可见名人不摆架势，且不敷衍，每当许怀中想起鲁迅的这篇《小引》，便以此为楷模，就认认真真地为他人作"嫁衣裳"。许怀中曾在为《福建文学》所写的《心灵的叩问》一文中，表达过"文人切忌势利"，认为文学主真、主情，文人更应该讲真情。

许怀中的第一部散文集《秋色满山楼》，1988年9月由鹭江出版社出版。他原来把杂文也收录进去，后接受编辑建议专门收录散文。正好曹禺先生来闽参加闽台京剧活动，许怀中便请他题写了书名。书名出自其中的一篇散文，是早年写的，书中还收进几篇未丢失的"少作"。编辑还为此书写了内容提要："这是作者积蓄半生阅历写就的一部感人肺腑的散文集，时间跨度长达30余年。全书用行云流水、淡雅质朴的文字，抒发了作者对世界、对人生、对事业、对友谊的款款深情和执着追求……"

许怀中把王瑶先生的来信原件放在第二部散文集《年年今夜》的首页，冰心老人为之题写书名，书上还附许怀中和她的合影。老散文家郭风写了序，序开头举古今中外散文家为例说明："一些美丽的散文，似乎是出于一些学者名流以及教授之手。这种文学景象又似乎是一种世界性的景象。"他把许怀中的文章称为教授学者散文，"许怀中教授的散文，写得无拘无束，写得自然，但在无拘无束和自然中间，有一种严谨"。所有这些都体现老前辈对后辈的厚爱。

使许怀中毕生难忘的是，冰心老人为他的第三部散文集《许怀中散文新作选》（作家出版社出版）写序，还附一封亲笔信。序写于1992年1月6日微雪之晨。开头写她的故乡福建沿海，山水的雄伟灵秀是描写不尽的，"我回故乡时才11岁，只在福州城内外看过'三山'和鼓山，看得少又写不出来，辜负了故乡的山山水水"，这是她自谦之词。"幸而有位乡亲，散文名家许怀中教授，写了这本《香山翠湖集》（现改为《许怀中散文新作选》），他的那枝生花的妙笔，把故乡的历史、风俗、人物，尤其是山水，描写得精深细腻、情景交融。不读到他的散文，就无从领略到福建这一片土地壮丽灵秀的一切……"序里充满对故乡的热爱。许怀中怀着无限感激之情，写了《珍记这份厚爱》，后收进散文集《芬芳岁月》。

许怀中散文集的书名，有几本带着"月"色。如《年年今夜》采自"年年今夜，月华如练"。《月色撩人》"月满西楼"更加明显。那些年，许怀中常到北京开会，往往下榻京西宾馆的二楼，他很欣赏李清照《一剪梅》中的"月满西楼"情景，便取为书名。更深层地说，月往往和往事相连，岳飞流传千古的《满江红》中出现："三十功名尘与土，八千里路云和月。"他的平生征程，和"云""月"分不开。李后主词："春花秋月何时了，往事知多少？""秋月"和"往事"直接勾连，此类例子不胜枚举。

许怀中的散文写故人和往事，写故乡的乡情、乡愁，写八闽大地的风情，写大江南北，写名山胜景。还有追记异域他邦的散文，如英国剑桥的散记、访问英国牛津大学的散文，是参加国际学术、艺术研讨会所写；《澳大利亚悉尼印象》系参加第二十二届艺术和传播大会所记；到菲律宾、日本等，是带团出国访问所写，赴新、马以及德国、法国、荷兰、卢森堡、奥地利、意大利、比利时、梵蒂冈等国家，则是受友人邀请或自费出访所记。

散文中还有一些悼念文章，多是怀念领导、著名人士、亲朋好友等等。许怀中前些年每年都在老书画家吴老的组织带领下，到浙江金华一带采风、办书画展，金华市委宣传部为许怀中出版散文专辑《放情婺州》，还在金华举行首发式、签名仪式等。

还值得提到的是，这些年请许怀中写序的作者越来越多，上至省委领导，下至平民百姓；上有白发苍苍的老人，下有10多岁的学生，许怀中把序写成类似散文，也收进散文集中，另外出版《书城旅踪》一书。人所皆知，写序是件苦差事，有人写文章感叹"写序难"，这里所耗的精力可想而知，只有知己者懂得其中甘苦。

前几年由厦门大学出版社出版的散文集《岁月匆匆》，是中国作家协会重点扶持的项目，正如书名所标示的：岁月恰如流水，匆匆而逝。许怀中的散文是生活的厚赐，也是生命的一部分，它得益于文化清泉的滋润，发自于有感世界。散文脱不了一个"情"字，"情"与"景"交融，才有意境的营造，"情"与"理"结合，才有哲理的思考，"情"与"趣"渗透，才有"理趣"的韵味。它是岁月流逝中留下的心痕足迹。许多往事早已忘却，许怀中却能从散文集中找到。

2007年起的六年间，许怀中参加"走进海西"大型纪实文学丛书的采风。活动由福建省炎黄文化研究会及福建省作协鼎力支持，邀请作家和新闻工作者1400多人次走进福建近50个县（市、区）进行采风创作。作为福建省炎黄文化研究会副会长的许怀中，不顾年迈之躯，几乎全程参加并写成近50篇散文，集结成册，取福建多山临海特色，命名为《山海交响》。从中可品读"八闽特色地方文化"，也体现了其散文集的纪实性、文学性和可读性。有人写评论文章，题为《描写特色文化，喷射文化魅力》。确实，这部散文地方文化特色浓厚，文化底蕴较深，富有文化力度。

许怀中感谢有关出版社和读者对他散文的厚爱。山东教育出版社把许怀中的《访英三题》选入高中一年级的语文课本。那是许怀中受英国剑桥国际传记中心和美国传记协会邀请，参加在英国剑桥大学圣约翰学院举行的第十九次艺术与传播国际会议时所写的一组散文。课本"阅读提示"写道："本篇访问，根据内容拟标题，开头部分总领，行文线索是游迹……本文运笔舒缓，九曲八折，时间、人物、景物、布局井井有条，信手拈来，不留痕迹，不愧是游记观光之佳作。"（2001年7月出版）许怀中还不时收到不同地方读者的来信，如2007年接到新疆策勒县张先生的来信。信上说他是一名边防转业军人，原在西藏昆仑山类似"生命禁区"哨卡待了20年，业余喜读文学作品，"许怀中老师的作品拜读过，至今印象深刻的有《秋色满山楼》大作"。接着写了大段溢美之词。许怀中的处女作，居然在祖国的边陲也能看到。每当读到此类来函，许怀中的内心就犹如波涛翻滚，特别激动且复杂。这也是许怀中散文创作的一种动力，生命不息，创作不止。

第三章

文铺锦绣　南强青春

1. 大海襟怀，宽阔无比

闽南厦门，是许怀中的第二故乡。在鼓浪屿龙头海湾出生的许怀中，童年、青年、中年这几个人生精华阶段，都在厦门度过。说她是第二故乡，并非妄说。海湾，是一道风景线。许怀中从懂事起，就和大海相依相伴。爬上对着大海的窗口，看着大大小小、各式各样的舟楫，或停或驶。白天的大海是繁忙的。夜间，大海静若处子。夜空如有月亮，海更是宁馨柔和。夏夜，许怀中随着父母到海滩上，躺在软绵绵的沙子上，任海风轻轻地抚摸，在大自然母亲的怀抱中，不知不觉坠入梦乡。

海风，能吹开大海之子的胸怀。许怀中父母搬了几次家，离厦前，住在市区双十中学斜对面的一幢房子里。那时，他的父亲以制蜡烛为生。他从家门口走上马路，见到穿制服的学生打鼓吹号列队游行，很是羡慕。小时在厦门过的最后一个春节，似乎没有什么气氛，数声鞭炮声中，许怀中窥见父母眉头的郁结。国难当头，日寇的魔爪伸进中华国土，步步逼近鹭岛。厦门沦陷前，父母携带子女回到故乡仙游，借居在亲戚的房子里。每天天色未明，许怀中在睡意未尽之中，听见父母在床头商议谋生之事，幼小的心灵蒙上一片生活沉重的阴影，少年已识愁滋味。许怀中在木兰溪边完成了中小学读书阶段。念高中时，抗战胜利，家乡小城也欢腾起来：民间举行各种庆祝活动，演戏、搭彩楼、化装游行，人山人海。那时，许怀中已培育了文学的兴趣，奠定从事文学创作的基石，开始在报刊上发表作品，一篇篇习作像刚学会振翅起飞的小鸟，从故乡飞向莆田、惠安、福州及台湾各地。

庆祝新中国成立的炮声，给青年带来一片蓝天。在"解放区的天是晴朗的天"的歌声飞扬中，许怀中又回到第二故乡厦门，跨进"南方之强"这座由爱国华侨领袖陈嘉庚创办的高等学府校门。校园内夹竹桃大朵大朵的花和灿如红霞的凤凰木交映，许怀中住在民族英雄郑成功练兵的演武亭广场前以"映雪""囊萤"为楼名的宿舍内，没有忘记古人苦读的遗训。但毕竟时代不同了，他受到解放初的政治运动和社会活动的锻炼。大学毕业后，许怀中在抗美援朝归国的"最可爱的人"学校里工作生活几年后，又回到母校。回到厦门大学后，有一段他住在鼓浪屿淑庄花园旁的一座教工楼宿舍，傍晚带着儿子到公园，坐在沙滩上任凭海风吹拂，不禁想起在这里留下的童年足迹，那时他正和身旁孩子的年龄相仿。母亲从家乡来帮带孩子，许怀中有时同去海边纳凉，可惜却忽略了问母亲自己当年出生的龙头那座房子。母亲回故乡后，和父亲又来厦门好几趟，许怀中陪他们游花园，登上传说是白鹭化身的日光岩，却也未曾问及童年住过的那幢房子。如今父母已相继仙逝，再也无处询问了，只好望洋兴叹，留下人生一个无法弥补的小遗憾。而那与大海相对的情景，永远留在许怀中记忆的深处。

当时回第二故乡，许怀中已从学生变成教师。"反右"运动高潮已过，困难时期厦门大学工会对教师很照顾，那年暑假许怀中在鼓浪屿海边部队疗养所度假，在涛声中，回想往事，别有一种亲近感。"文革"的动乱，打破了校园的正常秩序，许多人遭到一场劫难。复课闹"革命"后，厦门大学准备招收工农试点班，许怀中参加教改小分队，下工厂，到农村劳动，从莲坂田头，到杏林纺织厂车间。在纺织机前他学会了接线，见纺锭断了线，把线头接上，白色的机锭又转起来，心里有一丝乐滋滋的味道。傍晚，他和青年工人一起在海堤上乘凉，海上夜色茫茫。工农兵学员入学，在莲坂上课，"开门办学"，他带领学生到榜山，实地考察"龙江风格"，讲解戏剧《龙江颂》。又曾和学生到同安澳头编写民间故事，与民兵一道下海捕鱼，和莘莘学子一起睡地板。临别前一天，学生和民兵都操练去了，许怀中独自留在哨所里，听海涛声声，海风习习，心中忽若有所失，生起几缕情丝。海风啊海风，吹失了多少年华，吹去了几多岁月？！心潮与海潮共泛，他夜里写了一首长诗。学生在回校晚会上朗诵了，这诗稿也不知何处去了。

"四人帮"被押上历史审判台，结束了10年的民族浩劫。民族新的复苏在望，许怀中开始写书，以专著形式把鲁迅研究系列化。暑假写初稿，作为专题课讲授，寒假定稿，一年一本。暑假有暑无"假"，每天笔耕不辍，写累了，便去游泳，在大海母亲的怀抱里，释去疲劳，又回到案头写作，挽回被"文革"耗去的时光。撰写第四本鲁迅研究著作书稿后，画上最后一个句号，也度完了在高校的最后一个暑假。许怀中离开平静的书斋，去迎接人生道路上不期然的变化。他怀着眷恋悄悄告别了大海，来到省城新的工作岗位，开始新的人生历程。那是1983年的仲夏。20年过去了，许怀中依然不时回第二故乡，有时回母校西村老房子住，一次夜里在校园迷了路。后来这座20世纪60年代落成搬进的"讲师楼"拆掉，旧居被新楼取代，许怀中回想当年住在此处的情景，留下散文《蓦然回首》。有时，他回母校开会，下榻于海滨客房，夜深人静，对着靠海的窗户，灯光点点，倒映海面，海湾的夜色格外迷人。

有一次，许怀中随福建文艺家到厦门采风，去鼓浪屿参观，约好在轮渡前街心圆圈集齐，他坐在树下，对着旁侧海湾的龙头，恍惚时光倒流回到童年。有个夏天，他背着一袋书籍和资料，回厦门撰写国家社科基金研究课题《中国现代文学史研究史》专著，住在新区孩子家里。夜里刮台风，桌面被雨水打湿，幸好书稿完好，擦桌面时，偶然发现这张书桌原来是在厦门大学时用的旧桌，想起李清照的小调："昨夜雨疏风骤，浓睡不消残酒。试问卷帘人，却道海棠依旧。"一时感触万分，写成散文《却道书桌依旧》。

许怀中几次宿于厦门文联大厦楼上，美丽的环海路像一条彩带环绕，呈现出一片新区繁华景象。他联想起1959年"炮战"中，在校办校刊，曾骑着自行车，冒着炮火，来这里"前线"采访的往事。他也曾和省里几位作家，宿于鼓浪屿海军疗养院，采写报告文学，住在海滨的楼上，秋夜，见一轮皓月从海上徐徐升起，轻泛起"海上生明月"之情波。鹭江往事如潮。人和事，苦与乐，悲与欢，恩与怨，得与失……如春潮在心海起伏。应该感谢生活，感谢友谊，感谢大海。子在川上曰："逝者如斯乎？"时光如流水，"朝为青丝暮成雪"，告别了童年，告别了青少年，告别了中年，"青丝"已成"雪"。那年夏，正好是许怀中离开第二故乡厦门的两周年，回想起来，一时心潮拍着心岸，写成文字，聊作20年祭。

河边漫步回味人生况味，几乎成为许怀中生活之歌的一支"散曲"。当时在厦门大学教书，在没有搞运动的情况下，他常和一位同系的邻居老师在校园内散步。在那几座并排的"一"字形楼前，是过去民族英雄郑成功练兵的演武亭，后成为学校的大操场。20世纪20年代中叶，鲁迅先生曾住在"一"字形中的集美楼，夜里静寂无声，鲁迅在这里留下许多宝贵的文字。每当夕阳西下，夜幕徐徐降临，在海风吹拂中，许怀中和学生们漫步操场，有时谈谈学术，有时随便漫谈，思想放松。记不得谁说的：知识分子只有散步是最大的享受。

20年前，许怀中离开海滨平静的书斋，告别宁静的校园，来到榕城。几年后，从湖边一座宾馆，搬进屏山大院内的一座小楼。这里是办公要地，也是历史上福州名胜之一。傍晚，他独自从家门出来，沿着高高低低的道路散步，晚风带有山风的清爽，苍老的榕须垂拂，听着小虫在草丛中低唱的"情歌"，脑子也在"漫步"，把白天公务之劳，一点一点地释放。因许怀中住的是小楼的第三层，房间也并排成"一"字形，散步回来，他就在"一"字形中的一间寝室，看书写作。那时工作繁忙，要写点东西，确实不易。格子一格一格地爬，散文一篇一篇地写，著作一本一本地撰，积以时日，不觉也有几本散文集和专著问世。许怀中常想：写作是生命存在的部分。如果说是"跋涉人生"，那么它也是"跋涉"中的脚印。告别了19世纪，许怀中也告别了大院，告别了绿色怀抱中的小楼，搬进单位集资建在晋安河边的宿舍楼。这里虽没有宁静校园和幽静大院可以散步，然而出了这座没有鲜花的"花园"，在门口新修的路旁紧挨着一条小河，河水经过治理变清了，变净了，河边的人行道旁还有绿化带和一排河柳。路口宣传牌上有一串文字："晋安河边，鼓楼人家"。河畔人家，也别有几分情致。每当暮色苍茫之时，许怀中或独自或携带还在幼儿园的小孙子一道散步，也有些许人生乐趣。和小孙子一道，孩子蹦蹦跳跳，打乱散步的节奏，倒让许怀中分享一份童趣，勾起童年的回忆。那时他随父母从鼓浪屿海滨，回到故乡木兰溪溪畔，民族危机日益深重，社会生活动荡不安，故乡的童年和散步无关，恍如世上根本就没有散步这回事，只有过年前随母亲和她的妯娌到溪边浣洗及稍长后在溪中"狗爬式"的游泳。从懂事开始，许怀中幼小的心灵便笼罩着父辈谋生艰难的阴影，母亲对他"要有志气"的教育，使他渐渐萌生拼搏人生的志向。

独自散步，有时别有一种沉重心情。河风没有海风的"劲"，也没有山风的"沉",而是"轻"。在河风轻吹中,许怀中独自漫步河边,见树梢新月,街灯明暗,容易走进往事,回味人生,生活经历,过去的人和事,如缓缓的河水,似轻轻的河风,迎面而来。河边的街灯,不像校园里夜灯的柔和,又不如大院内路灯的明亮,而是明暗交错。一年教师节临近的一个夜晚,许怀中在河边半明半暗的灯下,想起在那"以阶段斗争为纲"的年代,高等学府校园内并不平静,不知是"拔白旗,插红旗"或别的什么政治运动,当时的系主任发现许怀中检查中有段话和街灯有关。许怀中说有次雨夜,街头路灯半明半暗,他忽然感到心里一阵迷惘惆怅,怅然若失……他自我批评说是"小资产阶级思想"在作祟。他的检查,倒是认真诚恳的,没有半点敷衍应付之意。如今看来,这是一种正常的思绪,当时却把它当作不健康的思想感情来检查批判,可说是荒谬的"时代病"。这位系主任,工作诚诚恳恳,平时小心谨慎,对同事和和气气,对家人也客客气气,即使是妻子为他取回信,也要表示感谢。每次理完发,付款时也要对理发匠说声谢谢。可是在"文革"中,这位系主任惨遭迫害,在"牛棚"中离开人世。从街灯引发这段似乎毫不相干而有点触景生情的联想,当时教师的不幸遭遇,与今天的教师相比,反差甚大。由此想起改革开放新时期以来,教师的地位、待遇、条件的好转,在科教兴国的国策中,越来越好。

结束十年浩劫之后,高校恢复停摆多年的职称评定。许怀中有幸被评为高级职称,开始招收研究生。中文系主任郑朝宗老教授和许怀中一道招收文艺理论专业硕士生。郑教授是许怀中大学时的老师,清华大学毕业后,就在厦门大学中文系授课。后赴英国剑桥大学留学,新中国成立后王亚南校长请他回国主持中文系工作,他毅然回国,任系主任。"反右"中郑教授被错划成右派,坎坷多年,劳动改造中,挑重担,脖子后头压出一块肉瘤。"四人帮"倒台后郑教授恢复职务,许怀中有幸聆听他讲的钱钟书《管锥编》课程,建立了"钱学"研究体系。

郑教授经过那一番挫折,对名利愈发淡泊。后来听说他收到申报博士研究生导师的表格,放在口袋里不去填写,也就失去了当"博导"的机会。许怀中离开厦门大学后,回厦门时总去看他,但他退休后,身体越来越差,有次在病榻上,许怀中谈到去英国剑桥参加国际学术讨论会,在他的母校校门口照了相,他兴奋地脱口而出:"CamBridge!"(康桥,即剑桥)。在新时期,郑教授发挥了作用,他带研究生,还教青年助教英语，可惜这位学贯中西的学者教授，没能跨越新世纪而永远离开了学生们。

在河边漫步，许怀中想起福建师范大学中文系的李万钧教授。有一年，李教授在教师节前，送许怀中一本《雪泥鸿爪》打印小册子，是他著作论文目录和评论。前言中感慨："人生苦短，为了给自己留下一丝欢欣与安慰"而整理出这份材料。他写道：过去学校也运动不断，人人自危，写的东西很少；邓小平执政后，"的确换了新天，给了知识分子这个好的物质环境和精神环境"，才写了许多著作论文。读后，许怀中写了《一位大学教师的辛劳足迹》发表。遗憾的是，过几个月后的春节期间，李万钧突然谢世。

在河风轻吹中，回想周围的人和事，回味人生，回眸人生历程，重温其中苦乐。许怀中曾体味到人生便是跋涉的过程，后来感到在跋涉人生中也要观赏，如登山涉水，在不断攀登中，也观赏山光水色，在创造、奉献中，体验人生，感悟人生，享受人生。

2. 珍惜时光，勤耕著述

有一年临近元旦的一天，榕城上空飘下轻轻的雪花。过后，许多人特地登鼓山，去看积雪。地处祖国东南的榕城，雪是不多见的景象。

雪花，使许怀中走进了往事。那是20世纪50年代中期，许怀中正处华年，在上海华东党校学习期间，年终，申城下了一场大雪，据说是上海几十年来少有的严寒。雪花漫天飞舞，学子们欢呼雀跃，许怀中第一回观看了雪景。夜晚，他独自蹚着皑皑积雪，去影院看一场苏联影片《没有说完的故事》。散场，繁华的不夜城，在寒夜里也显得萧疏冷清，异乡夜行雪地，许怀中心中泛起别样的思乡之情。又见雪花，那是20年后在绍兴。厦门大学中文系毕业班的鲁迅研究小组和鲁迅纪念馆合撰一本赏析《朝花夕拾》的书，许怀中去定稿，下榻于鲁迅纪念馆后面的鲁迅故居，时值隆冬，一连下了好几天的大雪。屋前的蜡梅，斗雪怒放，真是"梅花欢喜漫天雪"。旷野白茫茫一片，大地覆盖着一张无垠的厚厚白毯，把整个世界变得洁白纯清。这时，在雪地上踽踽独行，仿佛置身于白色的海洋。夜间，许怀中在没有暖气设备的小屋里写作，手脚都麻木了。步出房门，舒舒手足，庭院的积雪，宛如月光泻地。李白的诗句："床前明月光，疑是地上霜。"此时此刻，倒是反过来了：床前的雪地，疑成了月光。对鲁迅作品中有关下雪情景的描写，更有真切的体验。客房窗外，不时传来积雪从树上掉下来的簌簌声，正如鲁迅《在酒楼上》写的："窗外沙沙的一阵声响，许多积雪从被它压弯了的一枝山茶树上滑下去了……"房前小园，有鱼塘、假山，还有望月亭旁的红梅。小门和"百草园"相通。与鲁迅所写的，从窗口外望，"几株老梅竞斗雪开着满树的繁花"情景相合。绍兴的一位挚友下乡去了，回城时连夜送来绍兴加饭酒。许怀中送他回郊区，蹚着郊外白茫茫的雪地，握别后，独自一步一步地踩着积雪，这归途和在上海看电影回来时的情景，又别有一番滋味，它没有霓虹灯映照在雪地的都市氛围，却显得浓浓的夜色和苍茫旷远的雪白，交融成独特的朦胧景观。

那时，随着"四人帮"倒台，"文革"告终，被禁锢的文艺作品和电影逐渐开放，许怀中去看放映《洪湖赤卫队》电影。倒是偶然的巧合，在上海也曾蹚着积雪去看一场电影。不过此时绍兴虽冰封雪飘，却有一种"解冻"的心情。另有一种迥异：许怀中已从青年步入中年，和鲁迅先生在厦门大学执教时的年龄相仿，有一种紧迫感在心中激荡，应该珍惜和抓紧时光。古语说："一寸光阴一寸金，寸金难买寸光阴。"在学术研究上是出大成果的时候了，许怀中便利用在鲁迅故乡定稿的机会，翻阅馆藏资料，酝酿第一本鲁迅研究著作的框架。

时光又流逝10年。过了元宵，许怀中到中央党校学习。报到次日清晨，拉开窗帘，见对面宿舍楼房屋瓦上的积雪，在晨曦中闪光。原来昨夜静悄悄地下了一场雪，许怀中不禁想起青年时在上海观雪的情景。再看到雪花，那是新千年前的春天，许怀中在北京开会，正好赶上送别冰心老人。从八宝山灵堂跨出沉重的步伐，苍穹飘下小小的雪花，苍天有情，散下朵朵小白花，为文学巨匠送行。许怀中想起鲁迅在散文诗《雪》中的描绘："在无边的旷野上，凛冽的天宇下，闪闪地旋转升腾着的是雨的精魂。"而这雨的精魂，可也是冰心老人纯真的精魂？！

如今，又见雪花，许怀中已经历过人生不同的年龄段，不同的生活阅历。江南的雪，在鲁迅笔下是很美的："可是滋润美艳之至了；那是还在隐约着的青春的消息，是极壮健的处子的皮肤。"（《雪》）"风雨送春归,飞雪迎春到",在雪花中孕育着春的气息,在雪花纷飞的苦寒中,酿造着蜡梅的清香。梅花引来春花。好几年前的春天,学术界的朋友、南京大学中文系一位教授,收到许怀中送他的一本著作后,写来热情洋溢的信:"你这些年来走的文坛结合的道路,所写论著自成一种气派。"这些年,许怀中也没有闲过,写点东西也只能在晚上。"看来,像我们这辈人,只能充当'过渡物'的角色,别的不行,也许'报春'还可以的。"南京大学教授还引用毛泽东同志的《咏梅》"待到山花烂漫时,她在丛中笑"来自喻和他喻。确是如此,他们这辈人,在高校教学或在文化部门,自己也研究和著述,也为青年人、下辈人铺路搭桥。看到后来人的成就,当祖国文化艺术繁荣、争奇斗艳之时,便在"丛中笑"。这里的"丛中笑",耐人寻味,它不是实体,而是象征。正如这位教授说的:已经"隐退"和"消失"了,但并不悲哀,而是化作春泥的欢乐和愉快。

回首往事,虽有一缕淡淡的感伤,但更多的是美好的咀嚼。此刻,许怀中手中将寄出去的贺年片上印着"恭贺新禧"四个字,下面一行小字:"新春祝鸿禧,瑞雪报丰年。"

3. 肃然起敬,绿色丰碑

一年早春二月,许怀中和作家杨少衡驱车直奔东山岛。汽车在高速公路上奔驰,他们边看车窗外的风景,边谈在东山筑起一座"绿色丰碑"、造福于民的当年县委书记谷文昌。谷文昌逝世前,杨少衡在龙溪行署任工作人员,他长期在漳州一带工作,听他谈谷文昌的事迹,许怀中感到格外亲切。

高速公路,缩短了榕城和东山岛的时空距离,到达目的地,刚好是正午。在县招待所稍歇,便往谷文昌陵园瞻仰。20世纪80年代以来,许怀中到东山开会、参观、采风等的次数不算少,每次印象都很深,然而,最深的一次,是90年代头一个春天,正值谷文昌逝世10周年。元宵刚过,许怀中便到东山看望拍摄电视剧《谷文昌》的剧组和编导演职人员。行程500公里,到东山时天色未晚,他连忙赶到现场,当时正在拍摄谷文昌在县委办公室的戏。

剧作者和导演、演员都在场，他们正紧张进入角色。许怀中在机前看映出的镜头，谷文昌的夫人史大姐也在旁观看，剧组同志请她当顾问。夜晚许怀中在客房灯下阅读《东山文史资料——谷文昌同志事迹专辑》，瞻仰卷首谷文昌的遗像，犹如看到他当年为改变穷困海岛的面貌，带领干群，呕心沥血，含辛茹苦，制伏千年为虐的"风妖""沙虎"，为实现绿染海岛夙愿而踏遍所有山头植树造林的风姿。字字句句，似是阵阵海风劲吹，拍打心岸，掀起千层心潮。枕上听一夜窗外海风呼啸，敬仰谷文昌的激情，和海风、海浪一道飞扬。次日，随拍摄组拍外景，乘车到东沈湾。眼前出现一个惊心怵目的场面：风沙把石头垒起的民房掩埋，只露出房顶一角，残墙断壁，瓦砾碎片，诉说着那时风沙为害的悲惨历史。据说，为了拍摄电视剧外景，经县委批准，忍痛砍下屋外30多棵木麻黄，如今沿途所见，沙田上已铺上一层深绿，整个海岛披上一袭绿衣，田野上飘荡着早春气息。午后，许怀中及剧组工作人员和史大姐一起去瞻仰"绿色丰碑"。在谷文昌塑像前，已安放着剧组敬献的花圈。

12年的岁月流逝而去，此次重瞻谷文昌陵园，大门口高大的白杨树，好像威武雄壮的守卫哨兵。登上新修建的石阶，垂手肃立在谷文昌白玉石塑像前，默然对着"绿色丰碑"，肃然起敬。谷文昌墓背后的生平简介文字虽短，但如有千钧之力，打动人心，震撼和净化心灵。前侧的陈列馆内，陈列着谷文昌的照片和文字资料，成为宝贵的教材。

登上楼顶上的瞭望台，放眼四眺，林海重重，脚下的山口村，便是昔日的"乞丐村"。此地处于风口浪尖，风沙为害尤烈，如今周围丛林密集，把风沙制伏于脚下，一幢幢新盖的楼房，取代了被风沙折腾得破烂不堪的房子，"乞丐村"正向着"幸福村"阔步走去。绿色长城环绕全岛，极目远望，海天茫茫。阳光下，眼前出现谷文昌为东山人民描绘下的一幅林茂粮丰、百业兴旺的繁荣海岛景象。

许怀中从瞭望台下来，停留在陈列馆前门口挂的"思想教育基地""学校德育基地""政治思想教育基地"等几块牌子前，处在这鸟语花香、林木茂盛的幽美环境中，怎不令人思绪万千，感慨万分呢？！只要你回想昔日东山被飞沙吞掉的11个村落、2000多间房屋、2万多亩良田的惨象，看看今天一派绿色的生机，哪怕是铁石心肠的人，也会在这天壤之别中感动而涕零！

归途沿着环海路，巡见道旁的果园、田地、海滩。车过乌礁湾时，主人刘小龙诗人,要许怀中他们停车下来走走。沙滩沙细如粉,前面的台湾海峡,白浪滔滔,层层浪花席卷而来,像是对面台湾东山乡亲急切"归心"的浪花。主人告诉他们:这里曾经是明代抗倭、明末驱除荷兰侵略者的沙场,后来又是和国民党军队作战的战场。东山,穿越历史的风沙、弥漫的硝烟而来。

晚上,许怀中到东山县广播电视台看1991年春省、市、地、县几家宣传部合拍的《谷文昌》上、下集电视剧,仿佛置身于多年前在现场观看的情景。夜,在客房读近日领导人、作家在报刊上发表的纪念谷文昌的长篇报告文学作品,海风从窗外轻轻吹进,许怀中抬头望窗外,夜色沉沉,四周静悄悄。他忽然想起谷文昌陵园陈列馆门口挂的牌子,的确,那是最好的教育基地。当你垂手肃立在"谷文昌同志万古长青"的丰碑前,不能不思考:一个党员入党为了什么?当了干部做什么?身后要留下点什么?就是一个普通人,也要想想:一个人活着为什么?人生的价值是什么?明白怎样做人的道理。这里不仅是"官德的教育基地",也是国民思想道德的教育基地。许多人在丰碑前寻找到新的高度,也有人在碑下照出自己的短处。谷文昌立下的丰碑,随着岁月的流逝而越显得高大,越显得伟岸来。

4. 网络时代,理性使用

某编辑热忱地约许怀中写一篇关于网络的文章,近来他所欠文债甚多,要逐一偿还,所以拖了许多时日,总怀着一份歉意。许怀中以为,改革开放以来,严格地说是半个多世纪(从19世纪50年代起)以来,影响人们生活最重要的事情之一,就是电脑网络。这一部一部的计算机,把世界连了起来了,把人网进去了,搭起了一个广袤无比的平台,任凭你是长者还是晚辈,老师还是学生,领导还是下级,老板还是员工,富豪还是平民……都连到了一个平面上。这里,没有身份的差别,没有过多的禁忌,有的是心灵的沟通,思想的抒发,感情的流泻。这是一个自由的舞台、民主的舞台、个性与共性相彰显的舞台,它的的确确改变了并还在改变着人们的生活,带来了人们生活中具有历史性意义的变化。

许怀中大半生以来，不论是为文还是从政，都没离开过笔和纸，没离开过爬格子的生涯，它给他带来数不清的辛苦和劳累，也给他带来道不尽的喜悦和欢乐。那是苦中有乐，乐中有苦，所谓甘苦自知自安慰。一天醒来，忽然发现，世界变了，五光十色，异彩纷呈，且轻松便捷，许怀中为写作积累素材而积起的厚厚的卡片，在网络世界的资料库里，显得那样微不足道，只是它的精致还留有灵光。能日撰千字，是怀中毕生苦苦的追求，也是如今残存的一点荣耀，而来到网络世界，那稀里哗啦的字行不停地跳荡，那速度让许怀中眼花缭乱，劳累变得轻松，辛苦变得欢乐。呀！如此精彩的世界，如此快捷的条件，若加上当年那种挥汗如雨孜孜以求的苦干精神，那能造就多少成就辉煌的作家、学问家！难怪，有那么多的新秀从网上迅速崛起，许怀中真为他们感到高兴，且十分羡慕他们。

网络带来了人类生活方式、工作方式和思维方式的历史性变革，为人类开辟了前所未有的广阔空间：网络文学、电子商务、政务信息、新闻快递，以至网络游戏、各色网站……也给人们带来了许多值得深入思考的问题：从娱乐消遣到沉迷网络，荒疏了学业、事业；从网络文学的高产、活跃到精品意识的培育、文化底蕴的留存；从网络世界那自由、民主、活泼之风到网络犯罪的出现……都让人们深深地感到，人类创造网络，还应该自觉地、理智地使用和管理网络，这才能全面地反映以科学为先导的社会文明进步。

一个网络时代已经到来，人们不必苛责网络，应该用鲜花和掌声去欢迎它。同时，网络应当被理性地使用，这样，被网络改变的世界，才会变得更加美好。

5. 不老人生，难得童真

从小孙子身上，许怀中感受到童真的可贵。小孙子在省保育院，再三天就放假了。如今的家长，很重视对后代的培养，双休日有一天带孙子去学电子琴，剩下的星期天，许怀中和老伴带孙子到附近的温泉公园玩。两老坐在公园树荫下的靠背椅上，看小孙子和小朋友玩得津津有味，白发老人在做健身活动，老少皆乐。凉风带着花香阵阵吹来，许怀中想到小孙子就要告别保育院，暑假以后便进入小学，成了小学生。

只有最小的孩子和许怀中同住，身边这个是最小的孙子，许怀中看着他一点一点地长大，从躺在襁褓，到会坐、学爬；从爬到站、蹒跚学步，到会跑，这一切都是循序渐进。小孙子开始牙牙学语，从会叫爸妈爷奶到简单语言，再到能背下古诗"春眠不觉晓，处处闻啼鸟。夜来风雨声，花落知多少"。当婴儿生病之日，便是一家人最难受之时。小孙子刚满1周岁时，生病住院，出院后在家一直哭个不停，他奶奶和老保姆都无法阻止，只好打电话给在外面的许怀中。许怀中立即回去，抱了他就不哭了，家人戏称许怀中是"止哭剂"。世间如果真有"止哭剂"，许怀中很乐意当这个"止哭剂"的。

小孙子满3周岁，出屏山大院，穿过马路，进入机关办的简易幼儿园，许怀中时常帮着接送。读了一学期，转到省妇联办的保育院，虽然接送的路远了，但条件很好，校园广阔，环境优美，玩的项目多，教育质量优化，有利于幼儿的成长。许怀中从大院宿舍搬到晋安河边一座新楼，告别了大院。从新家到保育院多走了一段路，闲时许怀中十分乐意去接小孙子。下课后，小朋友在校园内尽情地玩，荡秋千，滑滑梯，踢小球，爬杠杆，家长在旁护着，还一边送点心，这时，许怀中的童心也一点一滴地复萌，分享一份童趣。小孙子从小班到中班，从中班到大班，接送从春到夏，从夏到冬，日复一日，老年人更老，孩提渐长大。

在风里雨里，炎夏灼热，隆冬寒冷，许怀中风雨无阻地去接小孙子，一路上祖孙谈谈笑笑，猜谜语，说笑话，玩词语接龙，如以一个"电"字接连词语：电灯、电话、电筒、电器、电视……谁想不出来，谁就输了。在这场竞赛中，许怀中未必都赢，有时也输了。小孙子爱听笑话，许怀中讲的多是小时在家乡听来的，小孙子听了开心地哈哈大笑。有时小孙子也瞎编个笑话，其实是笑不起来的，许怀中也装着笑起来。看着小孙子开心地笑，许怀中忽然感到：大人和儿童的笑，有时也不同，儿童的笑是纯真的，不会假笑。当一个人会"假笑"，也就离开了纯真。人生难得是童真。

小孙子到大班，开始练毛笔字，快毕业前，练习作文，他说，他母亲代笔。小孙子写了一篇作文《快要离开的日子》，开头写道："我快要离开幼儿园准备上学了。离开小朋友，离开了老师，我很舍不得。老师给我们提供了很多玩具，不少还没有玩过。我想再花一些时间把这些玩具全玩个遍，可惜！我快要离开这里了……"他谈到老师教他知识，厨房的叔叔阿姨提供各种食品，结尾是："等我长大的时候，我会回想老师和小朋友。"

的确，最近保育院装修得更美丽了，校门墙壁上，画了许多色彩丰富的图案，校园内的游戏项目也增多了，可小孙子已来不及玩了。由于预防"非典"，那段时间家长只在校门口接孩子。最后一次接小孙子时，小孙子手上拿着学校给毕业班小朋友家长的一封信，信中写道："随着时光的流逝，我们的小宝宝即将告别他们的母校——福建省儿童保育院，踏上漫长的学习生涯。三年时光转瞬即逝。如今，我们的小宝宝长大了，他们不仅学会了很多知识，而且他们更讲文明懂礼貌了。对于小宝宝每一天的进步，我们看在眼里，喜在心头……"许怀中带小孙子边走边读，其中的"告别"，也使许怀中动情。走在小孙子前面的一位同班女同学，停在路旁等小孙子上前，然后两人手拉手一起走了一段路，在马路中间圆圈告别。

保育院放假前一天举行"2003年大班毕业典礼晚会"，许怀中也去看演出，小孙子那班上台表演武术。看完演出，许怀中从四楼先下来，夜色苍茫，凉风习习，校园幽静，忽然许怀中也有种告别的心情，意识到从此也不再进校园看小孙子和小朋友玩耍了。小孙子拿回精致的《幼儿离园纪念册》，卷首语："留下孩子童年的足迹，留给孩子永久的纪念。"另页写着："再见了，老师！再见了，幼儿园！再见了，好朋友！"这是深情的告别。

向所珍惜的告别是一种眷恋，是一首骊歌，是一个美丽的过程。人生的历程，就是不断获得又不断告别的过程。花落，又花开；潮退，又潮涨；日落，又日出；月缺，又月圆……而告别岁月，是永远的告别，不能复得。岁月的流逝，无法回流，只有流淌在回忆的长河中。小孙子告别保育院，迎接他的是漫长的学习生涯。他的告别，充满着阳光和雨露的前程。一个人是会成长，会成熟的，但成熟不能告别童真，保留一份童心，是人生之难得和可贵的。这便是不老人生。

6. 耄耋之年，夕阳有霞

有一年秋，许怀中随福建省文联宁夏采风团到西北。一天，从宁夏的固原出发，车过中宁，直往中卫县。西北天暗得迟，已过下午7时，天色依然明亮，车窗外一轮落日正圆挂在天边，迟迟不下山，染得满天彩霞。

这景象，令许怀中荡魂动魄，思绪万千，耳际恍惚回响起电视播放的歌曲《夕阳红》："最美不过夕阳红，温馨又从容。夕阳是晚开的花，夕阳是陈年的酒。夕阳是迟到的爱，夕阳是未了的情。多少情爱化作一片夕阳红。"他心头感动：这天边的夕阳红，如此美好，原是"多少情爱所化"的！

夕阳是老年的形象比喻，这已是人所周知的常识。而对夕阳，自古以来，有歌颂，有感慨，歌颂她的"无限好"，感慨她已"近黄昏"。如今，社会上一般人都以60"花甲"为进入老年的年龄，当然也有人提出异议。由于社会的进步，生活水平的提高，医疗条件的改善，世界人口平均寿命都在上升。在旧社会，"人生七十古来稀"，人活到70岁，便视为"古稀"之龄。就以20世纪20年代为例，鲁迅先生才40多岁，人们便称他为"老头子"，而现在却是正处"年富力强"的人生阶段。

近读《每周文摘》上转载《中国老年》的文章《"新新老人"倡导"称呼革命"》：中国人讲究长幼尊卑，晚辈见了长辈，不可直呼其名，一定要"大爷""大妈"地叫着。一些"新新老人"却对这一传统习俗提出挑战，就是"老人有不接受升级的权利"，"直呼姓名最为周到"，"老不再是一种荣耀"，文中写道："专家认为，称呼上的与时俱进，是我国老年群体面临的一个新问题；'老'不再是一种荣耀，年轻才是时尚。畏老之心人皆有之，'爷爷''奶奶'不只是尊称，还是一种老态的标志。人们已经不愿意戴着这顶帽子来度自己的晚年岁月。"它反映了"新新老人"的一种心态，只言年轻不言老："岁逾花甲不言老，昔日老者今壮年。七十莫叹近黄昏，夕阳有霞亦中天。"

然而，不管怎样，老是不可抗拒的自然规律。今天的老人，是昨天的青年，今日的青年，是明日的老人，谁都会老的，关键在于怎样看待老年，尤其是老年人，如何看待自己，倒是事关紧要的。

距今 2000 多年的古罗马最伟大的演说家、哲学家和散文家西塞罗，他有"三论"：《论老年》《论友谊》《论责任》，文字明畅华丽，晶莹澄澈，被认为是西方文学宝库中三颗璀璨的明珠。《论老年》是一篇看待老年人最高、最积极的文章，它以对话的形式，借古罗马历史上的三位年事已高的名人之间的谈话，来论述老年的优势，回答老年人普遍面临的诸多令人苦恼和恐惧的问题，涉及人的世界观、人生观、幸福观，透着浓烈的现实意义。作者针对老年之所以被认为不幸的理由：一是老年人不能从事积极的工作；二是身体衰弱；三是几乎剥夺了所有感官上的快乐；四是下一步就是死亡。文章有针对地论述："所谓不能从事积极工作，是指那些非得年轻力壮才能干的工作，老年人虽不能从事这样的工作，但可以从事脑力劳动，即便身体很虚弱。完成人生伟大的事业，靠的不是体力、活动或身体的灵活性，而是深思熟虑、性格、意见的表达。关于这些品质和能力，老年人不但没有丧失，而且益发增强了。"至于记忆力衰退问题，这是毫无疑问的，但还可以经常锻炼自己的记忆力。

索福克勒直到耄耋之年仍孜孜不倦地创作悲剧。应该看到，人类生命的每个阶段各有特色："童年的稚弱、青年的激情、中年的稳健、老年的睿智，都有各自自然的优势，人们应当适合时宜地享用这种优势。"作者本身就做了许多对社会有影响的事情，他深有体会地说："但是，老年人现在之所以能做这些事情，是由于过去的生活所致。因为一个总是在这些学习和工作中讨生活的人，是不会察觉自己老之将至的。他的生命不是突然崩溃，而是慢慢地寂灭。"

这是积极的人生、不老人生的态度。在今天的社会，老年可以做到老有所健，老有所学，老有所思，老有所托（理想寄托），老有所乐，老有所为，老有所动（即适合老年人的活动），老有所爱（爱心）……可以尽情享受人生的乐趣，而不仅仅停留在"感官"刺激上。树立正确的老年观，这不仅是社会一般人的事，也是老年人自己的事。

7. 用爱写作，月色撩人

人们都特别喜欢读许怀中先生的作品集《月色撩人》，一次次地阅读，累积起来的收益日渐聚集成一种感动：先生是用爱来写作散文。此文集的第一辑"闽中情韵"中，从先生故乡的九鲤湖、木兰溪到他工作生活访问过的八闽大地所有的县份，先生足迹所过的地方都留下了先生的感动，都有着先生的一份深情和怀念。先生用朴素无华的语言表达出内心的这份感情，在记述中夹糅着抒意，从游历中娓娓道来，很多时候把主观思想与客观存在融合一块，将地方的历史、现状、将来关联起来，或感叹，或礼赞，或寄望，或鞭策，描绘美丽的名胜古迹，淳朴的民俗风情，讴歌改革开放新天地，放歌新人新貌，激扬时代主旋律。在恰如聊天交谈中把读者带进某一个地方某一处景色，很自然随意地让读者和作家一起步入遥远的想象。

先生的乡土散文看似闲庭信步，仿佛夕阳下枫林小憩，给人很多自由的空间，却又神形相合溢满真诚，这就是一位散文大家的风范吧！同时这种真诚归根到底是作家内心对福建这块土地的无限热爱之情的流露与坦白。

从香江水到秦淮河到香山翠湖，从山海关到岳阳楼到天涯海角……神州大地留下了先生的恋恋心旅，作家着重思索赋笔了地方文化色彩以及各地改革开放所取得经济建设、文化教育等各方面的成就，让读者在浓浓的文化气氛里感受祖国母亲的美丽与其悠久深远博大的文明，使读者在字里行间获得一种欣喜、一种宽慰。与那些纯粹的山水游记相比，先生的散文富有滋味，富有真情。这第二辑"神州漫游"与第三辑"异域风情"相结合，让读者能够在同一部书里，同时可以领略中外两大相同或各异的文化风情。

《月色撩人》的第四辑为"文化行旅"。先生谈到了旅游文化、饮食文化、域外文化、地方特色文化（包括马尾船政文化、妈祖文化、石狮文化）等多种文化现象；谈到了文化与文化人格、文化与科学的结缘，现代文化与传统文化；谈到了文化的导向、文化的市场发展。这些篇章富有思想性、知识性和美学艺术性。可以先生家是在文化中行走,又在行走中拥抱着文化,先生对文化情有独钟。

"行路和文路相随,恋旧和爱新并行。苍凉和寂寞纵然有时掠过心头,但却应该拥抱住芬芳的岁月,心中贮满生活的温馨和热爱。"这是该文集第五辑"心灵历程"中先生的感慨。虽然人生转折易改,岁月流逝无情,给先生添了几分叹息几分憾意,但先生的心情始终有着一种积极乐观奋发的精神,深悟到"海角,已不再是死角,而是飞向远方的起点",于是"吹起一支人生短笛,以真、善、美为目标,勇敢地跋涉人生"。先生正是怀着一颗对生活无限热爱的心,去唤起对文学的爱和责任,在迢迢文学路上不懈地追求耕耘,把"虽悠长且辛苦的文路当作心旅的驿站",从而收获累累硕果。

第六辑"墨园步履"收集了先生为福建省一批作家和画家的集子写的序文或评论。阅读后既可以了解一批老中青年作家画家的文风画格,从字里行间还感受到先生那种"表彰先进,奖掖后学"的胸襟。正如先生在"后记"里所说的那样:"为别人写序或评论,却是最花工夫的,也最吃力……出于盛情难却,也出于希望文艺繁荣的一片热心,所以无论在什么情况下,总是认认真真去写。"

9. 雄冠八闽,散文名家

被冰心老人誉为"散文名家"的许怀中教授,以学者的睿智,艺术家的细腻,超凡脱俗的敏锐,着力挖掘人间的美,追寻真情。他的8部学术专著、5部文集,无论数量之富,质量之优,皆雄冠八闽。他的散文,诗意浓郁,情致深沉,寓哲于事,寄韵润物。亲切淡雅间折射出对人生世态的哲理思考,诗情画意的描摹中散溢股股浓郁的时代气息。不由人不产生叹服之情,敬仰之意。

大凡与文学结缘的人,或受家族影响,或蒙师长启迪,均有一番美的心灵历程。许怀中教授说,是大海的胸怀与母亲河木兰溪的乡韵,成就了自己。倘若仅此一句,却也难解个中味。如能通读其13部文集,深入堂奥窥秘迢迢心路,委实有一番真情感受。

早年间中国大陆的政治风云，虽让许怀中感受到人生道路多辛苦，荣辱毁誉经考验。但中国知识分子所具有的坚贞、独善其身、保持高尚纯洁节操的意念，令他养成了平静恬淡的心境。"大跃进"时，厦门大学中文系到山区三明市工地办学，住竹棚，挖土方，边上课兼搞社会活动。时为青年教师的许怀中，尚与学生结伴，趁夜色翻土丘，踏浮桥，淌泥泞路去远处看电影。没浮躁，不追赶浪头，一副随遇而安的意象。"文革"动乱始起，他搭乘学生联系的货车，躲回故乡。外界纷争，他却在下雨须撑伞的祖屋厅堂读书。一套鲁迅全集数百日翻阅，磨圆了书角。

返校时，他背回的是一摞笔记。其时，他并无撰写专著的宏愿。"四人帮"倒台的金秋十月，许怀中来了精气神。他思忖，鲁迅研究，以往多称颂他的革命性和彻底性，擎为旗手；"四人帮"横行时，运其为棍，频频砸人，玷污了先生。公允不偏颇，全方位研究鲁迅，方为根本。于是，许怀中独辟蹊径，以学者的严谨，精微的体察，中肯的评价，反思历史，结缘现实，开始撰写鲁迅研究的系列专著，还世人一位真实的先生。对于这样一位毕生以文学从事搏战的伟人，鲁迅的形象早经文字本身表达无遗了。中国的思想文化界，没有一个人像他那样赢来众多的私敌，招致如此密集的刀箭。乃至半个世纪了，毁誉更嚣。此情此况，许怀中教授鼎其身心，力荐精塑鲁迅，其真情迢迢，天地可鉴。20多年来，从《鲁迅与文艺批评》始，已出现了8部专著，学者的生涯，大多与单调枯燥为伴。许怀中并不讳言做学问是寂寞事，如同坐冷板凳。但他每每为耽误的岁月惋惜，珍重今日时代给予的优越，誓要日夜兼程，驱除疲劳，振作精神，努力去写。故而，课余饭后，节假日，出差，均是笔不离手。夜里写累了，履步阳台舒舒手足，以消倦意。若遇潇潇夜雨，纵此片刻，观景闻花香，也要来篇抒发梧桐更兼细雨的情致散文。借出差，早出晚归上图书馆查资料是常事。几多回，是在图书馆"欢度"的国庆。他珍惜生活的赐予，在做学问中，备感生命的丰富和厚实。他说，若要从公事繁忙的日子里，腾出完整时间，坐在明窗净几前潜心研究，犹如水中捞月一样无望。许怀中委实繁忙，政务缠身。无奈之下，他叹曰："在不久的将来，我回到平静的书斋，再去实现自己的夙愿吧。"

许怀中当官，实属偶然的机遇而进入政坛。改革春风始拂大地时，须有一批学有专长的知识分子充实各级领导层。他被选中，可几回谈话下来，未置允否。其实他愿做学者，不慕其他。他潜心平静的书斋，不想卷入官场旋涡，身为省委宣传部副部长的许怀中依然是学者许怀中，不温不火，宽厚诚实。他以儒雅气度，团结了大批文化人。他说，自己虽不能全解决各人的困难，但决不能增添他们的苦难。他跑遍福建省各县，推动建立爱国主义教育基地，着力于农村文化工作，推介重文尊教的先进典型。在顺昌谟武村，龟山馆开馆，杨时程门立雪的故事，也用来宣传尊师重教的中华文明精神。他充当起传播文化的使者，几回率团出访友好邻邦，将闽南高甲戏、泉州木偶剧的绚丽风采，永驻海外乡亲的心间。

尽管人生路上常有不期然的机遇，如同命运之神赐予的厚待，许怀中在鲜花锦簇前，毫无陶醉之感。迢迢心路，遐思悠悠，他留恋平静的书斋，难却丝缕魂牵的文学情结。他常常在各种繁文缛节之余，躲避歌舞宴请之扰，甚至搭乘公交车造访昔日学生的家，去研究学问。像捡煤渣的老婆子，积攒起点点滴滴的时间，居然写出了多部专著和散文集。

许怀中太热爱这方热土了，写不尽的历史文化名城，听不够那飘荡的南音丝竹。纵是居所的玉兰花幽幽清香，也会诱引出他孩提时对母亲深深眷恋之情。

10. 岁月匆匆，步履从容

许怀中散文集《岁月匆匆》2013年4月由厦门大学出版社出版。这部散文集系中国作协2012年度重点扶持项目。

读许老的《岁月匆匆》，让我们置身于广阔而丰富的社会图景中。他以亲切淡雅的散文语言，描绘了当今社会的文化色彩；他以诗情画意的描摹，发掘出含有文化底蕴的生活美感；他以学者的睿智和艺术家的细腻，抒发对人生世态的哲理思考，飘溢着情致深沉而浓郁的人文气息；尤其是以饱含深情的笔调抒写家乡的人和事，为家乡作家写序写评论，感人肺腑。总之，在他的新著中，回荡着他追寻真善美的心声。

这部散文集收入2010—2012年许老在《人民日报》等报刊上发表的作品。散文和评论篇幅相当，分上、下篇，上篇为"散文走廊"，下篇是"评论园地"。上篇又分为3辑：第一辑"走进系列"，是近几年来他为福建省炎黄文化研究会与省作协共同策划的"走进海西"纪实文学丛书所写的散文；第二辑"走南闯北"，是省内外的游记散文；第三辑"怀念·家园"，有怀念文章和写故园及校园的散文。下篇"评论园地"主要作品是文学评论和序跋，也按内容分为文学讲坛、书画雕刻艺苑、传统文化、史志札记、闽台文化桥梁、随笔拾遗等。

不管是构建散文走廊，还是耕耘评论园地，许老的文笔充盈着丰沛的情感，文情、友情、亲情流溢在他的字里行间；他的作品浓缩了匆匆岁月的丰富经历和人生感悟，把自己的足迹、心迹、笔迹都留在著作中。特别是"故乡仙游"，在他的书中尤显突出。这部散文集中有关仙游的人和事的题材作品占到30篇左右。正如北京大学中文系研究生毕业、现任中国作协创作研究部研究员的李朝全，为许怀中先生所写的《把故乡带在身边》一样，许老就是"把故乡带在身边"的人。

我们不妨"乡韵书香觅真情"一下：写家乡亲情的有《为家父诗歌集献言》《元月的怀念》《祖籍地寻根》《春节回味》《钟山情》《从家乡过端午节说起》《又从家乡端午节谈来》等；写家乡友情的有《春节怀旧——〈挚友〉读后感》《同缅父辈友情——读李南谷学友来信》等；写家乡文情的有《为家乡的旅游胜地菜溪岩题写》《莆仙校园文学花圃》《仙游文学的春意》等。更多的是为家乡作家写序和写评论：《守望家园·热爱家园·宣传家园》，序方金腾《守候最初的梦想》；《四月蔷薇的芳香》，序李雪梅散文集《四月的蔷薇》；《人生如歌序》，序刘建成的文集《人生如歌》；《以纪实手法写的回忆录》，评朱春泉的《母亲》和《天高地厚》；《"三老"之文集》，评蔡庆中的《故友回忆》和林兆坤的《春华秋实》；《古树新枝》，评朱先兴书稿；《热爱生活所作》，序罗熳《富有的人》；《麦斜岩的风云》，评林片玉《麦斜岩》文学作品集；《生命、生活、自我交融的诗歌》，评刘一民的诗歌集《爱在屋檐下》；《为大学生写作》，评黄施金、黄国兴的《大学生与软实力——素质能力拓展》；《"解读"仙游》，评卢永芳文集《解读仙游》；《为九鲤湖文化着墨》，序黄叶的《九鲤湖梦墨》；《专攻牡丹的画家》，谈林元琰的花鸟画；《九鲤湖梦文化传奇》，序陈德铸的《九鲤湖梦志异》；《游洋史志》，评蔡金耀、卢金城师生校勘的新版《游洋志》；《仙水一个家族的文化历史》，序陈金添的《仙水陈氏族谱》等等。

许老学术研究和文学创作两不误，学术专著和散文作品各10部，可谓著作等身。他在新著的代序《文学创作与文学研究同行》中说："散文创作是生活的一部分，是生命存在不可或缺的精神寄托。"冰心为他的散文集写序，说他是"散文名家"；郭风为他的散文集写序，说他是"学者散文"。但他谨记鲁迅先生当时为学生写序的精神，真诚地对待每一位要他写序的人。他在后记里说，"要推掉任何一篇序，都于心不忍"。他"不摆架势，且不敷衍"，利用一切可以利用的时间阅读尚未出版的书稿，认认真真地为他人作"嫁衣裳"。尤其是对待故乡仙游的作家。岁月匆匆，但他仍然步履从容。

"岁月不饶人。"对这句话能深刻理解的人，差不多是上了年纪的人。岁月对于一个老人来说，更是匆匆而过。许怀中在《元月的怀念》的开头就总结道："人生只有进入老年以后，回忆往事，才觉得光阴的似箭，日月的如梭。"许怀中的《岁月匆匆》里，也收录了他作的序文57篇。这些序文是如何写成的呢？从阅稿、起草到定稿，其间要花费多少心血呢？！

今天，稍有文学兴趣的想留存一些资料的人，不管文章曾经是否发表，都想将其分类编辑后附之铅印，装订成册，给自家人或亲友留下一份小礼物作为纪念品。许怀中年事已高，顾及大家创作的积极性，大凡有人请他作序，不管是相识的还是陌生的，不管是否作家，也不管是地地道道的农民兄弟，他都有求必应，实实在在地当作一回事，认认真真地为他人作"嫁衣裳"。他从"不摆架势，且不敷衍"，总是给人和蔼可亲的感觉，给人留下美好的印象，于是大家都很崇敬他。

我们崇敬许怀中，还因为他老后依然神采奕奕，思路敏捷，为了家乡的文化繁荣贡献余热，为家乡培育文学新人呕心沥血。我们从许多序文里不难看出，许怀中老骥伏枥，将大量精力奉献给广大的文学爱好者。从序里知道，那些书稿有小说，有诗歌，也有散文、随笔；还有书画、工艺之类。这些书稿篇幅一般都较长，有的字数多达几十万字，光是看完一本书稿就得花很多时间，何况还要仔细阅读，理出头绪，而后谋篇布局。一篇序文一番劳累，也是一篇富有启迪的指导性文章。在《人生如歌》序里，许老指出"文学作品的纪实性，往往具有给人联想与启迪的作用。"还说"作家一定要有真情实感，否则成不了作家"。在给林片玉《麦斜岩传奇》的序里，他明确指出"典型人物与典型环境分不开"。在罗熳《富有的人》序里，他也指出"热爱写作和热爱生活、热爱教育密不可分"。罗熳是位老师,许怀中鼓励她在"源于生活、高于生活"的创作方向上,不断攀登新的文艺高峰。许老在点评中分析,在分析中指导,在指导中鼓励,激发作者的创作热情,抒发了他热爱祖国、热爱人民和热爱家乡的情怀,同时也表现了精心培育文学新人的高尚情怀。他的序,既点评又育人,让文章的政治性与艺术性完美结合,激发读者强烈的读书欲望。

时间,对于许怀中来说,不能不显得异常珍贵。每次回乡,总是"衣冠简朴古风存",但不"古",他脑子里总有许多新鲜事。《岁月匆匆》上篇的《散文走廊》里,他踏遍八闽大地的山山水水,走访了中国西部和宝岛台湾,"阅尽人间春色",但除了当天的日记简单记载外,从来无法详细记录。他私下以为,大凡名胜古迹、旅游景点,古今中外的文人墨客,挥毫泼墨,尽显才智,自己再怎么抒发情感也远远不如他们。显然,有人擅长游记文学,有人擅长报道文学。他呢,只能写些自己亲身经历过印象比较深刻的东西。

许怀中的散文集《岁月匆匆》,许多人潜心一读,不禁为作者真诚的生命述说和宽阔的文化视野所折服,为他对生活的热爱、创作的执着和为文的真情所感染。这些作品,"如同打开一扇福建县域经济的文化橱窗,旖旎多姿的山光水色和纷呈斗彩的特色产业交相辉映,让人徜徉不尽",透过他的耳闻目睹和心感身受,直接传递出福建县域绚丽多姿的风景和悠久辉煌的历史。弥足珍贵的是,许怀中以高度的文化自觉,书写鲜活的文化,多维度地呈示了八闽大地的文化生命。这一切来源于他的修养和追求。国计民生,经济文化,深深根植于他的生命旅程和生活经验中,并历经心汁的滋养与情感的浇灌。

在《完美的冰心》中,许老用真诚的笔调回忆与冰心交往,冰心把他当作家乡人,以及他与陈章武一同送别冰心的情景,读来令人动容。追忆曹禺、郭风的文字,也带给人心灵的震撼和深刻的思考。

这些文学创作成就丰硕、功成名就的老作家们所持有的谦虚谨慎和虚怀若谷的人生态度,让人敬佩。亲情的文章,如《为家父诗歌集献言》和《元月的怀念》等,怀念父母及弟弟难掩哀痛,凄凉悱恻,让人感知到那份叫人落泪的潮意。

无论慰藉还是伤痛,无论辉煌还是暗淡,无论时空如何久远,故乡都是我们最初和最后的念想。这就是为什么智利的诗人聂鲁达会倾注自己最大的精力表现南美洲的历史和现实；这也就是为什么当代诗人艾青会对大堰河和苦难的土地如此深情，而当代诗人海子身在城市，心却永远留在了故乡的麦地。同样，面对久违的故乡，许怀中有着深深的感恩之情，眷恋着这片土地，他是一位"把故乡带在身边"的人。故乡的山水浸透着他浓郁的乡情和乡思。《祖籍地寻根》《钟山情》里的"麦斜岩""云居山""狮穴"及"九鲤湖"等，一草一木，云影波光，都留下深深的记忆。在这里，他的感受和想象带着一种热爱自然和生活的温情，怀旧的情感始终伴随着温馨的追忆和冥想，写实与叙梦的完美结合构成了一种超尘脱俗的境界。你看！"前面一座山，宛如躺狮，狮首昂然，狮身逼真……""整座山称为'云居'，是云所居之山。传说中的入山采药的老僧，只在此山中，云深不知处，多么幻妙遥远的意境"。

　　在这样的境界里，还有什么尘世的烦恼不能丢开？对于家乡和童年，人人都有一种特别亲切和持久的感情。《从家乡过端午节说起》等文章里，简约清丽的笔触和色调，描绘出了一幅幅优美动人的画卷："那穿过千年的枫树、桂树、桃树，阅尽人间春色……""溪边的古榕树下，岸边满是观众，大家为龙舟竞发喝彩。家家户户包粽子、吃粽子、门上插艾驱邪，鸡蛋上画着彩色图，佩香袋，系长命缕"，这些淡的、雅的、安静的、不慌不忙的、散发着草木和溪流气息的文字，一个真实心灵中未曾过滤之故乡，亲切地款款走来。这是故乡对他心灵浸染的原色，也正是他本人独特气质的物化和再现，是他敏锐的艺术视角与温和的人生态度的有机结合。散文就是"闲文"，与其说它是一种文类，不如说是一种性情。要有超然淡泊之心，才能接纳、包容和静观大千世界，才会获得生活的真滋味和真智慧。

　　无论是散文或评论，文化都是其聚焦的视点和主色调。阅读许怀中的散文，我们可以看到他一路走来的生命情境和心路历程，就仿佛坐在一个为人谦和而健谈的长者、智者面前，听他娓娓道来，或微微一笑，让人情不自禁地走到了他的思绪中。写作是他生命存在的部分，人生经历的印记。"文学主真、主情，文人真应该讲真情"，文学创作原本就是一种艰辛的劳作，何况我们还处于不念旧恶红尘滚滚的年月，若没有一种自由而高贵的自我超越精神，业余的文学创作是难以为继的。

精神有所追求，灵魂有所依据，而生命与生活，也就欣欣然如日照中天。时光如流水，光阴在不知不觉中熬白了许老的头发，笨拙了他的四肢，但智慧却一如既往地发光、发光……

第四章
文化交流　异域风情

　　许怀中在厦门大学任教期间，没有机会出国访问，偶尔接待过外宾。到新工作岗位以后，因工作关系，也因学术研究的成果为外人所知，出国的机会多了，大体有三种情况：一是带团出访；二是被邀参加国际学术研讨会；三是熟人驻外办文化交流公司，应邀自费出访。这些年他跑了亚洲、欧洲、澳洲、美洲等，所写文章都收进散文集中，出访活动是散文创作的重要内容之一。

　　1984年初秋，许怀中带领泉州高甲剧团访菲律宾，在马尼拉华人区演出14天。步下机舱，走过长长的过道，菲律宾文化中心主任、侨联和各界代表都来迎接，一串茉莉花花环，挂上胸前，幽香扑鼻。在机场会客室里，许怀中接受了《菲华时报》等记者的采访。他们团队下榻和平饭店，饭店在华人区，有一条以王彬命名的繁华街道，街头竖立王彬塑像。首场演出在马尼拉最堂皇富丽的文化中心剧院，演出前举行隆重的仪式，移民局局长和文化中心主任先后讲话，赠送礼物，许怀中在大会上致辞。我国驻菲大使也观看了演出，3000名观众在观看过程中不时发出笑声和掌声。第二场则在华人区东方影院上演，也是全场爆满。高甲剧团的精湛表演，轰动了菲律宾社会，出现一阵"中国热""高甲热"。马尼拉三家华人报纸，发表了大量文章，"誉满菲岛""妙不可言""为革新后的表演手法迷住"等赞誉不绝于耳。这次高甲戏访菲演出是新中国成立30多年来第一次，增进了中菲友谊。在这期间，他们参观了华文报社和华人工厂，受在菲厦门大学毕业学生的宴请。《菲华时报》董事长叶双珠女士举办宴会为他们送行，还作了热情洋溢的送行辞，许怀中也做了深情的感谢辞。许怀中在《访菲追记》散文结语写道："今天回想临别的场面，心情怎样也平静不了。"

访菲后隔两年，正是樱花盛开的时节，应日本大阪21世纪协会的邀请，许怀中带领中国泉州木偶剧团由上海飞往大阪参加国际木偶节。主办方到机场热情迎接。在大阪10天，艺术、友谊之花并蒂开。到大阪当晚便有招待会，政府官员到会，市长作了讲话。多国代表团团长都相继讲话，许怀中也介绍中国木偶团情况，表达"中国木偶艺术家愿和各团的木偶艺术家一起，为发展和繁荣木偶艺术而努力，让鲜艳夺目的木偶艺术之花，把大地点缀得更加绚丽，更加美好！"中国木偶团的演出轰动日本社会，四场演出场场爆满。观众赞赏道："真是伟大的艺术！"他们也受到了大阪日中友好协会、大阪华侨总会、福建同乡会的热情宴请，木偶传情，增强中日人民的友谊和华侨的乡情。

许怀中还去过马来西亚和新加坡。那是20世纪过后几年，受马来西亚华人作协主席云里风的邀请去访问。新加坡机场转飞雪兰莪，下机已是深夜，云里风先生开车来接，当晚下榻于云里风先生府上。次日，在雪兰莪中华大会堂开记者招待会，接受《南洋商报》《星洲日报》等多家报社记者采访，还参加了雪隆兴安会馆新一届理事就职典礼。夜里乘车到马六甲兴安会馆，馆里匾上书写着"壶兰毓秀"，乡情特别浓郁。在三保宫看到了郑和下西洋留下的足迹。回吉隆坡前夕，参加完乡亲的喜庆活动，便赶到中华大会堂作中华传统文化的学术讲座。云里风是成功的企业家，又是有名的作家，许怀中曾为他的文集写序，云里风回故乡为"云里风文学奖"颁奖，和许怀中在莆仙见过面。

离开马来西亚，便转机到新加坡参加同安会馆第三届国际学术讨论会，几位厦门大学校友都到机场迎接，许怀中下榻濠景酒店19楼。在新加坡和华文作家、乡亲周颖南先生见面。学术讨论会后组织参观，许怀中写下散文《醉人的新马之行》。

受邀参加在澳大利亚悉尼召开的第二十二届艺术和传播大会是2005年，悉尼正值冬天，许怀中下榻大花园饭店。悉尼是个美丽的城市，也有个海德公园，和伦敦的海德公园同名，许怀中曾在那里漫步，参观歌剧院和大桥，到华人之家做客，乘船游览多姿多态的海湾，登临蓝山的深谷，到中国城和华文社区观看，归来撰写散文《澳大利亚悉尼印象》。

此外，1993年许怀中还应邀参加了美国西雅图国际艺术节，福建省文联组团，由许怀中带团前往，下榻华盛顿大学宾馆，这其实是文化艺术活动和旅游、娱乐、经贸交流等结合的综合性活动。此外，许怀中一行还到洛杉矶参观了迪斯尼乐园和好莱坞影城等；还有黑岛印第安保留村之行，也颇有情趣。

此前，许怀中去过的欧洲国家只有英国，他一直想多跑几个国家，正好晓岳同志认识在德国不来梅的一家华人办的文化传播公司中的一位工作人员。她曾是南平市委宣传部的干部，负责办理出访业务。他们自费出国，到广州办签证十分顺利，便于2005年深秋成行。许怀中一行3人，前后20天，访问了欧洲8个国家。由香港飞抵德国法兰克福，步出机场，该公司的兼职人员（一位德国留学生），开着一辆崭新的奥迪小轿车来迎接许怀中一行。他叫小杨，既是驾驶员又是导游、翻译，吃住都由他安排。第一站参观了教堂和国家歌剧院等，从法兰克福驱车到波恩——贝多芬的出生地。离开波恩又到科隆，那是座莱茵河右滨的城市，科隆教堂给许怀中留下颇深的印象，莱茵河小镇也是别具风情。荷兰阿姆斯特丹和鹿特丹之旅，许怀中见到了举世闻名的荷兰风车。在鹿特丹他们特地到华人女作家林湄家看望她，她和她的荷兰先生请他们在"太湖居"华人酒家吃饭。离开荷兰，许怀中一行驱车到比利时的布鲁塞尔。

此次旅欧，法国的巴黎给许怀中留下最深的印象，那也是许怀中心仪已久的城市，许怀中写下《巴黎日记》，详细记述巴黎的风情，其中有一则专写巴黎圣母院和罗浮宫，此外还游览了凡尔赛宫和夜游了塞纳河。凯旋门自然是非去不可的。如果说欧洲的自然风光之美，那便是卢森堡大峡谷的秋景，离开卢森堡他们又回到德国，去瞻仰马克思的故里特里尔。夜宿于特里尔，那是德国西部的一个小县城，马克思于1818年5月5日在那里出生。至今马克思纪念馆的瞻仰者络绎不绝。从特里尔去海德堡，那是德国的一座古城。后从海德堡又到斯图加特汽车城和席勒广场。此外，还到巴伐利亚参观世界闻名的童话城堡新天鹅堡。在德国的慕尼黑体育场也留下足迹。

在欧洲，许怀中一行有意访问历史文化名城。如奥地利伟大作曲家莫扎特的故乡萨尔茨堡和他曾居住过的维也纳。又如意大利水城威尼斯——莎士比亚充满人文精神的名剧《威尼斯商人》的发生地。在罗马，感受到欧洲的人文精神和历史沧桑；在佛罗伦萨，追寻文艺复兴的历史和人文主义的足迹。最后一站是世界上最小的国家梵蒂冈。临近圣诞节，许怀中一行才顺利地回国。

1. 赴英鳞爪，芳草天涯

  1992年秋，许怀中从英国回来已多时了，那一片片广阔的绿草地，都留在最深的印象之中。伫立在绿色的芳草地上，你也许想起苏轼的词句："天涯何处无芳草"。但这里形容的是芳草踪迹处处之意，和碧草连天并不完全是一回事。还有辛弃疾的"天涯芳草无归路"，却是别有一种幽怨之情的宣泄，和广阔更不搭界。许怀中在这里所说的"芳草天涯"，乃是指绿绿的芳草一直在眼前伸延，无穷无尽，漫向无垠的天涯的一种意境。

  7月间，许怀中应邀参加的一个国际文化交流大会，在英国剑桥圣·约翰学院举行。从伦敦希思罗机场到剑桥途上，所领略的异国田园风光中，便有绿色的田野，它洒脱自如，随意舒展。那绵绵的芳草，是给许怀中最初的好印象。到了幽雅的圣·约翰学院校园，院内公园相连，绿草成茵，满目皆是生机盎然的绿。在中世纪风格很浓的剑桥街道上行走，不期然就会走到公园中去。譬如那格林公园，剑河绕园缓缓流淌，每隔不远，便有各呈异彩的小桥跨河而过。园中绿草地如天然的织锦，草地上百花盛开的花圃，就像是这织锦上的刺绣。这时，许怀中以为再也没有比这更广阔更美的绿草地了。

  有一天，会议代表作为伊丽莎白女王邀请的客人，参观了女王的私邸，才知道还有更大片的芳草地。女王的私宅，远远望去，就像一只船舱富丽的帆船，停歇在不流动的凝固的绿海之上。皇宫公园便是靠这绿草来铺缀。这里虽不见亭台楼阁，也无长河落日大漠孤烟的寥廓，又没有风吹草低见牛羊的旷远。但那为大地铺上的绿，清一色的绿，整齐划一，找不到一根枯茎，检不出一点杂色，那锦绣般的草原，真可谓是苍翠匝地，酽绿沛然！

  在绿草地上，还有那美丽的树木张开绿盖，掩映在池塘之中，加上紧贴在水面的睡莲，瑶池秀水，清幽雅淡。在这时刻，你将眼光慢慢移向草地，阳光把金黄色抹在绿草上，只见更为撩人的绿，远远地伸向天边，消失在地平线的尽头。

从剑桥来到伦敦，住在西头，意外地发现，闻名遐迩的海德公园，就在住宅的附近。每天傍晚，当夕阳熔金的时候，许怀中便在这公园漫步。原来这公园和肯辛顿花园、绿色公园、圣唐姆斯公园相连，在繁华的伦敦市区铺一块长达4公里的绿色地毯。当许怀中在绿草地上徜徉，仿佛坠进绿色海洋，荡漾在铺天盖地的绿波之中，把眼睛和心灵都染绿了，只有此时，才真正领略到芳草天涯的境界了。

这绿色的芳草地太单调吗？是的，她的广阔空间，确实令人感到有点单调。然而，你看到这上面的花和树，这上面优哉游哉的麻雀八哥、画眉、鸽子和不知名的鸟类，你就会改变了单调的印象。有10天，许怀中就看到一只白天鹅从天上飞来，就在剑河旁的草地上把头插进羽毛睡着了。而海德公园美丽的长河里却有更多的天鹅，一群群从水中游来，到草地上和游客同乐。许怀中就拿了几块面包，招来天鹅群围在身旁照了一张相片。这时，许怀中便想起了法国布封的散文名篇《动物素描》中对天鹅的抒写：地上的狮、虎，空中的鹰、鹫，都以善战称雄，以逞强行凶统治群众；而天鹅就不是这样，它在水上为王，是凭着一切足以缔造太平世界的美德；如高尚、尊严、仁厚等等。它有威势，有力量，有勇气，但又有不滥用权威的意志，非自卫不用武力的决心；它能战斗，能取胜，却从不攻击别人。芳草地上的天鹅，为漫向天涯的绿色大地，增添了色彩……

2. 率团访美，交流文化

1993年8月刚刚过去，9月的第一天，许怀中一行人——福建文化艺术代表团，应邀前往美国西雅图参加1993年国际艺术节活动。代表团成员启程前一天碰了头，相约在机场集中的时间。中午1时多，许怀中从家里出发，大家都准时到达机场。同行的有林爱枝、杨振荣、陈奋武、林蒲生、马国防、林宝金等人。

阳光晒在地面，热气逼人。和送行者一一握别，进入候机室等待。飞机3点20分起飞，伏在机窗外望，山河、田野、屋舍楼房尽收眼底，却又渐渐朦胧模糊，终于只见云海浩渺。2个多小时后便到达香港。下机后，寄存好行李，和来接他们的华榕公司办公室田经理接上头，出机场时，已华灯初上。

在香港过了一夜，次日晨杨华基等同志前来送行。许怀中登上"波音747"飞机，在日本东京换机，下午2时45分（日本时间）到达东京，4点多钟换机起飞。机舱每排可坐10人，和许怀中去年去英国乘坐的飞机相仿。看了一会儿录像，便迷迷糊糊地睡去，醒来见机窗外一轮明月，仿佛亲近得如在身旁，伸手可触，又似乎感到很遥远。夜空如海，渐渐呈露黎明的曙色。

飞越太平洋，经过万里航程，抵达彼岸的美国西雅图，因此地和北京时差15小时，到时是美国时间9月2日上午将近9时。

出关很慢，花费了2个小时。具体办理西雅图国际艺术节活动的美国赛诺科技有限公司的副总裁卓艾琳小姐开车来接。这公司在美国西雅图是颇有影响的，不仅负责科技业务，也开展文化交流活动。公司曾来信写道："为了开展中美两国文化科学交流，加深两国文化人士和人民之间的互相了解，特邀请你们参加国际艺术节。"由西雅图艺术节主席（市长）、华盛顿州美中交流协会会长（州长）发出正式邀请函。

许怀中一行下榻在华盛顿大学宾馆，这宾馆靠近一条街道，但却是住宅，没有商店，环境清静，路两旁停靠着各种小轿车。他们分别住在二、三层楼，许怀中宿于三层楼的单间。回想去年7月赴英国参加国际文化交流会，住在剑桥大学圣·约翰学院宿舍，两次外访住的都是大学的宿舍、宾馆，算是一个巧合。这次福建省代表团，虽是以省的名义来参加艺术节，但算是我国唯一的代表团。据说西雅图的100多万市民中，便约有亚裔10万人。许怀中想起19世纪中叶，便有大批华人漂洋过海，到美国修铁路，当劳工，他们在世界上以吃苦耐劳而著称，在这里，在五洲四海艰苦劳动和创业，到处都有中国城，在旧金山的中国城是世界上最大的。

许怀中一行抵达美国西雅图市当天晚上，在中国城周记饭店举行的欢迎宴会，是一次非常友好的聚会。华盛顿州中国交流理事会主席罗伯特·凯普先生，全美美中人民友好协会主席芭芭拉·哈里森夫人及其先生，全美美中人民友好协会理事兼秘书长玛丽·苏女士，美国福禄克公司国际部主任琳达·奇弗女士，中国驻旧金山总领馆总领事梅平及夫人林姗，总领馆文化组胡领事、翁领事，美国赛诺科技有限公司代表以及北京中国对外友协代表都参加了宴会。

主席罗伯特·凯普先生曾在中国任职，他是研究中国历史的教授，满口流利的汉语，是个汉学家。他在席上介绍了华州中国交流理事会的情况，它是中美建交后从事文化、商业交流的组织。他说，现今社会，文化和商业要联系。他还说了许多友好而风趣的话。在友好的气氛中，互赠了礼品。次日晚，许怀中一行应邀参加全美美中人民友好协会第十四届全国代表大会开幕酒会。

这酒会在海滨的一座大楼的楼上举办，餐厅通向天台，海鸥悠然地停靠在楼栏上。许怀中凭栏眺望，这里高层建筑并不大多，据说20世纪80年代开始，西雅图过多兴建大型办公楼和旅馆，这种类型的建筑，被视为弊端。人们害怕兴建超大型建筑会破坏城市极具特色的山城风光，企业界所推行的发展高速公路和停放汽车的多层车库，倒出现在眼底。

在天台上，大家三三两两自由交谈。许怀中一行遇到的，都是美国对中国友好的人士，好些是在美国的华人和华裔。彼此用汉语交谈，格外亲切。有位马先生，说是福州人，在美国几十年了，现已退休。他回忆在福州时的情景，无限深情。有一位吕小姐，在上海念大学艺术系，毕业后到美国留学，和美国人结了婚。她丈夫是美中人民友好协会的，她带着孩子随丈夫一起来西雅图开会。她从事中国艺术和美国艺术交流的活动。有位身材高大的王女士，向许怀中介绍说，她父亲是福州人，母亲是美国人，她曾在北京念书，搞舞蹈专业，现在西雅图语言学院教汉语，她说的是一口带着京腔的标准普通话。她为北京申办2000年奥运会而高兴，特地带来她制作的电视片《开放中的中国盼奥运》，要在会上放映，邀他们到放映室观看。他们正准备去观看时，中国驻美国特命全权大使李道豫和夫人叶兆烈专程从华盛顿飞抵西雅图参加这次集会，他听说许怀中一行是福建文化艺术代表团来参加国际艺术节的，十分高兴地和他们一一握手，亲切地交谈和合影留念。在旁的中国驻旧金山总领事馆总领事梅平和他的夫人，也和他们再次见了面。随即，这一堆、那一群的美国朋友围过来和李大使交谈，表达了渴望加强中美经济文化交流，增进友好往来的愿望。这是中美两国人民之间友谊的生动体现。天台上，友好、热烈的气氛，为西雅图的夜晚增添了美色。天上的繁星，楼边的水影，远处的山色，交织得如此和谐、温馨、柔和。

到达西雅图的第二天，许怀中一行在华盛顿大学宾馆用过自助早餐，就前往处在西雅图市中心的美国赛诺科技公司。在一座大楼的第十三层会客厅,公司的董事会及法人代表莱里·詹斯顿先生在这里等候他们,在座的都是公司的元老们。詹斯顿先生站起来表示欢迎,一开头就风趣地说:"西雅图阴天下雨多,今天你们带来了阳光。"他还希望今后和中国有更多的业务来往。他的话使许怀中联想到看过的材料所写:西雅图是多雨的城市,带雨的乌云时时飘临奥林匹克山峰,越过普吉特湾,进入这城市的上空,这是个被乌云包围的城市,只有乌云消散,它的上空才像水洗过一样,闪闪放光。

许怀中一行也向美国朋友介绍福州的情况,并向他们赠送时任省委书记习近平作序的《三山揽胜》等书。告别赛诺公司的美国朋友,他们便去拜访艺术节主席汤姆斯·彼得逊先生。汽车经过大桥时停住了。桥的中段是活动的,因桥底巨轮要通过而升起。过去在电影中看到的惊险镜头,便是桥板正在升起时,汽车冲过的场面,这次许怀中一行正好亲眼看见大桥中段的升降了。

彼得逊先生私邸在近郊一座别致的二层小楼里,房子的结构就是个艺术品。窗外绿草如茵,花卉绕墙。玻璃窗外西红柿红绿相间,散发着几分田园的淡适。室内陈设清雅,陈列着艺术品,挂着犀牛头、鹰等标本。主人的艺术家气质和住宅和谐相称。他们坐定后,主人端了茶,便介绍此届(第二十三届)国际艺术节的情况:西雅图是个艺术气氛较浓的城市,这艺术节原来是民间举办的,后来由政府来办,是包给公司办的,办得好再办,办不好就换一家。艺术节主席对福建代表团的到来非常欢迎,说了不少亲切友好的话。许怀中一行送了书法和艺术伞给他,他非常高兴。许怀中一行在他的小楼上,看到室内挂的全是他写的中国书法,写的是"身闲梦亦安""清风似酒百花醺"之类的内容,他说是日本人教他的,交谈中他和代表团成员陈奋武交流了书法技艺。他的寝室和办公室布置得很雅致:摆着我国唐代的古董、小摆设标本。房间立着旋转的金色柱子,案边放着打字机、传真机、电话机等,宾主都有谈不完的话,要不是都要赶去参加中午的艺术节开幕仪式,还可以一直谈下去。

美国西雅图国际艺术节在西雅图娱乐中心举行,这里数十年之久的自满状态,由于1962年举办的世界博览会而改变。博览会的大多数建筑均为永久性使用而建造的,从而给这个城市留下了一笔遗产——西雅图中心。它成了市文化娱乐中心,故称它为西雅图娱乐中心也可以。其中有极有名的"太空针"(亦称"太空尖塔")、剧院、艺术画廊和科学中心等等。其高达184.7米的会标"太空针"已成为西雅图市的标志。

在艺术节期间,许怀中一行乘坐可容数十人的电梯,上升到"太空针"顶层。这"太空针"身瘦而长,恰似尖钻,顶端呈圆形,可眺望全城的容貌。华盛顿湖就在眼底,它是城内名胜之一,沿岸停泊小艇,景色宜人。濒临海湾的小丘,在茂盛的树木中掩映着一座座平房和小楼。房子的设计,各不相同,姿态万千。看够了风景,便可憩坐在这里商店的椅子上,但此处观光也有一定的时间限制,这一批下去,另一批上来,上下有序。

西雅图中心有座大楼,楼下大厅有孩子们化装、玩耍的场所,让孩子在这里尽情游玩、发挥自己的个性。这时电视台忙着为孩子拍摄电视,屏幕上马上显出影像,同时播放出去。屏幕上看到孩子们或坐在船的模型里,或坐在木头制造的车上,搭配上五光十色的背景和惊险的场面,造成强烈的艺术效果。当他们第二次再来参观时,这大厅已变了模样,成为大商场,可以看出这大厅的多功能性。大厅的楼上是小店铺,有珠宝店、文物店,还出售各种各样的旅游纪念品。店铺前都拥有自己的空间,摆着桌椅,供顾客坐息。

这个文化娱乐中心的面积究竟有多大,许怀中不得而知,总之是非常广大。有游乐场、固定的和临时的商店、摊点,有"国际喷泉",有草地、花圃、赛场、放映室、展厅等等。这是个集娱乐游览、比赛、演出、经贸、展销、饮食、聚会、参观等于一身的大世界。这里设施的配套,场所之广大,交通的方便,为国际艺术节提供了理想的条件。

在这里,许怀中一行所遇到的美国人都十分热情友好。当许怀中一行看到打扮奇异的艺人时,要求和他们照相,他们都非常高兴,拍照时拥抱着你或和你勾肩搭背。有时在快餐店铺里,看到很可爱的小孩,征求他父母亲可不可以一起照相时,得到的回答都是友好的。就是有次在路边看到驾马车的、打扮漂亮的姑娘,许怀中一行有个成员和她一起照相时,她装出要亲吻对方的样子。哪怕是名演员,你邀对方留影纪念,也都乐意接受。

熟悉西雅图历史的人们都知道,西雅图的发展,也依靠开放的帮助。西雅图人长期以来一直嘲笑华盛顿州东部大城市斯波坦,因为在20世纪70年代以前,斯波坦一直是极不开放的,它完全在不开明的大企业集团的控制之下。后来举办了一次世界博览会，斯波坦才迅速地增强了自信心。西雅图自身能够确定它在阳光下的地位，也是得助于1909年、1962年的太平洋展览会和世界博览会，它们是使西雅图冲破乡土约束的一个转折点。从西雅图中心，看到开放性社会的缩影和一角。

美国国际艺术节在邀请信上介绍道：西雅图风景秀丽，气候宜人，城市居民文化素质高，居住环境良好安全，被连年评为美国最佳居住城市和世界十个最佳居住城市之一。西雅图地区又是美国印第安文化重点保护区之一，可以了解印第安古老独特的文化风情，因此西雅图国际艺术节在全美及国际上具有国际性的广泛影响，历届都有来自全美及世界各地的文化艺术界人士和团体参加。参加这一届艺术节活动的，有来自欧、美、亚、非等洲15个国家的艺术家、作家、书画家及有关人士1500多人，有300至400个艺术团体演出。在这期间，举行电影、电视、戏剧、音乐、舞蹈等各类演出。还举办美术、摄影、雕塑、工艺品、文物、图书、科技和花卉等各项展览。同时展览各国风味美食。

这个艺术节，其实是文化艺术活动和旅游、娱乐、经贸、展销、交流、联络、风味小吃等相结合的多功能活动，松散而有序地进行。

中心舞台在露天场地。午后开幕，开幕仪式只用20分钟时间。这30多场的艺术表演、展览等，分散在室外、室内、固定的、临时搭的舞台等不同场所同时进行。

除了综合性的特色之外，另一个显著的特色是随意性。无论是场内、场外的观众，都很随便。就以开幕式的中心舞台而言，台前草地上只排了几十排靠背椅。坐在那里的观众，有的穿着背心，有的打着赤膊。周围的人站着或坐在草地上看，有的躺着看，甚至有人就躺在油布上打盹。父母亲推着儿童车，车里的婴儿安然睡着。有的母亲用铁链拉着孩子，或把链子系在腰间。有的拉着狗，抱着"狗熊"，来来回回四处走动。想吃东西，便在就近店铺买份点心，端着盘子，随吃随走，或在台下边吃边看。自由自在，无拘无束。

台上的表演也很自在。有一人自弹自唱的，也有小合唱；有独舞，也有群舞。在歌剧院表演的，观众狂呼，掌声阵阵，气氛最为热烈。灯光场的表演，台上在演，台前的观众也跟着扭起来。

正式演出是这样，至于那些在路边树下"客串"的演出，就更不用说了。你可以看到树下四个小伙子唱"四声部"，没有伴奏，演员全心投入。

你也能够观赏路旁玩火把戏的艺人，群众在旁为之叫好助兴。这些艺人"客串"的演出，也都得到报酬，观众随意给钱。在空地上假装"雕塑"的人，手中拿着礼帽，全身一动不动，让人以为是真的。当有人把钱扔进帽子时，他立刻就动起来了。

展出的画展、作品展、工艺品展、瓷器展等五花八门，品类繁多，令人眼花缭乱。有些展品也很"随意"，如面包做的塑像"树根人""草人"，有点漫不经心，可也有创造性。其中的中国、日本馆，只展出天津画家于复千的画，是由日本承包的，中国画在这里很引人注目。西雅图国际艺术节也是承包给公司的，政府很省力。观众买门票，4天已达到25万人次。西雅图是多雨的城市。伞在这里是人们生活中的伴侣。这届艺术节以"伞"为主题，又称"伞节"。

9月5日这一天，艺术节委员会专门在西雅图中心"国际工艺美术展览大厅"举行盛大仪式，热烈欢迎福建文化艺术代表团，西雅图市的一些官员代表到会。主持人介绍福建代表团时，许怀中和副团长林爱枝上台。主席发表了热情洋溢的讲话，许怀中和林爱枝把带来的一把伞面直径1.5米、柄长3米以上的巨伞赠送给艺术节，主席当场把巨伞展示在主席台前，引起了全场的轰动，掌声和欢呼声一阵高过一阵。爱枝说得好：中国是伞的故乡。许多在场的美国朋友伸出大拇指，对中国纸伞工艺精美赞不绝口，这把伞真是绝伦超群，超过展厅所有的伞展品，堪称世界之最。艺术节主席汤姆斯·彼得逊先生当众宣布：艺术节之后，他们要把这把珍贵而精美的巨型中国艺术纸伞陈列在西雅图市政府大厅，以作永恒的纪念。这算是许怀中一行参加这次艺术节的高潮。之后，艺委会还专门安排一次座谈会和许怀中一行座谈，他们详细了解了福建文化艺术的特点，对许怀中一行的介绍极感兴趣。组委会节目安排者说：下一届艺术节要加强介绍亚洲，特别是中国福建的文化。希望世界艺术舞台能有中国的节目演出，也希望有福建的雕刻艺术品在这里展出。

许怀中一行住在华盛顿大学宾馆，这所大学的本部就在附近。校园环境优美、树木繁茂、布局紧凑，是西雅图市的十大风景区之一。这天早晨，大家去参观华盛顿大学校园。因为是放假期间，园内寂无一人，静谧无声。进入校门有一个碧草芳菲的广场，许怀中觉得和英国剑桥大学许多学院类似，草地上小松鼠蹦蹦跳跳。有棵高大的杉树，伸出一条长枝，像热情的主人伸出手来和客人相握。这杉树独立在场地上，旁边没有别的树木，没有被围在群中或挤在角落的压迫感，显得格外突出，引人注目。

走进办公楼，过道是两层的。许怀中一行又去观看音乐楼、艺术楼。本想重点参观大学图书馆和东方图书馆，因假期未开放，许怀中一行就改在教室坐坐，不禁回想过去的大学生活，又回想去年住在英国剑桥圣·约翰学院的情景，仿如昨日。和剑桥高校一样，这所大学也是没有围墙的，自由出入。据说只有小学才有围墙，以便保护小孩。出校门，汽车经过附近的威德弥尔住区，听说是有钱人的住宅。这一座座散落在幽幽静静的树木和绿草地之旁、有鲜花簇拥的平房和二层小楼房，是庄园式的住宅区。这一带可望见明澄的湖水，有几幢房子就坐落在水边。他们还经过华盛顿大学家庭学生宿舍，是出租的公寓，有学生汽车停车场。

在市内，许怀中一行还参观了不少地方。如位于市中心南部的先驱广场。广场灯柱古色古香，吊着花篮。一对印第安男女相对的塑像，男的向女的作求爱状，女的向男的摊开双手，表示对求爱的回答，线条简单明快，设计的艺术家把爱情写在广场上，别有异国风情。广场上，因没有什么人走动而显得有点寂静。角落的靠背长椅上坐着失业者，随身一个背包，这也许是他全部的家当。

一个下午，许怀中一行参观了西雅图市内的超级市场和农夫市场。农夫市场是颇有名气的。它起源于1934年经济危机年代，那年头附近农家各自带来新鲜的农产品，形成集市，这就是农夫市场的来历。现在市场内有蔬菜、水果、肉类、装饰品、礼品等大小几百家店铺。还有墨西哥菜、中国菜、意大利菜等几十家餐厅。每天有数以万计的人进出，显得拥挤而喧闹。它和超级市场顾客稀少、堂皇华丽的外表迥然不同。这里的墨西哥菜味道如何，许怀中一行未去品尝。不过在一次途中，大家吃了一份快餐，盘子里的主食上浇了一层鲜红色的调料，说是鸡肉捣成的，大家硬咽下去，也只吞了一半。主人不好意思地解释说：这是墨西哥菜。由于农夫市场餐馆、餐厅多，有人说与其称它为市场，还不如称之为"巨大的餐厅"。无论称为餐厅也好，市场也罢，只是在这里一家海鲜店铺里看卖鲑鱼表演，却饶有趣味。这店铺里堆满了大条大条的西雅图特产——鲑鱼，买者点了一条，店员便一手抓起，啪啦一声，扔向斜对面的另一店员，他便一手接住，干净利落地称重算钱。这种买卖表演，别处是看不到的，颇感新鲜。

这一天，许怀中一行参观了华盛顿大学，登上了"太空针"之后，看了几场艺术节表演，便驱车到码头，再乘船到华盛顿州立公园——黑岛印第安保留村，观赏印第安舞蹈，品尝印第安鲑鱼大餐。赶到码头已是下午4时30分，船已开走，只好等下一班6时30分的船。许怀中一行在码头附近走走，海滨、海港和这一带的商店，也还可以观赏。街旁停靠着古典式的华丽马车，剽悍高大的骏马被打扮得格外神气。车上坐着标致的姑娘，她就是驾驶马车的主人。

登上游轮，天已薄暮。在夕阳熔金的海上看西雅图海湾，湾长而曲。难怪据说西雅图狭长的地貌，曾使地图绘制者也感到头痛。海风频吹，许怀中穿着一件棉毛衫，犹感寒意。幸好航程并不太长，又有海景可赏，倒还不觉难熬。一上岸，便有滩头的热食摊，大家免费吃了一碗热蛤汤，吃完把蛤壳丢在地上，踩成蛤壳碎铺成的路。路口高高竖着象征印第安先祖的高大塑像，一上海岛，印第安文化的氛围，犹如海风迎面扑来。

参观者鱼贯进入大餐厅，每个人都有一份以鲑鱼为主食，配上马铃薯、生青菜等的晚餐。盘子是鱼形的。大厅长长的餐桌上摆着一盏盏小灯，增加了几分神秘的色彩。餐厅侧旁是露天舞台，舞台周围树木林立，给人以幽深感。人们一边品尝味道鲜美的鲑鱼大餐，一边观看台上的表演。舞台上的舞蹈表现印第安人的原始生活：捕鱼、狩猎，和大自然搏斗的场景。又出现人身鸟首的舞者，张开两翼在翔舞。也有身披各种图案毛毡的舞者，星星、月亮悬挂在天幕，台上只剩下一个饰有鸟的长嘴、头上有两个角的文身舞者在篝火旁独舞。接着是"老鹰人"上天，带来太阳，鹰头一层层展开、剥开。这场舞蹈，可能就是印第安人对图腾崇拜的表现。观看了浓厚的、富有印第安风情的舞蹈，感受了印第安古老而独特的文化氛围和风情，许怀中一行便乘船回去。这黑岛，已经没有居民，只作为旅游参观的海岛了。

归航中，只见海天茫茫，夜色漫漫。回味岛上所见和鲑鱼大餐，知道了鲑鱼是这里的唯一特产，正如海蚌之于福建长乐。许怀中想起曾经阅读过的书上所说：华盛顿州的渔业在20世纪70年代和80年代初曾处于艰难困境中，因圣海伦斯的火山爆发而对鲑鱼产卵繁殖造成了严重打击。白人和印第安人长期以来在鲑鱼捕捞权问题上争执激烈。此外，哥伦比亚河上的水力发电大坝，也对鲑鱼造成很大损失。预言家说奇努克大鲑鱼有濒临灭绝的危险。可是迹象表明这种鲑鱼重又游回奇努克等五大湖中。这一段历史的公案且不去管它,只是许怀中这回平生第一次尝到了鲑鱼的滋味。上岸乘车回宾馆,公路上两排来往的汽车,恰似流动着两条红色与银色的光。

美国西雅图艺术节结束后,许怀中一行到维尼亚山国家公园和雪山参观。早晨发车,还是赛诺公司的卓艾琳小姐为许怀中一行开车。她的丈夫陈卫,是华盛顿大学医学院医学系副教授,也和许怀中一行同行。先往华州首府奥林匹亚市,这是州政府所在地。奥林匹亚市和西雅图一样,都是普吉特湾沿岸的城镇。西雅图在中部,奥林匹亚在南边,北面是林哈姆·埃弗雷特。听说华州政府大厦坐落在高处,可以远眺海湾,是美国名州政府所在地最美的一个。普吉特湾海岸线,绿竹成行,森林茂密,各种杉树从喀斯喀特山脉一直延伸到海岸,连绵不绝。途中雾气萦绕,草地呈微黄色。来到华州市政府大楼,建筑和白宫相似,只是小了点。楼前一片广场,绿草如茵,花卉鲜艳。大楼旁有卫生厅和办公厅,门前伸延出一条杂色花径。还有法院、财政厅等一些机关的办公楼。

"白宫"周围和门口不见卫兵,也没有什么游人。角落有一个在越南作战中死去的本州士兵墓,更显得冷清和孤寂。这陵墓设计很怪。墓壁是越南的地图形状,边沿高高低低,弯弯曲曲,中间一条曲折狭窄的沟壑,像一条裂缝。壁上镌刻死者的姓名,前头都有一个小孔,可插一枚美国小国旗,但插上小旗的,却寥寥无几。

许怀中一行很快就离开此处,顺便到镇上看看。原来市政府旁边是个小镇,商店里顾客稀稀拉拉。上车后,许怀中不觉在车厢睡了一觉醒来,汽车已进入林区,公路两旁是幽深的森林,有时可望见湖中山峰的倒影。中午,在路旁火车造型的餐馆用餐。从"火车头"进入"车厢",坐在靠窗的小餐桌前,女招待员很快端来盘子,上有烙饼、煎蛋、腊肉等。服务态度倒也友善。这些天许怀中一行在西雅图活动面大,吃的也是五花八门,有盛大的宴会,有快餐馆的快餐,有宾馆的自助餐,有演出台边小铺的风味小吃……然而这一顿"山庄"的"火车"午膳,大家倒觉得吃得饱,吃得清楚,留下了好印象。汽车继续在密林遮盖的公路上奔驰,两旁树木像两面绿色的围墙。路面平坦,斜度小,也看不到岭,由于公路慢慢上升,故不觉得是在爬山。

进入一段森林公路,树木突然变高,树干变粗,这是面积很大的一片原始森林。最大的树几个人合抱合不拢来，许怀中一行就停下来在树下照相。公园旅舍门前两株红叶树，透露出秋天的信息。汽车就停靠在石桥边，冰雪化成的瀑布在阳光下闪光。这时才有了上山的感觉。这天正是美国的劳动节假日，游人不少。许怀中一行已在雪山脚下，积雪常年不化。山下杉木格外青翠，尖尖的宛如塔尖。杉树不疏不密，不高不矮，像片塔林。野鹿在路旁林中，从从容容地走动。这里还有的野生动物如高山羊、土拨鼠、黑熊及山狮，当然是看不到的。

公园展览馆门前停着许多不同颜色的车辆。进入展览馆，馆员介绍说：1899年，这山岭及周围的地方被辟为国家公园。到"天堂"的道路于1915年完成。"天堂旅店"亦于1917年开张。这公园穿过国家保护区森林，这座维尼亚山是世界最雄伟的山之一，峰高2500米，又高于日本富士山516米。许怀中从"天堂"观光台观赏雪的火山山峰及环绕的群山峰，而火山第一次爆发足是在遥远的70万年前。雪山山峰一片雪白，像披着白巾，整座山不见一棵树木，完全裸露在天穹之下。有时可以看到绚丽的云彩像雪花一样轻飘。据说，7月至8月间，开始融雪，冰雪一消失，美丽的花朵便会盛开。

许怀中在这高高的雪山脚下徜徉，并不感到空气稀薄，呼吸困难。也许像许怀中这样看惯了、走惯了、登惯了祖国名山大川的游客，对这样的山就不以为然了。记得许怀中去年去四川九寨沟、黄龙，爬到雪山下的寺庙，已经气喘如牛了。回程是下午5时许。今天他们就要离开西雅图顺途去洛杉矶访问，距飞机起飞的时间尚早，又参观了华盛顿州第三大城市、西雅图的姐妹城市——塔科玛市。晚上7时10分飞机起飞，他们向西雅图市挥手告别。

飞机经过2个多小时的航程，到洛杉矶将近晚上10时，飞机降落之前，在上空长时间看到底下一望无际的灯海，像一座浩大的水晶城。可想而知，洛杉矶是个平面犷美的城市。

许怀中读过美国志深知：洛杉矶位于加利福尼亚州西南部，三面靠山，一面临海。圣英尼卡山脉横贯市区，属于海边盆地。该地最早的居民是印第安人，18世纪80年代西班牙统治下的墨西哥派遣一批黑人、西班牙人和别的一些人种来此建城，定名为洛杉矶。墨西哥独立后接管，1850年并入美国版图。它是一个成长中的金融中心，占有太平洋沿岸的优势，它和中国、日本及其他亚洲国家建立贸易关系，从而迅速成长。

许怀中一行下机后，美国国际贸易公司的陈君等同志开车来接。从机场到市区汽车开了将近1个小时，沿途可看洛杉矶的夜景。下榻前，先到中国城餐馆吃夜点，吃的是中国菜，还特地点了地瓜稀饭。在中国城想起美国加州早就有中国人的足迹，他们的铁路建设，曾流淌着中国劳工的血和汗。次日，他们在主人的陪同下去迪斯尼乐园玩了一天。汽车在高速公路上疾驰。高高的、直直的类似棕榈树的树木从车旁掠过。和西雅图一样，小山丘上都是小楼房。由于城市建设分散，市区和郊区之间纵横着多条高速公路。洛杉矶是以高速公路闻名的城市，他们行驶的这条高速公路旁侧还有同方向并排的高速公路，但那条路上车辆就比较拥挤。问了驾驶员，才知道这条公路是汽车乘坐3人以上的车道。在闹市，汽车依然拥挤，因为洛杉矶汽车数量居世界首位，又地处盆地，因此整日处在烟雾缭绕之中。有人说，要提到洛杉矶的工业，可以说就是娱乐工业。又有人说，在洛杉矶如果没有去迪斯尼乐园，可以说就没有到过洛杉矶。外地来访者，最想去的地方，排名第一就是这个乐园。虽然日本东京也有迪斯尼乐园，但东方与西方的味道不同。洛杉矶迪斯尼乐园从1955年开张以来，已有几亿游客来此游览。这是一所大型现代化综合游乐场，由沃尔特·迪斯尼设计。他曾以创作许多动画片知名，其中米老鼠的形象风靡世界。

洛杉矶城的确比西雅图大得多，到迪斯尼乐园，沿途所经过的地方，有大片大片的田园和平原，但这里的田园和去英国剑桥途中所见的田园风味不同，此处田园城市化的味道更浓，而其闲适的情调却淡了。

到了迪斯尼乐园外围，是堵夹竹桃的墙。汽车停在大的广场，进入园里，迎面而来的是一座童话里的房子。像是彩木拼成的彩色木房。也有的似城堡，有的像教堂。许怀中一行先进入"太空遨游"，一进门，机器人正在演讲。小室内可坐6排人，扎好腰带，开动后，很快他们便仿佛遨游在浩渺的太空里。许怀中半闭半睁着眼睛，只觉得眼前闪着各种异样的光，耳边响着各种奇异的音响。

接着，说是坐车在空中游览，想象中该是很惬意的。排队坐进两人的小车上，一根铁杆横在腰前，把身体固定住。两手抓住前头的横杆，脑子来不及思索，突然间进入了黑洞似的深幽幽的空间，像是一片黑暗的深渊。一场大的折腾又紧接而来，只觉得忽高忽低，一下子把你抛起，一下子又把你摔下。忽左忽右，突然间向左急转，又突然间向右急旋。

忽上忽下，有时感到头向下，人倒悬，有时又像要把你摔出车厢……他们只顾两手死死抓住横杆，仿佛就要跌入无边无际的深谷似的。安全出来时，彼此相对而视，就议论开来：有的说刚出来时似乎魂不守舍；有的说像是体验了一回死亡前的心态；有的庆幸大家还活着。但是大家都感慨地说：原先如果知道有如此惊险，就不会来遭罪。不知谁在旁边插上一句：无私才能无畏，"无知"也能"无畏"。然而许怀中想：幸好事先不知道是什么玩意儿，不然就没有这回经历和体验了。游乐园的项目有大几十种。如"坐潜水艇"下水底，可遇到鳄鱼，看到鱼龙变幻。再进"鬼洞"，地洞里的"恶鬼""厉鬼"会向你伸过手来，还有什么钻洞过"火山"之类的刺激活动，一个接着一个。许怀中感悟到：美国人把在"乐园"里体验惊险、刺激，当作一大乐趣。

当然，舒适的方面也有，如坐古典式的火车，绕园一大圈，慢慢观看全园的设施、场景、风物，倒也悠然轻松。或坐在吊车上俯观眼下景物，也有坐享的乐趣。还有坐船进入"小人国"观赏沿岸各国"儿童"的轻歌曼舞，像邀游在童话世界似的，更是怡然自得。

在美国的朋友告诉他们，慢慢游览要花3天时间，许怀中一行用一天，大略考察了美国的"娱乐文化"。这个乐园中心从地上、地下和空中都安排设置了永久性的游乐场地，用各种电子仪表和计算机控制的活动模型，运用光学、声学和生物学的知识设计各种游乐场面，如"太空幻境""宇宙飞船""古代城堡""神奇之国""雪山""未来世界"等等，名目繁多，可以从远古时代的景象看到未来世界的科技，从而增长了天文、地理、人文、历史、生物、航海、航天等方面的知识。

据说，洛杉矶是大众文化之都。有的说它有一个活的文化，是美国电影和电视的首都。这个电影明星荟萃的地方，在20世纪后期成为世界性的城市，促进了社会的发展，应该说，影视事业确实帮了它的大忙。当然，这里的宇航工业、超级型的道路也都起了作用。但有人断言，使洛杉矶闻名全球的唯一产业是娱乐业。他们参观了迪斯尼乐园的第二天，便去好莱坞城走一趟。在途中，许怀中想起美国人自己写的史书上说：进入20世纪后不久，好莱坞就拍出第一批电影。第一次世界大战，与电影铸造好莱坞为世界娱乐中心，是同时并行的。但在20世纪40年代，好莱坞对美国文化做出了最独特的贡献。那时像米高梅、派拉蒙、20世纪福克斯、华纳兄弟和哥伦比亚等少数几家大摄影厂，每年拍摄电影总数有 40 部。但后来电视很快打进来，电影观众骤然减少，某些大财团收买了电影厂，当时出现了不吉利的预言：好莱坞，完蛋了。但它又不断以新的形式继续下去。电影制片者终于找到吸收电视的办法，为美国电视拍片，发行到国外作电影放映。年轻的独立的制片人开始以更多的先锋派影片取得成功。

许怀中一行花了整整一天，才把这个世界最大的、占地超过 20 英亩的电影、电视制片地巡视了一遍。在这里，不单可以看到电影，还能置身其中亲历各种惊险、温情和刺激。正如游览指南所介绍："今天您才是真正的主角，您将大放异彩，展现才华，创造电影特技及历史。这本指南就是您的剧本，任由你运用，在毕生难忘的地方制造前所未有的一天。"它还向观众导游：首先搭乘该摄影场专用的巴士，由此一下子展开激光战争，一下子可看到一幢房子突然失火，还可以忽然看到大白鲨从水中冲出，一幕幕的景象，令人惊心动魄……

然而，许怀中一行并没有按指南所导游的路线，而是按照时间顺序先看动物表演：狗把猫吊在空中，放下一张欢迎观众的幕布。绿色翠鸟、老鹰、小猪、猴子、猩猩都是出色的演员。欧洲古典剧特技表演在露天摄影棚内，外景是农村的一角。滑稽演员先作随意性的逗趣表演，接着一连串惊险的场面：骑马、打枪、人掉入井里、楼上爆炸、房屋倒塌，布景处处都安装机关。

欧洲古典歌剧舞台演出《柯娜》片段，是在固定的室内舞台水幕。许怀中第一次看到演员先在台前和观众对话。另一个露天摄影棚，拍的是打仗的电影，有陆战、水战，还动用飞机。人从高处掉进水里，气氛被渲染得十分紧张。观众都屏息观看。过去在银幕上看，今天算是身临其境了。

有的舞台表演摇滚乐舞，很受观众欢迎。因它重视音响和电光的运用，动作性强，注意和观众交流。演的内容是美国出名的戏。在特殊电影舞台，游客搭上宇宙飞船，成了星际大战的宇宙战士。好莱坞最近拍了一部名片《外星人》，留下的现场让观众参观。大家进入幽深的天宇，看到奇异的怪物，又是一次历险，坐在车上看好莱坞的全景，也穿插着许多惊险的场面：快出洞口时大火燃起，巨大的猩猩呼叫着，又下起暴雨，洪水从身旁扑来，接着遇上了"地震"，从小震到大震……走出长长的隧道，有平湖、蓝天与白云画在布景上。所经之处，到处是道具：一幢幢漂亮的不同样式的房子，都是用木头盖的，和真的一模一样。在几间电影放映室观看拍摄惊险镜头的特技表演。一边在表演，一边在银幕上映出，倒也能帮助观众增长电影知识。走出好莱坞全球拍摄厂后，许怀中一行在街上行走，经过中国戏院，这是好莱坞最出名的电影院，也是洛杉矶最大的观光名胜之一。戏院周围铺设的石块上，约有200名大明星留下的手印、脚印及签名，据说是因为昔日有位女明星诺曼·玛姬特曾在此看电影时，不小心踏到尚未凝固的水泥地上，因而造成大明星都在这里留下足迹的风气。

许怀中在街上看到一小段水泥路上有脚印，大概那不是所介绍的大明星的留痕吧。路上铺有一块镶有明星名字的星形铜块，可见崇拜明星的风气是如何的浓厚。这些，许怀中一行已无法去寻找、观看了。晚上，他们又在中国城"一条龙"餐厅吃饭。这里曾遇到一个福州的女招待员，大家交谈着福州。浓郁的乡情在中国城之夜弥漫。归途中，经过香港，杨华基同志来香港机场接他们。在香港过了一夜，第二天下午便飞回榕城。飞机快降落时，只感到青青的闽山、碧绿的闽水都已融在苍茫的夜色之中。许怀中一行已圆满结束了美国之行。

3. 新马之行，乡情似酒

乡情浓似酒。一个人出远门都难免要一番辛苦，何况出国门。这次许怀中单独去马来西亚、新加坡，幸好有乡亲照料，方便多了，旅途顺利惬意。1994年5月13日下午将近4时，飞机从厦门起飞，到新加坡机场已是下午7时45分。下飞机，机场内的商场广大无比，提着行李，一路问去，好容易找到了转机到马来西亚签票处。又找到"87号"候机室。一进室，只见乘客寥寥无几。检票员说："对不起，太迟了！"吃了一惊，明明是9点45分起飞，怎么不到9点就飞了？检票员随即发现是他看错了，连声说对不起。检票员问许怀中是否北京来的。许怀中回答是厦门的。检票员说他母亲是福建人，便认了乡亲。

飞到马来西亚已是深夜。出机场，乡亲莆仙籍作家、马华作家协会主席云里风先生已候在门口。他开小车来接，载到他家住下。这座别墅式的楼房坐落在幽静的郊外。夜里听椰风如轻歌，带着异国风情入梦。

次日，在雪兰莪中华大会堂开记者招待会，接受《南洋商报》《星洲日报》等多家报纸记者的访问。会后参观几家报社。《南洋商报》记者问了福建文艺界的情况。许怀中介绍了拍摄电视连续剧《侨魂》，宣扬陈嘉庚倾资办学、创办厦门大学的精神。记者高兴地说，《南洋商报》和陈嘉庚也有着密不可分的关系。

雪隆兴安会馆举行新一届理事就职典礼，主持人知道许怀中来马的日期，特地把这活动提前到14日晚举行。赴会途中，在暮色里看宽敞的公路两旁高大的青龙树，枝叶柔软繁茂，还有高高的棕榈树。许怀中了解到全境有15000种植物，其中有6000种树木的数字，即这里1平方公里面积森林中的植物种数，可以同欧洲的10万平方公里面积土地上的种数相等的情况。在雪隆兴安会馆遇到的都是莆仙乡亲，大家欢聚一堂，备感亲切。台边长联写道："兴吾业乐吾群敬吾桑梓，安此居习此俗爱此山河"。这楹联传达了同乡会的宗旨：爱桑梓和爱当地山河的和谐统一。就职典礼热烈隆重，宴会上唱的歌，有《采槟榔》《我是中国人》。唱到夜里10时左右方散，许怀中即乘坐乡亲的小车到马六甲。他一路观赏异国风情的夜景，沉浸在浓如酒的乡情中。

所宿的马六甲兴安会馆，三楼是天后圣母宫。塑像是从莆田祖庙请来的。楼下厅里挂的匾上写："壶兰毓秀"，大概是指莆田的壶公山和仙游的木兰溪。对面小街是郑和路。明代郑和在这里留下历史的痕迹。在霏霏小雨中，许怀中参观了三保宫，这里的对联都是汉字。宫后一口三保井。公路旁有林奇树，叶子多瓣，无花。登上"宝山亭"，又来到马六甲华人社团热心人士重修的抗日烈士纪念碑。

乡亲还陪许怀中参观了古城，城门古朴，已破烂。登阶，在坡上残留一座葡萄牙的教堂，被荷兰人占领时所摧毁：没有屋顶，四壁徒立，窗门依然残存，室内空荡，只剩下荷兰人的坟碑。到顶可望马六甲的海湾。在教堂旁竖立着英国人建的白色灯塔。教堂下的小山坡上残留着几座葡萄牙人的白色坟墓。这里，透露着历史的沧桑，仿古新建的博物馆，记录着它的历史。这里曾是满剌加王国故地。全境低丘浅淖，海滨椰林遍布，渔村绵延，曲折的马六甲河穿城而过，桥梁众多。中世纪修建的街道狭窄曲折，只有400米长的荷兰街是世世代代华人的住宅区，建筑为中国古典式厅堂、庭院和园林。马六甲，在历史上正如海湾的巨浪，并没有平静过，她曾为葡萄牙占领，又受荷兰人掠夺，后沦为英国殖民地。马来西亚摆脱殖民主义者独立后，一步一步地发展，如今的马六甲海湾已是一片繁荣景象。

许怀中回吉隆坡前夕，参加马六甲兴安会馆主席吴金喜侄孙的婚礼，席上接触的同乡，不少是10多岁就来马来西亚的，如今都有了家业。有个姓姚的华人，他对许怀中说，他的子女、媳妇、女婿都是留学生，已经毕业，各有各的事业。无意间，在席间的歌唱中，许怀中听到小时在故乡仙游听的粤曲《王昭君》。许怀中那时学会洞箫，时吹此曲，歌词只记得头几句。在异国他邦却听女歌星从头到尾唱了一遍，似乎又回到少年的故乡。

参观了"小型马来西亚"园里14个洲的建筑物，许怀中便赶回中华大会堂作中国传统文化的学术讲座，随后几家报刊作了报道。在马来西亚参观访问几天，他带着浓浓的乡情飞往新加坡去。

从吉隆坡乘机去新加坡，航程不用一小时。厦门大学几位校友到机场来接。新加坡同安会馆举办的第三届国际学术讨论会，代表们住在濠景酒店，许怀中在19层住下。

在这次会议中，许怀中对新加坡同安会馆有了深一层的了解：它于20世纪30年代初成立，已有60多年的历史了。它在促进乡谊，提供社区福利和参与当地建设方面，搞得有声有色。20世纪40年代，会馆在丝丝街会所举行庆祝成立10周年纪念大会上，陈嘉庚曾到会致辞，感人至深。我国改革开放以来，会馆主席孙炳炎先生曾亲领考察访问团到福建，在福州，受到当时的省委书记、省长的接见。代表团来到同安马巷，出现万人欢迎的场面。孙炳炎先生还担任厦门市人民政府经济顾问。近年来，同安会馆在发扬中华民族传统文化的价值方面，显得十分活跃。开办古诗词讲习班，举行国际学术讨论会，已闻名遐迩。会馆主席孙先生说：新加坡同安会馆在20世80年代中期开始进入现代化的路程。他们改变过去的活动形式，以符合现代化社会发展步伐，取得突破性进展。会馆出版新马华社会研究丛书，吸收专家学者教授参加理事会，会员中青年比例加大。这次会馆举办的国际学术讨论会讨论传统文化的历史和现代意义，便有许多国家和地区的专家学者应邀前来。同安籍的音乐家、中央民族学院教授吴天球举办独唱会，大显身手。这里同时成立了世界性的联谊会，将更加广泛地与世界各地同安乡亲在文化、经济、社会活动等领域进行合作。许怀中意识到：海外的许多会馆，如马来西亚的兴安会馆、新加坡的同安会馆，已经加深、扩大了它的内蕴，突破了宗族和地域的局限，朝着世界性、现代化、多功能的道路前进。它们举办世界性乡亲联谊活动，促进世界各地乡亲的相互了解，加强各国经济合作、文化交流，有利桑梓，帮助当地。

在新加坡，许怀中来到了圣淘沙岛上观光。圣淘沙的奇石馆，100多年来，收集来自中国各省和世界各地的奇石4000余件，石头上的人物景致天然形成。神州大地的浩瀚山水，被移到石头上。花草鸟兽，香魂化入一方石中。木化石、恐龙化石、动物化石使你眼花缭乱。一块石，就是一页历史，一则传奇，耐人品读回味。有所谓"读石读天地，窥奇窥历史"的说法。但要了解新加坡的历史，当然还是要到岛上的历史馆参观。其中"苦力馆"展示出唐人街和附近华人当年生活的艰辛：摆小摊、开小馆、煮粥卖油条。当苦力，几十人挤在一小间……他们在艰难中求生存，从艰苦中走出来。还有"受降厅蜡人馆"，可看到几十个与真人一模一样的蜡像，逼真地再现历史的镜头：1942年2月英国总督向日本投降、1945年9月日军司令向盟军代表签降。历史的变化耐人寻味。

坐在电车上环岛游览，许怀中看到凤凰木开得满树红花，这令他想起鼓浪屿。在会上，有一份发给会议代表的"厦门鼓浪屿华侨度假休闲中心"的图片介绍，简介上说：此度假休闲中心是由厦门市鼓浪屿区政府兴建的，是为港、澳、台同胞及东南亚各国华侨以及国内客人提供一个幽静、豪华、具有现代化管理水平，且以度假、旅游观光、娱乐健身、休闲为目的的度假中心，让他们在这里获得身心的美好享受。圣淘沙岛和鼓浪屿作为岛上的旅游胜地，自然风情有着非常相似的韵致。

又在椰风蕉雨中，许怀中来到狮头鱼尾公园游览。滨海大道，绿草如茵。有棵大树，树的下端开出一朵朵像炮弹一样的花，就叫作炮弹花。去参观妈祖庙途中，经过正在装修的厦门街，门口有一条屋檐下长长的可以躲雨的长廊。上了最高的花葩山，在山上俯视海湾、城市，一丛丛绿树把楼房、住宅环抱在怀里。同来参观的李秀记同志说得好："说到底是绿化把她变得美丽！"下山时，导游员指着一座白色大楼说，这叫金钟别墅，当时孙中山先生在这里住过。许怀中不禁在心中升起肃然的敬意。这位革命先驱和东南亚华侨的关系是如此密切。

4. 季节跳跃，来到悉尼

许怀中1995年夏来到澳大利亚的悉尼，一下飞机，第一个感觉是：季节的跳跃。榕城正是盛夏，悉尼已是冬天。飞行八九小时之间，从夏季跳到了冬天。由英国剑桥国际传记中心和美国传记协会联合举办的第二十二届艺术和传播大会，在澳大利亚悉尼召开，许怀中应邀前往参加。

出国前他阅读了一些介绍澳大利亚的资料，其中有本书名为《澳大利亚面面观》，开篇的标题是《飞向"世外桃源"》。孤悬于印度洋与太平洋之间，和满布冰河雪山的南极洲隔海相望的南半球的澳大利亚，那古老而广阔、长期与外界隔绝的土地的幽静，一下子占据了许怀中的脑海。这些年来，人们对澳大利亚并不陌生，其实隔绝已不存在，她是现代化、城市化程度相当高的年轻国家。只不过是赤道把地球分为南北两半，造成季节和他们正相反。

我国和澳大利亚两国人民之间的友谊源远流长。由周恩来总理和澳大利亚前总理惠特拉姆先生代表两国人民亲手奠定的中澳友好合作关系的基础，不断得到巩固和发展。改革开放以来，来往交流越来越频繁，两国之间长期持久的友好合作关系，对稳定亚太地区的局势和经济繁荣、促进世界和平，是举足轻重的。

悉尼，澳大利亚最大的城市，她是新南威尔士州的首府。翻开沉重的史页，英国在澳大利亚建立殖民地，最早在悉尼，那时大不列颠帝国把罪犯流放于此。他们的后代说：祖先是戴着镣铐漂洋过海而来的。两个多世纪以来，世界各地的人们被这块得天独厚的土地所吸引，他们把各式各样的大小船只停靠在这里的港湾，在这里定居下来。悉尼，尤其是澳大利亚独立后，发生了天翻地覆的变化，一跃成为全国经济、交通、贸易的最大中心。

悉尼，是美丽的城市。她中心的东部，就有三个供人游览的公园：海德公园、领地公园和皇家植物园。海德公园是三个公园的中心。得来全不费功夫，原来她就在许怀中下榻宾馆的对面，只要穿过街道便是。说来也巧，大前年，许怀中去英国剑桥参加第十九届国际文化交流会议时，会后到伦敦，所住的伦敦西头一座大楼对面，是个英国有名的大公园，也叫海德公园，名字完全一样。

许怀中刚到悉尼的第一天，上午报到，下午无事，午休起床后，便独自穿过横在门口的一条街道，进入紧挨街道旁的海德公园。公园的另一面，也靠着街，没有围墙，没有遮拦，让过路行人可以观赏，也可以随便出入。对面街道中间一座教堂，哥特式的尖顶伸在公园背后的空中，使公园染上点宗教色彩。

进门口，有个大喷泉，这便是和这里的安扎克纪念馆齐名，同样最吸引游客的阿奇博尔德喷泉。池中塑着一赤身壮士降伏牛头人身怪物的艺术雕像，另一塑像是一女子靠在一头鹿身上，手上持弓，不知是何神话传说里的人物。她使许怀中想起我国海南三亚的"鹿回头"塑像，但其内容和美丽的"鹿回头"传说不可能相同。

这公园虽和伦敦海德公园一样，都以大片绿草地为主体，但其范围远没有后者大。园内寒风习习，而草木花卉很有生机，全无冬天的凋零，依然青绿美丽。许怀中在园内漫步了一圈后，憩坐在草地上的一条长靠背椅上，看着新郎新娘和亲友一道照相的嬉闹场面。他们很为园内增添一缕情趣。

对面许怀中住的宾馆有20层高，从这里望去，大楼颇有几分气势。许怀中独坐靠背椅上，园内的游客渐渐散去，觉得有点冷清，思绪却特别活跃起来。他想起伦敦海德公园明镜般的湖水，湖上、水边，天鹅悠然自在。想到那里有所谓可以自由讲演的"自由论坛"。由此，许怀中也想到此地的领地公园，据说每逢星期日下午，演说家们也可以站在肥皂箱上演说，款待愿听的听众。想不到悉尼的公园内，也有英国式的"站在肥皂箱上的自由"，这大概是"欧洲文明"移植的一个小小标记。

这里天暗得早，不到6时，暮霭便漫浸而来。街灯早就放射出五颜六色的光。这一带市区，商店不少，装潢设计都很考究，但繁华而不热闹，商店、公共场所、酒家餐馆，顾客都不拥挤，这大概是澳大利亚地大人少的缘故。澳大利亚有760多万平方公里，面积居世界第六位。据几年前的统计，人口只有1600多万，其中有许多国家的移民。这是个多元文化的国家，她也十分重视环境和风景区的保护。悉尼就有这几个著名的公园。国家和各州都设有国家公园和野生生物管理机构。从海德公园，许怀中想到人类的环保和风景区、公园的开发和保护、管理等问题。

在夜色中，他回到宾馆。

早就听说悉尼有座闻名遐迩的歌剧院、悉尼海湾大桥和澳大利亚最高的建筑物悉尼塔。许怀中得知这个国际文学艺术的盛会，将安排来自各国的代表参观这些地方。又听说这著名的一院、一桥、一塔就在自己所住的大宾馆附近。于是，许怀中就想利用会议前的空隙，先去参观。

这天中午，正好从台湾来悉尼定居的郭先生，请了从香港来开会的企业家、专家学者姚美良和许怀中、散文家陈慧瑛到中国城吃广东菜。午茶后回到郭先生别墅的雅致客厅里，许怀中才发现会议材料袋忘了带回。郭先生送姚美良董事长去机场，他便交代千金珊慈和许怀中一起去餐馆取回材料袋。然后，善解人意的郭小姐带许怀中去参观歌剧院等地。

坐了火车，经过大桥。坐落于海港南端的大桥，横跨杰克逊湾，把悉尼市南北接连起来。郭小姐介绍说：这桥于20世纪30年代初完工，花费巨款，桥身长近2000米，桥面高出海面将近60米，单拱跨度500余米，拱架顶端最高处距水面也有130来米。许怀中问她桥面有多宽，郭小姐不费思索地随口答道："49米。"只见桥面中间为双轨铁路，8条汽车道和自行车道，两侧为约3米宽的人行道，万吨巨轮可以自由地从桥下通过，南北桥畔各有两座高大的桥头堡，极为雄伟壮观。郭小姐兴致勃勃地说："你来到了这桥，就等于来到了南半球最大的拱桥了！"

下火车后，许怀中来到了坐落在海湾旁的歌剧院。许怀中从看过的材料中获悉：喜爱生活中渗透着艺术气氛的澳大利亚人，早就想建构起一座艺术活动的场所了。1954年开始找适合的地址，选定了在大铁桥东侧，杰克逊海湾内的一个小岬角上。在建造这座举世钦仰的歌剧院之前，请专家当顾问，精细研究，5年后才破土奠基。施工中因有争执，又因预算过大而停工。后来由德国著名建筑公司承建，前后10多年才竣工，耗费数超出原估算19倍多，但毕竟完成了这座万众瞩目、堂皇富丽的歌剧院。

站立歌剧院前，首先吸引许怀中的是独特的建筑风格——贝壳形船帆屋顶造型。这水上的歌剧院，几乎成为悉尼的象征和代表。

歌剧院的面积和四周通道、停车场，占地4英亩半。那蚌壳形的屋顶面积就有20万平方英尺。歌剧院的名气，不光在外表，还在里面。里面有5间豪华的厅堂，最大的演奏厅座位达2800个，歌剧厅也有1500个座位。还有戏剧厅、音乐厅、展览厅、5间大小排演练习室，50间更衣化妆室，并有几间设备一流的录音录像室，一间气魄堂堂的大会议厅，此外，餐厅、咖啡座、休息室，应有尽有。会议将安排许怀中一行在这里看一场歌舞演出。

悉尼歌剧院给杰克逊海湾增添了最抢眼的胜迹，招徕了世界著名交响乐队、歌舞团以及音乐演唱家。他们都以能在这蚌壳形歌剧院里演出为荣。歌剧院为国家、民族、城市增加知名度，为繁荣艺术事业，为满足观众的审美要求和提高群众欣赏水平作出了卓越的贡献。参观了这歌剧院，一个大城市和上档次的文化设施的关系，将给人们一点启迪。

离开歌剧院，郭小姐邀许怀中坐悬空环城电车，浏览了悉尼城市一些城区。下车后，走了一段路，坐电梯登上悉尼塔。塔高300多米，外表呈金黄色，塔楼为7层圆锥形建筑，最高两层是旋转餐厅，中间两层为瞭望层，可眺望整个悉尼城。塔里大小商店有200多家，是悉尼购物中心。郭小姐知道许怀中忘了带照相机，特地替许怀中买了一架临时的照相机。

观之后，热情大方、懂事礼貌的郭小姐送许怀中回宾馆。她今年已高中毕业，正准备考大学，许怀中花费了她将近一个下午的宝贵时间，很感不安。从中，许怀中发现学校和家庭教育在她身上的烙印。

郭先生住在悉尼的车士活城，距这里不远。这里的"城"大概是区的意思。今天是星期天，路上行人尤其稀少，显得特别幽静。坐小车一刻钟便到郭宅，郭先生祖籍是闽南，从台湾来这里定居的。他跑了许多国家，最后选择在这里购一幢楼房住下，他认为悉尼是最适宜居住的城市。

这一幢别墅般的两层楼，进门有块小草地，也是园圃，玫瑰花开得红艳艳。许怀中在郭先生家精致的客厅坐下，中年的郭先生，热情豪爽，能在异域他邦彼此用闽南语对话，备感乡音之亲切。郭先生有个和睦幸福的家庭，太太贤惠能干，三女二男，给许怀中一行开车的是他最大的女儿郭小姐，去年考上大学经济专业，父亲特地买了一辆高级小轿车奖励她，她上学就开车去。郭先生在同安投资办厂，每年都回闽南。来华人之家做客，可以利用交谈进行家访，也可了解澳大利亚的风土人情。据说这里住户每家至少种一株果树，也不养鸡养鸭，如果养了，要有执照才能宰。有人养了鸡鸭，留作观赏或吃蛋。养了鹅，变成了"天鹅"。

谈到近午，郭先生和太太陪许怀中一行去中国酒家吃中国菜。因为路途不远，又可以观赏风景，便一起漫步去。这一带树木很密，又没有商店，确是理想的住宅区。马路上，几乎看不到行人，一大片绿草地如绿茵铺在大地上，给你广袤优裕的感觉。这里的生活节奏犹如从钢琴的键盘上发出的悠悠徐缓的音符，好像一切都从容不迫，悠然自在，它和拥挤、喧嚣、嘈杂毫不相干。他们漫步穿过整个花园，种的全是玫瑰，绿绿的草，红红的花，蓝蓝的天，白絮般的云……空气像滤过般的清新。郭先生边走边介绍：这里现代工业发达之后，更加注意了环境保护，解决了污染问题。他要许怀中注意这里的社区建设，许怀中问他有什么特点。他回答：简单说来就是便利于民和趋于人性化。进入市区时，他指给许怀中看，百货公司的楼上，有道浮桥接通对面街道，便于顾客推车。又如，处处为残疾人着想，道路、洗手间，都有供残疾人专用的。这里二层楼上的套房，房子结构合理，窗外花圃，对面一座大教堂，楼下种着果树，有橘树、柠檬树，走在这一带，就像走进了花园。

　　上了中国酒楼，从大餐厅里一桌桌几乎都坐满了，可以看出中国菜在这里的走俏。坐在餐桌上不但有华侨和华人，还有不同肤色的外国人。

　　回到郭先生家，他邀许怀中到二楼参观。楼梯头挂着放大的全家福彩照。郭先生说他最小的儿子才10岁多一点，在台湾读书，刚放暑假，前天一个人从台湾乘机回悉尼。他说这里的独生儿女，也从小让他们去锻炼，并不像人们所想象的都当小皇帝。和许怀中一道去吃饭的是郭先生友好的邻居邱先生。邱先生住的是平房，门前也有一块绿幽幽的草地，草边镶以各色各样的鲜花，一进门便感到舒适。小客厅摆着两盆干花，是真花晒干加工而成。邱先生是搞装潢的，房子布置得很考究。他也有个美满的小家庭，太太和一男一女，儿女都在读书。邱先生也是从台湾迁来的闽南人。许怀中坐了一会儿，便回宾馆休息，准备参加晚上的酒会。他一路想着，这次出国，到了华人之家，虽只作一些皮毛的调查访问，也是一个不小的收获。然而，这一代放洋的华侨华人，不像老一代华侨漂洋过海，远渡重洋，抛家别子，留下妻子的空房绵绵恨。

　　海湾，是一个国家和地区的窗口。悉尼的海湾是一扇扇姿态不同的窗户，显示出多种的姿态。一个风很柔、阳光也很柔的下午，会议组织与会代表坐游艇游览悉尼海湾。

　　从宾馆后门口坐上崭新的大型旅游车到码头，途中所经，鳞次栉比的现代化高楼大厦和古老的英国式建筑有序地穿插在街旁。市区商店门窗和玻璃橱透出的五颜六色、争彩斗艳的商品和广告，显示出这个南太平洋地区商业中心、新南威尔士州首府的繁华景象，这个国际闻名的澳大利亚第一大城市的气派。但如果从街上的行人看，她又有几分冷落。这城市的300多万人口，却远不如纽约、伦敦、东京、上海、北京那么稠密。然而，这里有饮誉全球的海港设备，有傲视世界的特殊风貌、多姿多态的美丽海湾。

旅游车所留靠的码头，是许怀中曾经来过的。许怀中再一次观赏这点缀海湾的大桥和歌剧院。剧院前广场上满地的海鸥，悠然自得。登上大游艇，甲板上排满可以转动的座椅，坐满了不同肤色的游人。游艇开动后先从歌剧院背后绕过，海水蓝得像宝石。海湾是流动的风景线，有时是密密麻麻的楼房，有时是巨大的礁石，有时是只有树林的小山，有时是绿荫中露出楼尖的斜坡。一出了海口，一切景物都隐退了，只剩下眼前的一片浩渺的蓝色的海水，蓝色的天空，海天相连，界线消失在无边的蓝色里。俯瞰船身也似乎是蓝色的，船边勾起的深蓝水波，碎成一片片明亮的蓝光。

有个拿着话筒的讲解员，用英语不断向游客介绍这里的景点，引出一阵阵的笑声，笑声随海风飘走，飘向那无边无际的海面。此刻，许怀中忘怀了一切，但当他发现游客涌向舱底，才记起可以到舱底咖啡厅，喝一杯免费的咖啡。

在海上绕了2个小时，船才回到码头靠了岸。又有一个风很柔、阳光也很柔的下午，代表们乘坐汽车到北海岸游览，这次游览和上次不同，可以不时停车，领略海湾的风情。出了市区，沿途所见是田园牧歌式的郊野，大片大片广阔的绿草地，不时从车窗掠过。到了海边，看见海里许多冬泳者正在击水。岸边绿荫下，垂钓者的衣襟在风里飘拂，这海滨有块奇特的礁石，旁边是海滨露天大公园。沙滩上竖立着大堆建筑群，构成城镇的轮廓，汽车从一条高入云天的古松覆盖下的林荫道驶过，树下一排长靠背椅等待游客来憩坐。许怀中真有点埋怨组织者为什么不在这里停息，而让这美丽的海湾就这样轻轻掠过。汽车上了坡，道路旁一幢幢别墅，进入古墙的石门，夹道古树森森，左侧可望海湾，停车处的这一带山坡，长满了小树。

这就是北海岸了。对岸悉尼城的楼房、悉尼塔清晰可见。这海滨浓浓的树木和萋萋的芦苇，使狭窄的海湾别具一格。上车又出了石门，车就停在来时经过的古树夹道上。这时许怀中才感到那时埋怨不停车是错怪了，他连忙跳下车坐在古树下的靠背椅上。近处的海边有曲桥，许怀中想起了鼓浪屿的菽庄花园，想起了美丽的海湾，那是他生长的地方。如今，许怀中静静地坐在这里看潮起潮落，想到人生正如潮水，有涨有落。幸福也如涨潮，也有落的时候。此时此刻，许怀中只有静静地坐下观赏，享受这海湾的美景，心灵宁静得如这无风无浪的海面。

一到悉尼，许怀中就打听什么地方能看到袋鼠，当地的会议代表说：去参观蓝山（Blue Mountains）途中就可以看到。

会议安排第四天参观蓝山一天。这一天许怀中起床特别早。可能由于时差的关系，前三二天都不能早起。还好会议早餐是自助餐，时间长，还赶得上吃饭和开会。由于参观蓝山上午8时就要上车，非早起不可。

中国来的几位代表，对游山似乎兴趣不大。私下交谈中说：看过我国的名山大川，登过泰山峨眉，爬上张家界、天子山，"一览众山小"，这里的山没有看头。许怀中查过资料：蓝山处于悉尼西边65公里处，是有名的风景区，过去曾是移民们往西扩展时不可越过的障碍，现在成为悉尼人度假游览的胜地。许怀中心想，异国的山也有异域的风情，而且途中还可以看到袋鼠，就鼓动几位代表一起去了。

会议专车过了立交桥和长桥，出了市区，就在幽静的郊外奔驰。中途停车下来参观的公园，便是野生动物公园了。许怀中先找到袋鼠园看袋鼠，看到了大大小小的袋鼠。最小的袋鼠身长只半米，最大的大灰袋鼠，站起来有2米多高。据说袋鼠是澳大利亚注重保护的动物，一方面在袋鼠自然生活区域内得到保护，另一方面在其他地区也加强管理，不受损害。所以在澳大利亚230种哺乳动物中，有袋动物将近一半。这类动物生下来发育成熟的幼儿，在袋中得到哺育。来这里才知道袋鼠分为50多种，据统计全国有3500万只。听说袋鼠本应算是国宝之一，但因数量太多，物以稀为奇，由于不"稀"也就不"奇"了。袋鼠又时常伤害农作物，惹起农人的厌恶，当地土人不喜欢吃袋鼠肉，身价也就减低不小。袋鼠园一连好几个，许怀中详细观看了园内的袋鼠，前脚短小而后脚长大强壮，因此常把前脚当"手"用，后脚弹跳力强，可跳到十来米的高度。袋鼠的皮毛倒很好看，有灰色的，有浅褐色的，也有橙棕色的，背后颜色较深，很像大老鼠。但要比老鼠可爱得多，你看那小袋鼠一对迷惘的小眼睛，瞅着走近妈妈身边的客人，又怕又羞又忍不住探头偷看，那一副娇憨神态，逗人喜欢。同来的澳大利亚朋友兴致勃勃地说：别因为它会伤害农作物而厌恶它，袋鼠的性情其实很温驯，生活在保护区的袋鼠，懂得向游客讨乞点东西吃。野生袋鼠，也会走进人家庭园，等候主人施舍青菜或水果。可惜许怀中在这里未见到向游客讨吃的袋鼠，也许这里食物太充足了。

在这露天大公园里，可以看到许多珍禽异兽。由于澳大利亚在地理上独处一隅，在动物界向高级进化之前就与其他大陆隔离，又因土壤和气候等各方面的原因，生物演化的途径与其他各洲迥异，所以到现在还保存一些异常珍贵奇特的动物。这里的鹂鹋和袋鼠都是出现在国徽上，代表澳大利亚特有的动物。鹂鹋的翅膀已经退化，不能飞只能跑，能守门看管羊群。许怀中看到有一种鸟像蝙蝠，倒挂着，爪抓住铁钩，排列一起。

园内还可以看到澳大利亚的"三宝"——鸭嘴兽、树熊和琴鸟。树熊生性温顺，模样可爱。全身长满厚毛，又矮又胖。两只大而圆的耳朵，一对黑溜溜的眼睛，配上一个黑色的角质鼻子，使人们想起马戏团的小丑。游客抱着它照相，它就像乖孩子一样。琴鸟很像孔雀，雄琴鸟有一个长大而美丽的尾巴，像一把古希腊的七弦琴，因而得到了这个雅称。它能歌善舞，还会模仿许多鸟鸣，学得惟妙惟肖，以假乱真。一时兴来，竖起羽毛，亮出歌喉，抖动七弦琴似的长尾，又唱又舞，淋漓尽致地表现一番，是歌唱家，又是舞蹈家，像这样形声色艺俱全的珍禽，难免要被尊为国宝。雌琴鸟比雄琴鸟要清淡朴素得多，没有美丽的尾巴，但可说是一个安分守己的"贤妻良母"。走出这公园，看到园前舒展着一块大平原，背后是山。原来这公园是动物园和自然景观结合的大园林，它以自己的独特性吸引着源源不绝的观众。

参观完野生动物公园，便登车直往蓝山。汽车在山道旁停下，停车处已在山上，下车看到的不是山，而是山谷。凭着铁栏杆往下看，山谷深不见底，谷深而大。谷中一片密林，林茂而不高，许怀中想起有关澳大利亚记载中的几种树，有一种是生长在沼泽地带的常青灌木，每年春夏之间开花，花色纯紫浓淡有致，形态奇特，色泽绮丽，是罕见的奇葩，地球上仅见珍贵品种之一。旷野还有一种怪树，名叫黑孩子（Black Boy）。又黑又矮的树干，顶着一头像土人大孩子满头蓬松乱发般的叶子，这怪树也是全世界少见的异种。有种叫山茂樫（Banksia）的树木，长成在各地山野里，树不高，春秋开花，形如瓶刷，叫作瓶刷花。还有种繁生漫山遍野的树叫尤加利（Encalyptus），生命力极强，不怕野火，被野火烧光之后，树干上残留的烧焦的树皮枝梢又吐出新芽。许怀中去北海岸参观途中看见一片烧焦的树林，就是这种树。说是为使长的枝叶更加茂盛，故意放火烧树林的。许怀中就不知这蓝山山谷的是何种树了。对面谷底竖起三块并立的岩石，称为"三姐妹"。谷四周的仙壁，像绿色的围墙。来这里原来不是看山，却是看谷。这样深幽而博大美丽的山谷，却是许怀中从未见到的。

山上是一片广阔的平地，有个公园，长满桉树，满目翠绿。在秋天，叶子呈黄，更是一派迷人景色。

这里确是旅游疗养的胜地。如果住在这一座座白色的小屋和错落在森森古木中一幢幢的别墅，拥有这一个得天独厚的幽静自然环境，真可说是进入了佳境。路旁的大牌子上显示出此地的名字——利莱恩菲尔斯（LILIANFELS）疗养地。

小镇路边对面园圃的一座两层楼，是许怀中一行用午餐的酒家。吃的菜简单而又可口。一碗浅红色的番茄汁汤，一只像鸽子的小鸡，两块烙饼，再有的就是咖啡和奶油。午餐毕出来漫步，一株结着红豆般的小树在山风中婆娑，许怀中不禁生起"红豆生南国"之情。这里的"南国"倒不在祖国的广东海南，而正是远处南半球的异国。这里的"红豆"更有另一种异国风情。

许怀中环顾这里的山，都不高。想起刚读过的《澳大利亚面面观》书上所说：由于多少万年风雨的侵蚀，高大的山峰都被削成矮小的丘陵，使澳大利亚大陆形成扁平的高原，是地球上地势最低的大陆。澳大利亚最高的科休斯科峰，也不过2200多米。但因没有高山峻岭，从太平洋上空飘来的云层，不能上升到冷却化雨的高度，所以内陆沙漠炎热干燥，能在48小时内把人烤成焦炭。由此，许怀中体会到澳大利亚为什么如此重视植树造林的原因。

许多游客排队坐电缆车游山谷，许怀中未去，逛了这里的商店。人太挤了，他想买点小纪念品没有买成，还是出来领略这一份自然界的清幽和宁静。那路边有供人憩息的红墙小屋，里面有长靠背椅。这不是小亭，而是小屋，进去坐坐别有情致。

按约定的时间，大家上了车。归途中看到树上开着一簇簇金黄的花，缀满枝头，瑰丽多姿，耀人眼目。一问，果然就是澳大利亚的国花——

金合欢花。细看这树叶，呈羽状，很美。许怀中想：澳大利亚有国花，有国鸟：琴鸟；有国树：桉树；有国石：五颜六色的、世界十大宝石之一的蛋白石。这些国宝，许怀中来后也都一一领略了。至于澳大利亚的宝石，回国前还得到中国城商店去看看。

悉尼市区中心旁边有条街道，不太宽，勉强可以通过对开来往的汽车。小街两侧，集中中国的商店和餐馆，这里就是中国城或称唐人街，本来的名字被译成德顺街。许怀中所下榻的宾馆，就在这附近，不用坐车，走路来到这里也颇方便。

回国前一天上午，华中理工大学的阳教授和许怀中去民航确认回程机票，由他带到中国城，他想买点"澳宝"之类的纪念品。走进大顶盖的街门，上写"通德履信"4个字。门前左右侧两尊石狮，炎黄文化的氛围，顿然感受到。进门后，商店的招牌和单位的名称，都是用中文写的"中华总商会"之类的方块汉字，触目皆是。

那些年来，从香港移民来的中国人越来越多，毗连的大街小巷都纳入中国城的范围，中国食品杂货店一间挨着一间，广东风味的烧烤腊味招徕着顾客。专卖中文图书文具的书店和专播华语的录音带柜前颇为拥挤。中国城是华人的社区活动中心。德顺街四周也简直成为华人的商业区。尤其是从华人开的酒楼菜馆里飘溢出来的肉味酒香，令人垂涎欲滴。大凡到了外国的中国人，在一起吃西餐或参加外国的宴会，在饭桌上都不禁一边吃外国菜，一边却赞扬起中国食文化和中国菜肴来。就以这次国际性会议的开幕晚宴说，第一道菜是生的袋鼠肉片，就把中国代表镇住了，大家举叉踌躇，难以下手。接着是半生不熟的烧烤牛肉串，只好勉强下咽。那些生菜叶之类，太素，那种奶油之类，又太腻，一共才几道菜，时间却拉得很长。大概洋人不是以吃为主，而是以谈为主。同桌进餐的不论是祖国大陆的，还是台港澳的，都不约而同地把话题拉到中国饮食文化上去。有人说：要是在中国开的学术会议，哪怕是国内会议，那吃的也不知要好多少！

来到悉尼的中国城，经过中国餐馆门前不禁有许多联想，站在摆满中国货物的橱架旁边，耳中充满熟悉而又亲切的语言，仿佛又回到广州。悉尼是澳大利亚华人最集中的地方，听说这里的华人占澳大利亚华人总人口的一半，华语在20种主要外语中排列第四，仅次于意大利语、希腊语和德语。许怀中来到一家广东籍人开的珠宝纪念品小店，买了小造型的"澳宝"和工艺袋鼠、悉尼歌剧院为造型的工艺品,钱不多,老板还给他们打折,表示对中国顾客的优惠。

次日午间阳教授感到小纪念品买得不够,又拉许怀中去中国城走一趟。傍晚,他带领许怀中和中央美院的姚教授,一道到中国城的华文社,原来这里是华人的俱乐部。楼下放映厅正放映香港打斗片,坐满了观众。楼上是游戏机厅,还有餐厅。华人白天工作、劳动、打工,晚上就来这里休闲,也可以会会乡亲,中华文化的凝聚力,在这里得到一点体现。

来到华人俱乐部,不禁想起这里华侨的历史。19世纪40年代,约有100名广东人作为契约劳工来到澳洲,算是第一批华族移民。如果把历史推得更早,从宋代开始拓展海外贸易到明朝郑和下西洋,由南中国海经过印度洋,都和澳洲有着联系。有人说是中国人首次发现这"南方大陆"的。高达博士以曾在中国故宫博物院里看过一面瓷制的澳大利亚草图和一些出土的瓷器、玉石雕刻品作为论证。华人大量移居此地,那是鸦片战争之后。沿海劳苦人民为生活所迫,纷纷漂洋过海,在澳大利亚谋生,洒下开发澳土的血汗,与当地人和各国移民结下深厚友谊。在澳华人凭着中华民族吃苦耐劳的精神、坚韧不拔的意志和聪明才智,在澳生根开花结果。中国城是一页华人在澳大利亚艰苦创业与澳洲人民友好往来的史页。

许怀中住的宾馆对面是海德公园,公园对着学院街和威廉街角落,是个澳大利亚最大的博物馆,可以免费参观。馆内展出澳大利亚自然历史和土著人的历史。位于哈里斯街还有应用艺术和科学博物馆,陈列着活动的机器模型、早期的留声机、键盘乐器、照相机、轮船模型和服装等,参观一律免费。

他们的会议安排,一般上午是大会交流或分组讨论,下午参观,参观点自然景观和人文景观都有。会议闭幕前的一个下午,组织参观悉尼新南威尔士州艺术馆的画展。艺术馆是座雄伟高大的大厦,登上几十个石阶,门前四根大柱,高高并立,有点像伦敦的博物馆,当然远不及大英博物馆前列柱的森严。进入悉尼艺术馆大厅,展出的塑刻、雕塑品一部分像代器具,大概是象征性的艺术品。人体塑像占着显著的地位。美术品分多层展览厅、展览室陈列,有地下室和楼上。展出了各种艺术流派的绘画。古典室内展出两幅古典名画。古典西画重在客观地表现审美客体,无论是人物或自然景物,都采用画家肉眼所观察的"固有色",竭力把描绘对象表现得栩栩如生。现代派的画占了好几个展室。和许怀中一起参观的姚画家，边参观边议论，他说：古典派曾产生许多名画，很写实。但因为现代照相技术的发达，可达到最高度的写实效果，古典画太实，已引不起人们心灵的颤动。印象派重主观，它的出现，使西方绘画凸现了画家的主观感受，特别在色彩运用上大胆的突破，色彩的强调和夸张，给人们造成了强烈的印象。画家们从再现到表现，从所见到所感，但事物总有两面，如果太强调主观，到了表现的对象抽象到人们看不懂，那也就削弱了艺术自身的力量和作用。透过绘画的发展史，给人许多智慧的启迪。

展厅里陈列着的世界名家如毕加索的绘画。还有专门的东方艺术展室。室内展出中国画和我国永乐年间的十八罗汉，又有其他东方国家的绘画。

所展览的古今中外各种画派，参观者从中得到审美享受、鉴赏，又可以进行分析比较，帮助人们开阔艺术眼界，尤其是培养青少年审美能力、提高水平，艺术展览馆是一位俨然的师长。

展馆中有民间艺术家在表演，许多儿童席地而坐，静静地观看。艺术馆又是个多功能馆。

如果要细细观摩，至少得花一天时间。他们只能浏览一遍。参观毕，许怀中和姚教授、美籍华人环保专家不坐会议专车，一起步行回宾馆。他们沿着海滨跨上立交桥。人行道宽敞，又少行人，可以从从容容地边走边谈，又能浴着清凉的海风，感到惬意。会议为配合看画展，上午还放映幻灯、录像，介绍当地的风土人情和文化艺术，使许怀中了解到：澳大利亚的文化艺术在许多方面渊源于欧洲的传统，但尽管如此，它受到地理环境、历史、土著文化和邻国文化的影响，形成自己独特的风格，走上自己发展的道路，它的生命力和独特精神，往往震惊了外来人。

澳大利亚文化艺术的发展，其中之一是靠法定的机构——澳大利亚理事会。政府通过它为文化艺术的发展提供经费。理事会还协调所属各部门的关系，促进国际交流、研究、情况介绍和教育活动，下设许多局分管各艺术门类。各局为个人和团体提供资助，如推动支持各种活动，资助出版社出版实力大家的作品。各州政府也在日益加强对艺术发展的支持和帮助。澳大利亚的民间组织是艺术委员会，它受理事会的资助。近几十年来，澳大利亚的文化艺术事业蓬勃发展，全国6个州、2个市相继建造一大批现代化程度较高的剧场、音乐厅、美术馆和博物馆。几乎所有的州、市都建立了规模庞大、设备先进的文化中心。如维多利亚州大小美术馆就有16个。表演团体经常演出世界著名的芭蕾舞和歌剧，如《天鹅湖》《罗密欧与朱丽叶》《哈姆雷特》《仲夏夜之梦》等高雅艺术。土著人的文化也得到重视。促进各种优秀艺术的发展；通过文艺显示民族、国家的形象；鼓励发展多元文化，这是澳大利亚的文化政策。

许怀中一行边走边谈，回到宾馆，代表们都已乘车回来了。艺术馆的参观和交谈，丰富了国际文化交流的内容。

告别悉尼的前夜，伫立在宾馆客房的玻璃窗前，对面海德公园的树影，在朦胧的夜色中婆娑。教堂楼顶的尖柱，伸向苍穹。明亮的街灯映照着寥寥的行人，显示都市之夜的宁静。

房内的吊灯把亮光洒在敞阔的客厅，许怀中整理好简单的行囊，便静静地坐在案前，回想在悉尼短暂生活的感受，咀嚼这澳大利亚第一号城市、新南威尔士州首府、南太平洋地区商业和交通中心、国际闻名的大都市那傲视世界的特殊风貌和风情，陷入了沉思。

一阵电话铃声响，把许怀中从凝想中唤回。先是女士的声音，原来是在会议开幕式上认识的澳洲一家华文杂志社的记者胡小姐。接着是这家杂志社主编庄先生和许怀中通话。他热情地说开会期间不便来打扰，晚上要来送行，请许怀中去吃饭。许怀中原已约好来时开小车到机场接他的林君和林君的太太来坐，有点犹豫，便把这情况告诉了庄主编。他哈哈地笑起来，说林君的孩子和他是好朋友，打电话去说明便罢。不一会儿，门铃响起，庄先生和胡小姐便出现在许怀中的房门口。迎进客人，和庄先生虽是初次谋面，但在他未出国前许怀中就知道他的名字，他那时在闽南工作，写诗，也写文艺评论。他年轻，富有朝气，和他谈话之间，觉得他对福建的文坛了如指掌。在遥远的异国，遇到文友，谈起来格外高兴亲切。许怀中得知他到澳大利亚几年间，已打开了局面，办起了华文杂志，当社长兼总编辑，又是出版公司的发行人，还担任澳洲中国图书文化展览会组委会主任。去年，他的出版公司和中国出版对外贸易总公司联合举办过"首届中国图书文化展览会"，书香飘溢悉尼城。庄先生出国后，仍热心于文化事业，为中澳文化交流做了许多工作。他的这种开拓精神，令人赞赏。胡小姐在当记者之余，还专攻文艺理论专业，她是四川大学中文系的研究生。

庄先生替许怀中在客房案头照了相,便邀许怀中一道去吃宵夜。小车在金煌海鲜酒家门口停下,上楼见灯火缤纷,真是金碧辉煌。庄先生点了几盘海鲜,说道:"没有吃过悉尼的海鲜,就等于没有来悉尼。"果然味道鲜美,和会议宴会的菜截然不同。因此联想到华人的烹饪文化在悉尼的影响。据说在悉尼就有上千家的华人饭馆酒楼,中餐很受当地居民的青睐。在这酒楼上,听不见、看不到"卡拉OK"的狂歌曼舞,倒显得清静。

　　下楼来,夜已迟。五颜六色的灯火,稀少的行车、行人,繁华的都市之夜,在这里显得如此宁馨。在榕城正是暑气逼人的夏夜,这里却是清冷的冬夜。当庄先生为许怀中报下以夜街为背景的场所,许怀中想定是当地人所介绍的"皇十字OK"。那里有通宵达旦的饮酒和歌舞,可惜这次未能去了。车过大铁桥,钢架上和栏杆旁,亮着点点如繁星的灯火,恍如镶在夜空的无数钻石,仪态万千。波平如镜的海湾,五颜六色的霓虹灯倒映在海面,异彩的光影,平添都市之夜的几分神秘色彩。那拱形大铁桥旁侧的贝壳形歌剧院,歌舞也许已经散场。

　　夜凉如水。在夜市兜了一小圈,车停在宾馆。下车来,在异域静谧的夜晚,和从故土来这里的友人站立街头,夜风寒凉。握别时,许怀中只觉得身上乡情流溢,心中乡心交汇,别有一番滋味在心头。他明日登程,即将挥手向美丽的悉尼告别,和新结识的友人告别。

5. 重读伦敦,追寻屐痕

　　1995年的金秋时节,许怀中应邀参加在英国牛津大学举行的国际艺术交流大会,会议期间,游览了牛津大学城和世界名城伦敦,参观了布莱亨王宫等等,但许怀中印象最深的,还是游览莎士比亚故乡,在皇家戏院看了一场莎士比亚剧《亨利五世》演出。

　　午间,许怀中从下榻的牛津大学克勃勒学院出发。乘坐长长的旅游车,出了古老的牛津大学城,车窗外展开着一幅幅绿色覆盖和铺垫的田园风光画面,那一片片广袤无际的草地,那样闲适、随意、静静地舒展开来,构成画面的中心和主体。在浓荫覆盖下,时而露出一座小楼房。车上女导游员拿着话筒,先自我介绍。她说她是法国人,儿女在这里念大学，她已习惯这里的生活。接着介绍：此地曾经是产羊毛的地方，原来人们不会剪羊毛，后来学会做毛线，工业也发达了，农村变做富人区，工业的现代化靠现代化农业，这里的人跑到伦敦去工作。莎士比亚在这一带生活过，后来步行到伦敦去。这里的羊毛曾销到外国，现在看不见羊群了。听着听着，许怀中的视线一直被绿草地所吸引，在这芳草地上，偶尔也看到几只小羊，青草低而矮，一览无遗。它和我国阴山下"风吹草低见牛羊"深邃的意境迥然不同。这里广阔但过于浅短的草地，使人想起圈地运动沉闷的历史。女导游员所说过去此地农民到伦敦干活，也许就是农民土地被"圈去"而流落到城市求生。莎士比亚的时代，正是毛纺织业成为英国"民族工业"的时代，许多资产阶级化的地主变成新兴贵族，他们为了发展养羊业，用暴力割断农民和土地联系的脐带，千万农民流离失所，被迫成为流浪汉、乞丐、强盗，或死于沟壑。

来到斯特拉福德镇下车，这就是文艺复兴时期名闻寰宇的英国伟大诗人、世界最有影响的戏剧作家之一的莎士比亚的故乡。最引人注目的是哥特式尖顶教堂旁美丽的亚芬河，她明净得像一面镜子，高大的垂柳倒映水中，染得河水更加翠绿。几座拱桥横跨水面，构成一方风景。这条美丽的河流，可曾孕育和诱发莎士比亚创作的灵感？河中可曾流淌多少失去土地农民的泪水而深深激荡莎士比亚的心灵？莎士比亚1564年4月23日出生此地，1616年他从伦敦回家的第四年和出生同月同日逝世于此地，在50多年的生命历程中，在他的故乡留下生活的履痕和印记令人寻思。

在靠近公路旁一座两层低矮的小楼房，门前排着参观者的长队。莎士比亚18岁时和妻子A.哈撒韦结婚时在这里住了一夜，之后便从妻子娘家搬出去。许怀中利用排队的时间仔细观察周围的环境：屋顶很特别，不见瓦片，像一片黑色的网罩着，露出三个烟囱。楼前花圃，花卉满园。黄色的篱笆和栅栏内李树已结果。屋侧草坪，屋后一块大草地。房屋正墙嵌着图案，黑木框框着灰黑色的方格，又砌着红砖和石砖。一条不规则石板铺成的通道把花圃隔开。这座房子已有500多年的历史了，几经修复。进入屋内，房间矮而小，饭厅陈列着餐具。从厨房上楼，卧室是木板地。就在这普普通通的房舍里，莎士比亚举行了结婚仪式。

许怀中在莎士比亚故居前留了影。据载，莎士比亚父亲是个手套商人兼营农业，当过镇长。后家道中落，负债累累。莎士比亚小时上过镇里的"文法学校"（即小学），读了拉丁文法和文学作品。莎士比亚在故乡就开始戏剧活动，何时到伦敦已无法查实。有人说他在伦敦曾为人看过马，到了1592年在伦敦戏剧界作为演员崭露了头角。他当演员又编剧，到各地演出，有更多机会接触下层人民。此后主要精力用于戏剧创作。回乡安度晚年时已完成37个剧本创作。病逝故乡，安葬于镇里圣三一教堂。

许怀中在小镇上追寻莎士比亚的屐痕履迹，捡起他生活的片段。他在餐馆用了晚餐，便乘车到皇家剧场看《亨利五世》演出。这剧院是由小剧院扩建的。据李万钧教授主编的《中国古今戏剧史》中提供的材料：文艺复兴时期英国戏剧布景十分简陋，伦敦上演莎士比亚的戏，舞台上插块牌子，写上地名就算布景。由于没有布景，莎士比亚只好叫观众发挥想象，引了《亨利五世》中的台词："发挥你们的想象力，来弥补我们的贫乏吧！"许怀中所观看的，正好是这剧。如今虽是活动舞台，比当时现代化了些，但布景还很简陋。票价30多英镑一张，剧场内座无虚席，据说有的剧院已订票到明年下半年，有的已订到2000年，可见英国观众对戏剧的兴趣方兴未艾。历史剧《亨利五世》体现了英国人文主义和爱国主义精神。写亨利五世率兵出征法国，后和法国凯瑟琳公主订婚的故事。

许怀中回到克勃勒学院宿舍，已是深夜，天边残月如眉。归途中，车上寂然无声，也许大家都陷入沉思。许怀中眼前重现观众排长队参观莎士比亚故居的情景和剧场里热烈的气氛，不禁想起著名诗人艾青在20世纪40年代所写的《了解作家，尊重作家》短文中的话："好像有一个英国人曾说：宁可失去一个印度，却不愿失去一个莎士比亚。"艾青为此付出了沉重的代价。后来人查了这话的出处，是英格兰著名历史学家和散文家托尔斯·卡莱尔在他的《论英雄和英雄崇拜》中所说。忽然许怀中又联想起前年到金华参观艾青的故居，不久艾青便与世长辞了……这些似乎是并不相干的事，但连缀一起，却印证和显示出邓小平所倡导的尊重知识、尊重人才的分量来。

6. 歌德故居，细读歌德

2005年深秋的一个傍晚，长乐机场灯火柔和。许怀中一行三人，赴欧洲访问。飞抵香港转机，机舱内坐满乘客，在夜空飞行12小时，行程9163公里，到达德国这个欧洲第二大空港法兰克福机场。那时天蒙蒙亮，正是当地凌晨5时许。许怀中领了行李出站时，工作人员看了护照，用德语问话，他听不大懂，也许答非所问，他们友善地大笑，也就顺利过关，在门口等候。

过不久，小杨开着一辆崭新的奥迪小轿车来接。他是德国留学生，为许怀中一行开车，又当导游和翻译，一连20天。小杨把车开到宾馆，许怀中一行坐在小厅等安排床位。厅堂并不豪华，在柜上摆两个南瓜模型，不知当地人为何对南瓜如此兴趣。后来才知道这是祭鬼神的供物。原来西方国家也有"鬼节"，每年的10月31日，有个"万圣节之夜"，这一夜是一年中最"闹鬼"的一夜。这一天基督教徒跋涉于僻壤乡间，乞讨用面粉及葡萄干制成的"灵魂之饼"，捐赠者相信由此会得到上帝的保佑，让死去的人早日上天堂。这种传说演变成至今孩子提着南瓜灯挨家讨糖吃的游戏。见面时，打扮成鬼精灵模样的孩子们说："不请吃就捣乱！"主人不敢怠慢，说："请吃！请吃！"这也是孩子们纵情玩乐的节日。

许怀中在客房睡了一会儿，同来的老王建议还是利用时间去参观。小杨为许怀中一行开车，所看到的这个德国金融中心城市，高楼大厦比比皆是，它是欧洲现代建筑之都，千姿百态的现代楼宇都以玻璃装饰，光亮透明。欧洲最高的德国商业银行大楼矗立于此，世界上最大规模的各种展览，如汽车展、图书展、消费品展等等，使这个城市更加热烈多彩。今天是星期天，店门关闭，行人稀少。当地人讲究生活质量，星期天不赚钱，而是去旅游或休息。

来到罗马广场，据说此地从10月至次年3月间，终日天空被乌云笼罩，景观特殊。此刻却阳光柔和，踏着那石砌的走道，不禁使人想起那悠久的历史。这个城市，11世纪为罗马人和日耳曼人的边城，莱茵河和多瑙河之交。传说查理大帝统一欧洲，与日耳曼打仗败逃到莱茵河，忽见一只母鹿渡河，转败为胜，后在这里建了一个渡口，称法兰克福，已有2000年历史。当游人漫步于法兰克福时，可以找到片片文化历史的记忆。

在旧皇宫驻足，二楼叫国王长廊，陈列52位国王塑像。当时的国王，实际上是分封的地方王侯。这诸多的国王，登基的只有10位。历史博物馆前的喷泉，浣衣女雕像，手拿天平，代表执法公正、民主。此处原来是贸易市场，妇女在这里洗菜，商贾在这里交流信息。6座接连的建筑，当时还没有砖头，以木条和水泥建构成不同的格式，过去是属于罗马的。馆前竖立着查理大帝塑像。莱茵河支流美茵河流淌馆侧。漫步河滨，可感受大自然的丰富色彩。

参观了帝国教堂和圣保罗教堂，法兰克福大教堂是一座哥特式建筑，又称"皇帝大教堂"，是德国皇帝加冕的教堂。从 14 世纪落成至今，已有 600 年的历史。几经战火，幸免于难。1562—1792 年间，神圣罗马帝国的加冕典礼，都在这里举行。教堂宝库内陈列有大主教们在加冕典礼时所穿的华丽衣袍。

在歌德的故居，许怀中细读了歌德。进门一堵高耸的墙壁，被一片爬山虎攀满。歌德的父亲约翰·卡斯帕鲁尔·歌德，是皇帝的顾问，母亲卡特丽努·伊丽莎白，是市长女儿，歌德家在 18 世纪是法兰克福屈指可数的名流家庭。这座住宅颇具规模，旧居在二战中被炸毁，战后复修。现一共四层，一层厨房，是典型的 18 世纪有钱人家的厨房，餐厅为"蓝色厅"，是全家团聚的场所，厅中陈列着镜子等物品。二层墙纸是中国式的，陈列中国的工艺品，北厅陈列歌德外祖父、外祖母肖像。音乐厅内存放着当年的竖弦钢琴。楼梯间布置得富丽堂皇。三层是路易十六时期风格的走廊，精致的天文钟仍在走动，显示出年、月、日和星期。这里有画室、书房，歌德于 1749 年 8 月 28 日中午 12 时出生的房间，可见到宣告歌德出生的报纸。房内张挂歌德父母肖像和歌德本人肖像。绘画厅陈列着歌德父亲收集的法兰克福画家的作品。书房内有他父亲的有关法律的书籍，歌德在这里汲取丰富的知识。歌德很喜欢绘画，他注意收集当时艺术作品和拉孔奥头部石膏雕像。四层西面复折式画楼，顶楼绿色的阁楼，是歌德的创作室，歌德在此度过少年到青年时期的一段重要岁月，直到 26 岁前往魏玛为止。世界名著《少年维特之烦恼》和《浮士德》的初稿都在这书桌上诞生。在靠近走廊一侧的门口左壁上挂着《少年维特之烦恼》中女主人公夏绿蒂的剪影像。据介绍，当时歌德家没有花园，但可望见别家的花园。在法兰克福，许怀中一行还参观了国家歌剧院。途中所见露天咖啡店，在店门口摆着一张张桌椅，当地人在悠闲地喝咖啡、聊天。

7. 德国名城，波恩科隆

波恩和科隆是德国两座名城。从法兰克福驱车到波恩，正好是当地时间中午12时。许怀中一行在华人开的上海餐厅吃自助餐后，先参观颇有名气的波恩大学。它和外国许多高等学府一样，没有围墙。办公楼是旧皇宫。楼前草坪上，大学生们闲散地躺着晒太阳，秋阳温柔和暖，这是最享受的日光浴。为了赶去参观贝多芬故居，许怀中一行只好和波恩大学匆匆告别。

贝多芬的居所，似乎是普通人的居所，外观与周围民房无区别，远不如歌德故居气派。贝多芬于1770年12月出生，在后排房屋接受洗礼，音乐天才降临人间，接受最初的"功课"。后来当整座房屋面临拆除威胁，波恩12位居民于1889年自动建立贝多芬故居协会，将两座房屋买下，打通成纪念馆。德意志民众如此爱护文化名人、热心保护历史古迹，有着启迪人类的作用。当今纪念馆陈列着贝多芬的遗物、资料、肖像等。其中有交响乐第六号作品《田园》、钢琴协奏曲《月光》等乐谱。许怀中怀着敬仰之情，拜读贝多芬：第一展厅介绍贝多芬的出身、生活和一生中最重要事件和作曲活动年表。贝多芬在这里生活到22岁，度过童年少年，步入青年。第二展厅挂着贝多芬祖父画像，贝多芬祖父、父亲都曾是宫廷乐队乐师，这对贝多芬是有影响的。这里陈列着贝多芬于1778年3月在科隆演奏的海报，当时人们把他看成像莫扎特一样的神童。第三展厅陈列贝多芬在波恩时所演奏的中音提琴。第四展厅留下贝多芬母亲逝世后，他受到冯·布罗伊宁一家关照和支持、帮助的资料。第五展厅展现贝多芬在波恩丰富多彩的音乐生涯，这里有他10岁起弹奏的管风琴。在楼下小园中，塑着贝多芬青年、老年的塑像。肃立塑像前，许怀中不禁想起这位音乐天才一生的苦难和他的爱情故事，心情沉重。从各地来访谒拜贝多芬故居的人们，也许心情都一样。许怀中一行遇见一位德国老太太，她说到过中国的北京、上海、西安和台北、台南等地，对他们十分友好。她谈起中国的文化，谈到德国的文化巨人贝多芬，她说文化正如纽带，把不同肤色的人类连到一起来了。

许怀中一行离开波恩到科隆，已将薄暮。这座莱茵河右侧的城市，给人们留下最深印象的，便是科隆教堂了。科隆教堂和巴黎圣母院一样，都是哥特式建筑的代表作。这座双塔并排的教堂，高达160多米，是欧洲最大的教堂，这样造型宏大的建筑物，停工的时间极长，建筑的时间也特别长。它由16万吨石头砌成，如同石笋般林立，其中蕴含可贵的德意志民族精神，是人类最为宝贵的财富之一。

　　有关史料说明：公元1248年8月间，科隆地区主教康拉德·冯·霍施塔登在圣母升天节，为教堂举行奠基仪式，他要在德国建构一座"世界第一"的大教堂，得到社会各界的积极支持。科隆大教堂建筑时间跨越了将近5个世纪，因工程艰难，耗资巨大，封顶的任务尤为艰巨，建造者先在地面上浇铸屋顶平台，然后再吊上高达60米的高度。今天人们所见到的双塔已不是中世纪的产物，因其间经历了约600年的停工期。15世纪初，在原教堂的南面并排修一座南堂，未建成便倒塌了。19世纪60年代，财力雄厚了，下决心完成这座世界最高教堂的心愿。况且，在这之前，许多名人如哥特都提出重建教堂的想法。1864年至1880年终于正式落成。这其间一层又一层加高，一间又一间加宽，形成了今天由两座"高塔"为主门，内呈"十字心"为主体的建筑群。玻璃花窗，经历了800年的历史，色泽依然鲜艳如初。神龛中的圣母和耶稣面前有许多点亮的小油灯。厅堂内竖着许多高柱，雄伟壮观而古典优雅，创造了建筑史上的一个奇迹。教堂名声远播，已是傍晚，许许多多参观者源源不断。欧洲的教堂，遍布各大热闹的城市和偏僻的乡镇，如今成为旅游热点。而科隆的大教堂，是其中的佼佼者。然而一项宗教文化工程的完成，好些代人所耗费的财力和心血，是难以用尺度衡量的，这是人类智慧的结晶，又是民族精神和毅力的展示。车窗外见一轮明月，许怀中一行夜宿科隆HU候机楼。

8. 德国摇篮，游莱茵河

　　法兰克福的历史博物馆旁便是莱茵河的支流美茵河，一座座桥梁横跨过清澄的水面。野鸭在河中嬉戏，岸边的德国人悠然自得地遛狗。据说，这里的居民，遛狗时间要有保证，狗屋面积须在7平方米以上，可谓是"狗道主义"。河边停靠着白色方形大游艇，两层舱，玻璃窗明净。许怀中一行来德国的头一天，便能在河边漫步，踏着满地落叶，梧桐叶落秋已深。然而银杏依然苍郁，河边草尚还青青。小杨告诉他们：这个季节，正是欧洲自然界色彩最丰富的时令。许怀中一行开始感受到了这自然界的画面。

在柔和的阳光中，许怀中一行从法兰克福到波恩、科隆，开启欧洲著名的国际河流莱茵河之旅。奥迪小轿车在高速公路上平稳奔驰，郊外，树木茂盛，莱茵河清澈，河边丘陵、葡萄架接连成片。岸旁的红色榉树，以鲜艳的色彩，吸引游人的视线，描绘出"霜叶红于二月花"的意境。

小杨在河边小镇停车，许怀中一行穿行于街头巷尾，各式各样的房子、小店铺装潢雅致。200多年的小店，风韵犹存。小店和小街、小巷交错出小镇的风格，古色古香。小店里出售各种小纪念品，柜里有芬芳的葡萄酒。小巷中葡萄藤牵挂在墙上，红色的爬山虎攀在壁上，窗框上的花盆里叶绿花红，小楼的窗下、屋顶、扶梯旁一团团似火焰般的花丛，栏杆吊着花篮。

莱茵河小镇上的居民善于美化生活，爱美的性格，透露在花香、花色和花美之间。导游向许怀中一行介绍说，这个吕德斯海姆古镇是座有800多年历史的名城。

镇上以葡萄园和小酒馆招徕游客。导游指着一座小楼的一片玻璃窗说：那是古时少女窥看男人的窗户。许怀中不禁想起中国古代的绣楼和美人靠之类，不过民族文化的内涵也许有相似又有迥异之处。这是流传于民间的一个传说：有位少女，在河边等待远去男友的归来，但日复一日不见男友踪影。有天少女伤心地跳到水里，变成女妖，坐在岩石上，引诱游船，船常触礁沉落。这"恶之花"为河边小镇添了些许神秘色彩。镇上的教堂传出的钟声，回旋在蓝色的天空上。悠然的钟声，反而使小镇更显几分幽静。许怀中路过的路旁，有三个水龙头，三个大缸在接水，水龙头柱上饰以艺术浮雕，使人感到哪怕是日常的事物、普通的用具，都被艺术化、美化了。

许怀中一行和小镇惜别，登车继续沿着莱茵河行走，领略河边的风光。过了小镇，又过了村庄，异国田园，别具风情。农家小房子，错落在树荫掩映之中，色彩斑斓，样式多异。岸边的古堡，像是时光老人留在河上的史页。据说当年诗人海涅，曾经在莱茵河边的古堡留下足迹。这河上一座座古堡，曾是古罗马驻兵所在，后为国王住宅。当时日尔曼驻兵对岸，和古罗马两军对峙。在历史上，这两个民族战事不断，烽火连年。在德国土地上，留下当年被罗马征服过的遗迹。河边隔一段，便有一座古堡，有50多座古堡和宫殿的旧址，每座城堡，都有自己的名字。人们对于古堡，往往觉得怪异或神秘，伴随着一个个古老的传说，人们的思绪被带到遥远的过去，沉浸在英雄们气吞山河的业绩、幽幽的儿女恋情的记载，陶醉在浪漫的情怀之中。如今，这些古堡大多成为博物馆和家庭旅舍。

　　古老的城堡、迷人的传说，伴随着游人的整个莱茵河的旅途。被称为德国摇篮的莱茵河，发源于瑞士圣哥达山，全长1300公里，多姿多彩，有的河畔充满着浪漫情趣的美景，有的河道险恶狭窄，陡峭岩壁犹如美女，这里有传说中铁石心肠的美女变成的"七女"暗礁。莱茵河流贯奥地利、法国、荷兰等国，仅次于伏尔加河、多瑙河，为欧洲第三大河，流经德国面积最长，有座"鼠塔"，已成为莱茵河上指导着船只航行的航标。与塔相望的是享有"红葡萄酒之乡"的阿斯曼豪森市，高耸的纪念碑，是为纪念1871年德意志统一帝国而建造的。莱茵河之旅给许怀中留下自然和人文景观的回味，也留下一段难以忘怀的心灵历程。

9. 荷兰之旅，独特风光

　　荷兰独特的风光，给许怀中留下了很深的印象。在荷兰语中，"荷兰"为"低地"之意。因地势低平，荷兰是世界著名的"低地之国"。据说荷兰将近三分之一的土地低于海平面，系围海造田所得。故有人说上帝创造了海洋，荷兰人创造了海岸。

　　10月18日这一天，阳光格外灿烂。许怀中一行从德国科隆出发，高速公路两旁密集的树林，延伸成绿色的长廊。许怀中一行所乘坐的奥迪小轿车驾驶员座上插着卫星导航系统小电器，准确地指明阿姆斯特丹方向。进入荷兰境内，眼前出现一片广阔的平原，风车在上空旋转，田园风光自由自在地舒展开来。荷兰阿姆斯特丹曾是国际贸易和信贷中心，这是港口的厚赐。历史上荷兰的船只远航世界各地，被称为"海上马车"，荷兰人因此也被称为"海上马车夫"。许怀中不由想起，这不安分的"马车夫"，曾经驾着"马车"，到世界乱闯。这是历史学家所说的与农耕文化不同的海洋文化。

　　荷兰的风车世界闻名，荷兰也被称为"风车之国"。风车村敞开胸怀，迎接各地来的游人。当许怀中一行进入她的胸怀，一群黑人孩子向他们围拢过来，高兴地和他们一道照相。在风车的转动下，鞋厂招徕了许多顾客，这里展销用木头做的各式各样的木鞋，雕刻精细，实用性和艺术性融合。木屐是许怀中所熟悉的，小时在故乡拖着木屐，行走在不同的路面上，发出各种悦耳的声音。但记忆中的木屐，样式简单，却未见如此多样的。厂房内工人表演用杨树木手工、机器制鞋的过程，参观者投以好奇的眼光。风车村共有大小风车8座，原是磨坊，现已荒废，只作参观之用。此外还有数十间古老的老荷兰村屋，环境清幽，是游览的好地方。

　　午后许怀中一行上街逛钻石加工厂。过马路时，听见吱吱响声，这是提示盲人的声响。红灯、绿灯的响声不同，方便盲人鉴别出红绿灯来，显示了人性化的设计。人性化透露出欧洲文化的一种氛围。钻石加工厂，供人购物，也供人观赏。店员们非常耐心地向参观者介绍各种钻石，详细地告诉各种价格，服务态度很好，让参观者心里有种暖洋洋的感觉。这里之所以能成为国际贸易中心，不仅依靠硬环境，也有软环境的支撑。钻石在这里熠熠发光，环境美观而舒适。如果累了，可坐在咖啡间喝杯咖啡。不知不觉，许怀中一行就在这里消磨了许多时光。他们参观了凡·高美术馆，馆内存有200多幅油画和400件素描。

　　在夕照中，许怀中一行登游船，欣赏沿岸的风光。市内三条人工河，交错成半月形，以"绅士""皇帝""王子"命名，流经市区中心。游船过了不同桥梁的桥下，船上的导游以汉语介绍所经的景点。中国人出国旅游越来越多，可能这条船上多是中国游客，所以就不说外语了。沿途所经过的南教堂、音乐厅、市长宫邸、贵族大厦……建筑物各有特色，难怪这座城市被称为"建筑博物馆"。市街店铺房子，一般是窗户大、正门小。据说当时按门的大小收税，故形成此种建筑，可以看出政策导向的作用。

　　夜里下榻的旅馆，大厅相连，许怀中找电梯找了老半天。不过设备不错，客房外有电熨斗、擦皮鞋的电器。早餐免费供应，欧洲宾馆、旅社都是如此，只不过质量有差别而已。旅馆一般都不供应拖鞋、牙刷、牙膏、头梳，只好自带。

　　为了去看望荷兰华人女作家林湄，许怀中特地到鹿特丹。汽车上的卫星导航仪，准确无误地导向林湄的家门口。林湄原籍福清，曾在香港新华分社当记者，后旅居荷兰。前年林湄回福州，许怀中曾为她的长篇小说《天望》举行座谈会，会上和她认识。林湄在国内几十年间，经历着社会频繁变动和个人命运的起落。随之，进入西方社会艰难拼搏，好不容易开辟了生活的新天地。林湄的作品中，渗透着东西方文化对比的品位。现她住着一幢别致的小楼，客厅摆着中国书画。故土故乡的文化流韵，依然在她居室内流淌。许怀中上楼参观她的创作室。环境优雅。中午，她和荷兰先生请许怀中到"太湖居"华人酒店吃饭，菜谱有"游水蟹""游水龙虾""游水草蛇"之类，这是广东人开的菜馆。"游水"之类海鲜，大概是"生猛"的意思。

　　林湄陪同许怀中参观海洋乐园，电视塔高高耸立。鹿特丹充满着现代化建筑的怪异，不讲对称。莱茵河下游的马斯河经此流入北海。许怀中还参观了欧洲第一大码头，长160公里，并有海底隧道。港口停泊着许多大小船舶，并不繁忙。鹿特丹的风车和港口，为此行生色。许怀中和鹿特丹告别之后，驱车到比利时的布鲁塞尔。

10. 文化之旅，走进巴黎

　　2005年10月20日，许怀中一行从布鲁塞尔到巴黎。深秋时节，从荷兰的鹿特丹经比利时的布鲁塞尔到法国巴黎。布鲁塞尔圆球广场，是为纪念20世纪50年代召开的原子能会议而筑，广场上9个圆球的造型十分显眼，它是9个欧联体即是9个洲的象征，今为欧盟总部所在地。参观了皇家公园、大皇宫、威廉皇帝纪念碑。市政厅广场，曾经发生过多少重大的历史事件。另一个广场，叫西班牙广场，倒显示出生活的休闲，所塑造的比利时老人的塑像，手上拿着书，身旁躺着狗，表达出老年人晚景的生活。还有一个在市中心的花地毯大广场，是重要的集市。100多米的高塔塔尖直指苍穹，四周都是建筑造型各异的艺术楼房，这里是许多协会办公的地方。许怀中不禁想起了这尖塔旁的天鹅旅店,马克思在此住宿过。不久,恩格斯也到来,他们合作的《德意志意识形态》巨著就在这里诞生。马克思《资本论》第一卷在德国汉堡出版后,布鲁塞尔的工人群众大会作出专门决议,指出马克思在经济学家中第一个对资本进行科学的分析,做出了不可估量的贡献,号召国际工人学习《资本论》。到19世纪70年代,第一国际几乎在欧洲各国都建立了支部。

在布鲁塞尔短暂的逗留,许怀中想起马克思和恩格斯的活动,也想起那个无意中拯救这座城市的小孩于连。在暮色中,他走了一段路去看于连的塑像,不巧正在维修,只能从围着的布缝望着他。于连是一直被市民所怀念的孩童。许怀中夜宿布鲁塞尔,当夜下雨。晨起,雨霁。这段正是欧洲的雨季。

天公作美,第二天放晴,留给许怀中一行阳光灿烂的日子。途中一段修路,车速不快,过后便恢复正常。经滑铁卢,许怀中记得那是拿破仑惨败、血流成河的战场。进入法国地界,是一片绿地,旋即到了巴黎。

海明威说过:"如果你有幸在年轻时在巴黎待过,那以后不管你跑到哪儿,她都会跟你一生一世。"许怀中既不是年轻时来到这里,在这里也待了四天,只能说是"浮光掠影"地看了这座世界名城。他们登闻名遐迩的埃菲尔铁塔。铁塔矗立于塞纳河南岸战神广场圈,底层拱门似的,底座为花岗岩,以诸多钢材铺架而成。为纪念1789年法国大革命胜利100周年,整整经过了一个世纪,于1889年建成。因由建筑师埃菲尔所设计,故名。塔身呈"A"字形,高300多米,分3层,乘电梯而上,进入一个中间大厅,中为商店,旁以铁栏杆围住,放眼眺望,巴黎城郊尽收眼底。只见塞纳河流贯城市,桥梁座座,绿化带相连,楼房紧密相挨。眼下可望协和广场,又称路易十五广场,位于河北岸,与大凯旋门遥遥相对。香榭丽舍大街像一条纽带,将广场和大凯旋门连接起来,建筑典雅,喷泉、雕塑充满欧洲艺术情调。来到荣军院,这是路易十四时代所建的伤兵医院,拿破仑灵柩安放在金黄色圆顶之下。现为博物馆,馆前立着军人塑像。

2005年10月21日,许怀中一行来到巴黎圣母院和罗浮宫。在和暖的朝阳中,许怀中一行驱车来到巴黎古城中心、塞纳河中的斯德岛上的巴黎圣母院。这个教堂的名字,也因雨果以它为书名的小说而更加闻名于世。如今,许怀中已站立在它的面前。原来建于1163年至1320年的将近160个春秋的圣母院，在19世纪加建了一座106米的小塔，这座典型的哥特式教堂，被誉为欧洲建筑史上一个划时代的标志。从下面看去，共3层，底层3个拱形大门、6个小门，进门的国王长廊，28座国王雕像一字排开。玫瑰窗里有忏悔室，是供信徒忏悔之处。不过是释放心灵重负的一种方式罢了。上层两侧是两个60多米四边塔形楼。教堂用石头建成，殿长130米，宽50米，容量并不大。但其最大的特点在屋顶、塔楼、扶壁等，顶端都是尖塔。这里曾是法国国王加冕的地方，流传着许多神秘的传说，果戈理的小说巨著，使它流传得更广。

  从教堂里走出来，门前的广场上游人如织。一群鸽子在广场上跳跃、飞翔，和游客们同乐。正在遐思中，钟楼上传出悠长的钟声，增添了几分神秘的宗教色彩。导游兼翻译小杨告诉许怀中：巴黎最繁华的地方就是花鸟市场。小杨开着车带许怀中一行看去。这是另一种世俗的世界。

  午后，许怀中一行又来到在巴黎非看不可的罗浮宫。号称世界三大博物馆之一的罗浮宫，也是世界上最大的艺术宫殿。它位于塞纳河北岸，据记载，1204年始建，经历了700多年才扩建重修到现在这样的规模。小杨因早就看过，不再花钱买门票，便把地图交给许怀中一行，介绍那些必看的重点绘画雕刻艺术品。许怀中一行便按图索骥。原来罗浮宫分为新老两个部分，老的建于路易十四时期，新的建于拿破仑时代。许怀中从宫前的金字塔形玻璃入口处进去，这个别具一格的"入门"是华人建筑大师贝聿铭所设计的，原来这座艺术圣殿也凝聚着华人的智慧。罗浮宫正式开放的200多年来，不知接待了多少来自不同国家和地区的参观者。这里的225个展厅，面积达7万多平方米。馆藏古代至19世纪中叶的艺术作品，文物更为惊人。除了世界闻名的艺术品，还有大量希腊、罗马、埃及及东方的古董，加上法国、意大利的远古遗物、精品40多万件，真是人类艺术宝殿。

  先上二展厅雕塑厅，展出的是裸女等艺术雕塑。转入长廊，便见到举世闻名的蒙娜丽莎、维纳斯等珍品。许多观众久久地站在名画、名雕面前，舍不得离开。艺术的魅力，在这里释放无遗。欧洲以基督教题材的绘画，产生了许多名画。在300米长的画廊上，陈列的便是这些名画。此外，便是以历史名人入画的画厅，如拿破仑厅、圣女贞德塑像。工艺品、书画刻印艺术也有一席之地。第三层主要陈列法国绘画、素描，德国、荷兰、日耳曼、比利时、俄罗斯、瑞士等国的画作。最后参观地下层的法国雕塑及古代东方、埃及、古希腊、罗马、伊斯兰艺术品等。从名不虚传的罗浮宫出来，天已薄暮，真是大饱眼福。

在巴黎，不但有神秘的圣母院教堂和艺术的圣殿罗浮宫，还能不时感触到历史的风云、无产阶级的呼喊和革命者的刀光剑影。19世纪巴黎无产阶级和革命群众占领了巴黎所有的兵营和武器库，革命群众高呼："打倒路易·菲力浦！""共和国万岁！"向王宫进攻，占领了王宫，把国王的宝座搬到巴士底狱广场的烈士纪念柱前烧毁，"二月革命"取得胜利。震撼欧洲和全世界的巴黎公社，后来也都被镇压下去。如今，在巴黎公社纪念碑上，刻着牺牲者的姓名，碑顶镀金的女神塑像，注明"1830年"，这段历史被载入金光闪闪的史册。

2005年10月22日，许怀中一行来到凡尔赛宫，夜游塞纳河。依然是晴朗天气，去参观凡尔赛宫，它位于巴黎西城，是1624年建成的。原为狩猎行宫，从17到18世纪，由路易十四改建而成。它拥有城堡、御花园、教堂和镜廊等建筑物，"普天之下，莫非王土"，占地面积极其庞大，光花园就占据8万亩面积。据说当时路易十四执政，他把大臣们集中在附近居住，让大臣们尽情玩去，他一人大权独揽。这也是专制政治的产物。

王宫前的广场，有极大的停马、换轿处。进入宫门，又是一个大广场，竖立着路易十四骑马的塑像。建筑群中有红砖建成的楼房，传说我国华侨领袖陈嘉庚便是吸收欧洲建筑的风格回去建筑红砖楼。又有一说，新加坡便有西式红砖楼，陈氏是从那里直接学去的。

路易十四是法国历史上执政最久的一位国王，晚年丧夫人失子女，72岁时又修了礼拜堂，独信天主教，每天做四次礼拜。宫内厅廊十分豪华富丽，接见群臣的地方海格立特厅张挂着最大的宫廷壁画，走廊过道都充满艺术色彩。进入维纳斯厅，可看到路易十四与皇后的画像。其中戴纳夜晚之神和阿波罗白天之神的神殿，引人注目。尤其是阿波罗厅最为金碧辉煌，天花板也以黄金装饰，显示出对神话传说中的这位宙斯之子的崇拜，对文明进步之神的敬仰。战神马斯厅象征着3月春天万物复苏，象征着征服和胜利。宫廷内的神话色彩浓郁，寄托着国王的愿望。

其实这里是一个老百姓可以接触的厅，也许比那些象征性之物实在得多。越靠近御座的地方，就越豪华。休息厅设有床位。镜厅是举行晚宴接见使臣的厅。挂上千面镜子，也富有象征意味。皇帝寝宫由四进厅组成，流传着一个有趣的传说：皇后生皇子时，众人在场，作为见证，这种透明度，可避免"狸猫换太子"之类的闹剧。

总而言之，这座皇宫是欧洲皇宫中最气派、最宏大、最华丽、最庄严的宫殿。它有 100 多年的历史，1837 年改为国家博物馆，曾为法国国内、国际性的活动中心。宫内存放着来自世界各地的艺术珍品，除宫殿主体外，有数百间大小不同的厅殿。许怀中一行在宫内参观已花去了大半天时间，只能从窗内望着后花园，园内的树木色彩斑斓，是一幅色彩丰富的油画。凡尔赛宫和它的风景区，已被列入世界文化遗产。参观者不仅享受了这里的自然景物，更重要的是可从中获得许多人文景观的内蕴。许怀中一行顺带参观了国家歌剧院和巴黎最大的商场。在巴黎领略到许多世界之最。这座歌剧院是世界最大、最豪华的歌剧院之一，建造于 1862—1875 年间，剧院墙面有大量的装饰，都是拿破仑时期的典型作品。巴黎最大的商场，一是"老佛爷"，二是"巴黎之春"，进入"老佛爷"，便遨游在商品海洋之中。

夜游塞纳河，倒是极为惬意的事。游船可坐 700 人左右，从玻璃窗往外看两岸夜景。灯塔的灯光发亮时，游船开动，船上导游员以汉语介绍景点，给华人带来很大的方便。这说明汉语在国外的地位，也看出我国出外旅游的人越来越多。经过河上的一座座风格各异的桥梁，许多名胜古迹都在两岸，从埃菲尔铁塔往巴黎城岛环行，巴黎圣母院、协和广场、政府机关要地、罗浮宫、亚历山大桥和自由女神塑像……构成了两岸的风光和美妙的夜景。欧洲利用河流筑城，是有它的历史性的城市建筑规划，有其可以借鉴之处。夜雨从小到大，登岸时暴雨如注。

2005 年 10 月 23 日，许怀中一行来到凯旋门、农贸市场及其他。法国的凯旋门，许怀中在以前课本中就已读到，也是巴黎必观之地。导游员告诉许怀中，这时在门前留影，披上一层金黄的阳光，效果最佳。在凯旋门和附近的香榭丽舍大街，遇见不少中国游客，彼此热情地打招呼。凯旋门可远望，可近看，也可侧观，感受不同。从正面看去，门上雕刻 4 幅浮雕，有马赛曲、天使为之祝福的造型，有战神领着几个士兵去战斗的图像，有拿破仑踩着跪在地上的战败国国王的胜利画面，定格了法兰西胜利者凯旋的场面。原来巴黎还有另一个凯旋门，叫新凯旋门。它建立在街心花园的背后。这一带处于巴黎市西面，为现代化新区拉德芬斯，是最先进的商业区。这里竖立一个有名的城雕——暗铜色的一个大拇指。

单纯简朴，含意明白，别具一格。新凯旋门历时6年建成，是一座大楼，兼具展览馆和写字楼的功能。楼门前广场广阔无比，有"世界之窗"的美誉，它与大凯旋门同在中轴线上，这里所标明的"凯旋"自然与老凯旋门有另一种不同的含义。从罗浮宫到新凯旋门，保留着法国文化的历史发展踪迹。

巴黎市城旧区保留完整，新盖楼房不允许6层以上。市政在原是垃圾成堆的地方，辟出新区。新塑像是一个披着大衣的男士，从电话亭区走出，一边听手机，一边提旅行袋，说明已经告别过去，走向新的未来。到欧洲，要参观许许多多的教堂。巴黎有闻名于世的巴黎圣母院，又有20世纪初新建于蒙马特高地上的圣心大教堂。这座白色的教堂，掩映在绿色树丛中，使人觉得它的圣洁。其建筑风格独特，顶端大圆形，下有4个小圆形，钟楼最高处存放19吨重的大钟，是世界上最大的钟。教堂正面3座拱门，门顶两侧立着两座骑马雕像，一座是法兰西国圣路易，一座是圣女贞德。

在卢浮宫金字塔广场，也有一座圣女贞德塑像，骑着马，手持旗帜，系1874年建成。贞德是15世纪英法百年战争中的法国女英雄。当年英军在诺曼底登陆，几年后占领法国北部，包括巴黎在内。法国北部人民建立抗英游击队，开展救国战斗。在东北边境一个农庄里，农家姑娘贞德挺身而出，经过重重困难，见到了在南方执政的王太子查理，说服了他，得到一支军队。她身披戎装，手执军旗带领军队向被英军包围的奥尔良猛进，法军士气大振，击退英军，乘胜攻克了许多城市，贞德成为人民爱国热情的象征。但法国封建主对她的声望和影响感到不安，蓄意谋害这位女英雄。在巴黎东北的一次战斗中，封建主故意关闭城门，截断贞德的归路，贞德不幸陷入英军手中，备受酷刑，最后被教会以"异端"罪名，活活烧死在火刑柱上。贞德的牺牲，更加激发了法国军民的爱国热情，他们连续得胜。1453年百年战争结束，除北端的加来港外，法国领土全部收复。法国人民永远纪念女英雄贞德。爱国主义思想教育，是一个民族灵魂的铸造。

许怀中在国外访问，参观农贸市场，还是第一次。留学生导游小杨，特别安排许怀中一行在离开巴黎前，到农贸市场逛逛。顾客熙熙攘攘，摩肩擦背。

各摊点上摆着各种各类食品，海产、蔬菜、瓜果、肉类等等，应有尽有。为方便顾客，切肉机可以把肉类切成薄片。吸引许怀中注意的是摊上的山鸡，剥了毛，留下鸡头的毛未拔，以证明它是真货。防伪辨真，倒是一招，令人思索。市场防止伪劣产品的做法，倒是它的一个特色。在巴黎逗留4天，许怀中对法国的咖啡文化留下深深的印象。法国是个洋溢着浪漫情调的国度，美酒和咖啡，成为浪漫情怀的代名词。而花都巴黎，更是浪漫情调的缩影。法国人曾经说过："开启一瓶葡萄酒如同打开法国的一扇窗。"手上拿着一杯咖啡，同样发出一股浪漫的芬芳香味。20世纪初，法国社会稳定，文风鼎盛，洋溢着祥和气氛，在悠闲中喝咖啡，变成一种时尚，文人墨客称之为"咖啡文化时代"。咖啡不仅是一种饮料，更是一种文化，从中映照出巴黎的社会变迁和艺术人文思想。许怀中行走在街头巷尾、公园馆站，室内和露天咖啡馆处处都是。如在街三角头铺前排开一张张小桌子和椅子，人们边喝咖啡，边闲舒地交谈，边晒太阳，边吹吹风，多么自由自在。据说巴黎不大的市区，却有上万家大大小小的咖啡店。这里是交谈的场所，是文化交流的沙龙，巴黎不同的文艺流派、学术观点，就在咖啡座上交织、交流、传开、播出，咖啡文化是盛开在巴黎的文化之花。

11. 访卢森堡，风光无限

　　欧洲八国之行，卢森堡大峡谷的自然风光，给许怀中留下了深刻印象。从巴黎驱车400公里，当地时间中午12时到达处于比利时和法国之间的卢森堡。这个人口不足百万的国家很富裕，它是欧洲钢铁生产基地，被称为"钢铁之国"。

　　教堂哥特式的尖顶，广场上矗立的为纪念第二次世界大战阵亡将领、战士的"安魂柱"，三色旗在高空飘扬，给人一种神圣的感觉。闻名遐迩的大峡谷，就在前面。这里原为要塞地，是大公国建的城堡，多次被敌军占领，素来是兵家必争之地。阿尔泽特河上100多座桥中最为著名的阿道尔夫大桥，高46米，长84米，它是没有支柱的圆拱陆桥，圆拱上有拱门形的洞。站在桥上，可眺望整个市景，被认为是欧洲少有的造型美观的特殊的大桥。桥下谷地芳草萋萋，各种颜色的树木，掩映着精致的民居建筑。炮台、大桥和自然景物融为一体。峡谷像盆子，坡度徐缓下展，沿着石阶，漫步到桥下，走入峡谷，山坡或披着一片绿茵，或被大树覆盖。正是深秋时令，落叶缤纷，地上铺满黄色的梧桐落叶。当许怀中在幽径中徜徉时，一片黄灿灿的梧桐落叶从岩壁树上悠然飘在许怀中的跟前，像一位多情的伴侣，悄悄地降临身旁……

落叶有如此诗意，那不同树木的不落之叶，更是美得使人沉醉，令人销魂。这时的欧洲，是自然界色彩最丰富的时节。峡谷的树叶，五颜六色，有绿色的，有青色的，有紫色的，有银灰色的；也有黄色、浅红色、深红色，极为丰富的色彩，交织出一幅美不胜收的织锦。树木的形状，也不千篇一律，有大有小，有粗有细，有高有低，高的插入云霄，矮的不及一人高，它们郁郁葱葱，在这秋风萧瑟之中，毫不显出龙钟衰态。

这个峡谷，不像那窄巷一般的谷底，也不在那深山密林中偏僻地带，却紧紧依偎在城市的怀抱，而这个城市利用自然，保护自然，美化自然，注意生态环境，人与自然和谐相处，莫非也是欧洲人文精神的写照，是人类文明的生动体现？！

许怀中一行在这幽美、幽深、幽静的大自然中漫步多时，踏着的不是曲径，也不是小径，而是宽敞之路、平平坦坦之路，无跋山越岭之劳，只有优哉游哉地领略自然的厚赐。三三两两的游客，一点也不拥挤，时见一两位当地人穿着短裤在跑步，步履是如此的轻松。偶见谷中人造的喷泉，喷出的泉水是这样的晶莹透亮。

顺着斜坡拾级而上，便是一条大街，楼房拔地而起，高高的"安魂柱"旁，安放着一个才有两尺高的纪念碑。高柱和低碑相映成趣，但它们都表达着对为民族捐躯先人的慰藉和怀念。

穿过马路，导游小杨带许怀中一行到附近一家华人开的饭店吃中国饭菜。服务小姐端来饭菜时，用带有广东口音的普通话亲切地对他们说："慢用、慢用。"许怀中忽然觉得，这语调和刚从峡谷出来的游客悠闲心态"相配套"，给人增添一缕闲情逸致。

从餐馆出来，许怀中在小卖铺买来一个绘着当地风光的彩盘，作为留念。此外又参观了大公府，即是在市中心的大公宫殿，它始建于1418年，1573年重建，在圣母教堂的北面，是一座三层的意大利式建筑，拥有两座高耸的尖塔，线条简洁，朴实无华，并无刻意铺设装饰，曾是市政府的办公楼，19世纪末始为大公宫殿。离开卢森堡，许怀中一行又驱车回到德国，去瞻仰马克思的故乡特里尔。

12. 深怀敬意，访特里尔

进入德国境内，公路两旁一片小平原、小村落、教堂和河流，构成一幅异国田园风光画面。欧洲许多国家交界处，都不设防，可以畅通无阻，但交界线却是鲜明的。在汽车上，导游小杨告诉许怀中：荷兰和比利时交界处，有座楼房，楼中的一间房，分成两个国家，一张床铺一半是荷兰，另一半是比利时。"一家两国"，这家有两个国家的护照，可真是同床异梦，或是同床异国，十分有趣。

特里尔是德国西部的小县城，马克思于1818年5月出生于此，青少年时代在家乡享受了家庭欢乐。1835年，马克思在特里尔高中毕业，毕业证书上的评语称他的作文流露出丰富而深刻的思想。同年秋，上德国波恩大学。许怀中在波恩曾参观过这个大学校园，想象马克思青年时代的生活轨迹。但他只在这大学念了一年，第二年便转入柏林大学，继续攻读法律专业，1841年在耶拿大学取得博士学位。耶拿大学在德国中部图林根州的耶拿市，创办于1548年，是德国最古老的大学之一，学校致力于保持它的光荣传统，发展为万人大学。马克思的父亲是当地的律师，他觉得马克思的性格中有坚如磐石的东西，对儿子寄予厚望。

途中路牌交通标语写道："礼让是重要的，礼让是应该的。"显示出德国人讲礼貌。车过一个长长斜坡，河流绕过，来到了马克思的故居。这是一座18世纪建造的民居，门牌10号，进门右侧现为小店铺，马克思就在这间屋里诞生。故居曾被纳粹占领过，资料被毁，1904年复修。二战结束后房子归还社会民主党，1947年开辟为纪念馆，1968年剪彩开放，2005年重新布置新展。现有三个展厅，展出马克思生平事迹和社会主义国家领导人的照片，其中也展出我国有关政治运动的图片，现存的资料似乎不多。后花园竖立马克思和燕妮的塑像，许多参观者肃立塑像前，怀着深深的敬意。

许怀中一行夜宿特里尔。这座小城市的夜晚静悄悄，许怀中油然生出一种不能抑制的感慨：在这小城却诞生了一位改变世界命运的伟大人物。时光的流逝,并没有冲淡马克思巨大的身影。欧洲再现马克思研究热的浪潮,方兴未艾。许怀中记得,1998年5月,为纪念《共产党宣言》出版150周年,在巴黎举行的国际研讨会。正是许怀中在法国访问的2005年,法国学者雅克·阿塔利的专著《卡尔·马克思,或全球化思维》出版,重新认识马克思主义现代意义的热潮在欧洲再现。雅克·阿塔利原是社会党总统密特朗的政治顾问,这部新的马克思传记,是他近年来潜心研究的成果。他把马克思写《共产党宣言》和《资本论》的19世纪经济与今天全球化背景下的21世纪经济加以对比,发现马克思惊人地预见了今天全球经济的发展方向。我国的学者也十分关注这种现象,他们把"马克思热"看作当代西方学者对马克思主义的认识越来越清晰的过程。在全球化背景下,世界将走向何方,中国占据何等地位,也应该被纳入许怀中研究的视线。

13. 海德风光,流连忘返

早晨,许怀中一行从特里尔去海德堡,这是一座13世纪的古城,曾为古罗马的边塞。歌德曾经抒发过"我的心曾沉落在海德保"。使这位文学巨匠的心"沉落",大概是海德堡所具有美丽自然风光的魅力。这里有德国最美丽的大学城——海德堡大学。据说是欧洲散步最美丽所在。这个已有600多年悠久历史的学府,除了培养出10位诺贝尔奖获得者外,还有一座独一无二的学生监狱,使它闻名于世。学生监狱建于1712年。当时入学年龄偏小的学生调皮捣蛋,经常在深夜闹些恶作剧,如去追赶邻舍的猪,打碎路灯之类。警察不能拘留,于是学校设了"监狱"以正校风。依照学生"罪状"轻重,关二到四周。"犯人"白天可以听课,下课后老老实实关闭在内。有趣的是,学生经常聚在牢里谈天说地,写写小诗,相处融洽,产生深厚友谊。这三层小楼,进大门便为往牢房的楼梯,所有墙壁上都被涂画得五颜六色,有画像,有诗句,有签名……让人发笑。这座被称为"皇宫"的牢房,已被拆除,留下的手迹、照片作为展览物,是莘莘学子当时苦中作乐的作品,如今成为景点,每年招徕500万游客到此参观。

深深地吸引许怀中的，倒是内卡河畔的景观。这条河是莱茵河三大支流之一，河边各式各样的小房子，没有一幢相同。小别墅童话般神奇地错落在茂盛树丛之中，依山面水。河中野鸭游戏，河上海鸥飞翔。古拱桥横跨河上，一战时桥被炸毁，后重建。桥头铜像是大猩猩非非，手上拿着照妖镜，旅客的头部可套在铜像圈子里照相。远看青山、绿水、小楼组成的童话世界，许怀中本以为卢森堡大峡谷是最美的，导游说海德堡要比大峡谷还美，难怪她使歌德的心"沉落"，令音乐家舒曼、美国作家马克·吐温流连忘返。

这座古城山上留下的古堡建于13世纪，其中陈列两个大酒桶，一个半径1.5米，另一个半径2.5米，一个比一个大，传说当时农民以酒纳税，酒便倒入桶中。许怀中走上古堡的天台，眺望整座城市。看了古堡，又看了竖立40个国王塑像的大皇宫。那时的国王，可为皇帝的候选人。中世纪德意志，是封建割据的国家，国王便是候选王。据说当时皇帝是留学英国的，学过建筑，城建由他设计，皇宫的前后花园都很别致。

许怀中一行经德国宪法院所在地卡尔思鲁尔，一座只有300年历史的年轻城市，然后到斯徒加特住宿。德国欧洲教育服务中心的主任费康安博士特地在这里和许怀中一行见面，设晚宴招待。

14. 德国之旅，访汽车城

许怀中一行从德国的海德堡古城到司徒加特，参观席勒广场和奔驰汽车博物馆。这个博物馆属于世界上最古老的汽车博物馆。博物馆大楼陈列着汽车模型，收藏许多过去使用的豪华车辆，以及很多赛车和破纪录的车辆引擎。这里可以看到奔驰汽车制造商初创的车，第一辆被命名为梅赛德斯，展示出汽车发展的历史。进馆后，发给每个参观者导游机，有以德文、英文、中文三种语言介绍的，不用导游员。馆内没有咖啡茶座和商店，小学女老师带着学生来参观、上课，给学生讲解许多汽车知识。可见德国人很会利用博物馆，从小便可以获得许多科学知识。步出博物馆等候统一接送的专车，许怀中注意到门前的枫树，树叶全红了，在异国他乡也感受到了"霜叶红于二月花"的情景。

席勒广场上，耸立着席勒的塑像。德国人重视科技，也很重视人文，文学家、音乐家、艺术家、哲学家的塑像处处可见。广场对面是老皇宫，小国王相当于这个县城的县长，当时德国封建诸侯是很讲究派头的。

本来安排到大学区参观，同行者建议到郊外黑森林公园，可以观赏这一带景区和领略农村的风光。许怀中过去经常到外国访问，到农村却少有机会，认为这倒是个好主意。

小轿车出了城区，便在密林间的小路上穿行，经过一个个小村庄，农舍各式各样，有个叫作海恩纳格村的。另一个村庄在山谷中的一块小盆地上，绿草地上两排相对的小房子，环境幽美，交通方便，有条公路盘旋于村里。树林茂密，多姿多彩，小田园的风光，别有风情。黑森林公园是个休闲度假区，这里有温泉，可享受温泉浴。一大片绿草地，如绿色地毯铺盖大地。园林中喷泉在阳光中闪光。丛林覆盖下，有一小片岩石外露，格外醒目。这里的幽静，恰似世外桃源。

归途中经 Baden—Baden 市最大的浴场，进入皇家公园，园中小河潺潺，流水在园中漫步，悠然自得。夜乃宿司徒加特。

翌日又是晴朗天气。许怀中一行从司徒加特赴沃尔姆途中，所经的是田园路径，系草原的平原地带。阿尔卑斯山遥遥在望。小镇的房舍，一般都是小木屋，居住环境舒适。此处是德国最南端，和奥地利交界。村里养牛，牛粪味扑面而来，散发出乡野田间的韵味。此次欧洲之行，许怀中不仅参观大城市，而且领略小村庄的风韵。为了停下拍照，小车陷在路旁小沟里，过路的小伙子司机停下来帮忙。中午在福森镇路边聚宝楼吃中国餐。

华人的餐馆，遍及乡镇。店里没有什么食客，倒很安静，许怀中一行慢慢品味外国的"中国菜"，还从容地欣赏对面街道上的壁画，别有一番风味。来沃尔姆主要是参观世界闻名的童话城堡新天鹅堡，还有一个旧天鹅堡。山峰上一座黄色楼房，是路德希国王出生地，他在此处建起城堡，有个天鹅湖，他爱天鹅，故取此名。天鹅湖在路边，不在山上，是一面如镜子般的明净平湖。

过路的小乡镇都有教堂，这个叫作巴发利亚的教堂，小巧玲珑，十分华丽，虽有 280 年历史，壁画色彩依然鲜艳，周围的绿草地把小教堂衬托得分外雅致。门前马路的小商店设有茶座，看出当地人生活的休闲。铺边两棵高大雪杉，如张开的两把大绿伞，树下两个外国小孩，把自行车倒放路边，坐着吃面包。三三两两的游人，一点儿也不拥挤，小镇毫不喧闹。

许怀中一行今夜在沃尔姆酒店和在德国办文化公司的李敏小姐及她的男友程前会面，他们特地从德国的最北部不来梅赶来。

15. 赴慕尼黑，游体育场

连日来，电视屏幕上转播在德国慕尼黑举行的足球世界杯赛，吸引住多少人关注的目光。运动健儿在绿色足球场上大显身手的镜头，不仅令球迷们不时狂呼，而且也使普通观众心情不能平静。许怀中作为非球迷的收看者，想到的倒是半年多前，应邀访问欧洲八国，参观慕尼黑时所留下的印象，尤其是如今正在足球竞赛的这个体育场，更是难以忘怀。

那天秋雨绵绵，许怀中一行乘坐奥迪小车从德国最南端的城市沃尔姆赴慕尼黑，途中特地多拐了220公里的路，到埃河斯待特看望一位老乡留德学生。之后，便驱车到慕尼黑市。

慕尼黑在德文中是"僧侣之地"的意思，原是德意志宗教建筑集中地，现为德国第三大城市。在二战中，希特勒在这里签订《慕尼黑协定》，这个城市的名字便不胫而走。此地还以啤酒而闻名于世，又有"啤酒之都"的美称。除了啤酒，奥林匹克公园的大规模体育场，成为世界各地来的游客的参观之地，也是许怀中一行来访的主要目的地。

慕尼黑奥林匹克公园，拥有一组高度集中的特大型体育建筑群，它是1972年举办第二十届夏季奥运会的场所，当然也是无愧于这个大城市的最佳运动场所。据说建筑的主导思想是"近距离的奥运会"。众所周知，慕尼黑是个如日本东京那样拥挤的城市，要找出一块地方修建场馆，其困难程度是可想而知的。政府提出要配合城市规划，进行环境改造，选到了这个距离市中心只有4公里的一处已经报废的机场。问题的关键在于建筑设计。体育建筑范围的庞大，形象的美观独特，环境的和谐协调，受到人们的赞赏和赞叹！它由慕尼黑建筑师贝尼斯和奥托设计，1968年破土动工，只花了4年时间陆续建成，赶上第二十届奥运会使用，建筑师的名字，就广为流传。

许怀中一行花了许多时间，才走遍33个体育馆，可容纳8万观众。湖中天鹅、野鸭、大雁、黑色鱼悠然自得。只有当大型的水上运动项目比赛时，才是一种紧张的场面。这里的奥林匹克村和新闻中心，可以住宿12000多名运动员。场内高耸着290米的电视塔，使人仰望。园中树林葱郁，一棵树便是一道风景。

草坪足球场，下有暖气设备，为青草提供"暖床"，可以保证一年四季绿草如茵。许怀中听到这个介绍，感到十分新奇。这个体育场半边有"顶"，便是这个靠50根吊柱吊起来的几张"鱼网"组成的帐篷式屋顶，一根根吊柱排列整齐，有的高达80多米。这帐篷屋顶，遮住了半个体育场，像张"天罗地网"，覆盖着容纳14000人座位的体育馆，接连着可容纳2000人的游泳馆，面积广达75000平方米，堪称世界最大的屋顶。抬头望去，它是半透明的，全部是有机玻璃。据说这个屋顶奇观，造价超过1亿马克，它不但需要大量资金，而且更需要科技的支撑。此外，还得靠奇特的想象力，别致的造型，才使它成为世界建筑史上的一大奇迹，公园中的一大奇葩，令人叹为观止。

许怀中一行赶到市政厅，正好当地下午5时。每天下午5时，在这里的市政厅楼上天台，开始表演小木人（即木偶），第七层正表演希特里希一世迎娶公主的故事。第六层在表演一段历史故事传说：这个城市瘟疫流行之后，恢复正常生活，老百姓安居乐业。导游告诉许怀中：慕尼黑市政厅位于马利恩广场后面，建成于1867—1908年。这是新哥特式建筑，钟楼上有85米高塔，藏有德国最大的时钟。

在这广场上，民间艺人边表演，边向观众要钱。在欧洲的街头巷尾，时时可见民间艺人的多种表演，也算是一种民间文化景象。许怀中一行傍晚离开慕尼黑，夜宿奥地利的萨尔斯堡，访谒世界音乐天才莫扎特的故乡。

去年邀请许怀中一行去访问的德国朋友欧洲教育服务中心主任费康安博士，托人送来今年世界杯奖杯模型。据说，1970年这一届世界杯赛之后，巴西连续夺得冠军，按规定可永久拥有该金杯。国际足联只好于1971年以价值2万美元的18K金另铸新地球象征足球的魅力，已成为世界杯趣话。

16. 萨尔斯堡，到维也纳

2006年1月27日，是伟大作曲家莫扎特诞辰250周年。世界各地举办一系列音乐活动，从奥地利白雪皑皑的阿尔卑斯山区，到中国首都北京；从贝壳形帆船顶建筑风格独特的悉尼歌剧院，到气势雄伟的英国图书馆，它们都来纪念这位给世人留下一曲曲优美作品的音乐家，盛赞他的音乐作品有不可估量的艺术价值。

在这激动人心的纪念活动中，许怀中想起几个月前的金秋，访问欧洲八个国家时，特地从德国慕尼黑驱车到奥地利莫扎特故乡萨尔斯堡的情景。

萨尔斯堡是奥地利最美丽的城市之一，她幽雅清新，建筑富有古典风韵。市中心有条美丽的河流，许多游客在桥上丢小片面包，引来一群海鸥在头顶、在身旁飞翔，它们敏捷地在空中飞啄面包块，人鸟同乐。传说这个州府（即省会）所在地曾被土耳其占领，山上只剩下一头牛，当地居民每天把这头牛染上一种不同的颜色，造成敌人的错觉，似乎山上还有许多牛，可见当地人还死守其中，便退了兵。这个传说故事，为这座美丽的城市增添了一道坚守家园的历史色彩。

许怀中一行在这座城市的一条街道上徜徉，这条街道名字叫铁艺街，是铁匠工艺比较集中的街道。它又叫粮食街，全保持着几个世纪前的模样。街道不长不宽，可以说相当狭窄，两边店铺是古老的石头建筑，店面小而拥挤，店铺的招牌和广告，形形色色，眼花缭乱。街尾对着一座山，新道和山相对，使这条街别具一格。莫扎特便出生在这条街门牌9号的这座黄色的楼房上，楼房的样式很普通，和其他房子并无两样，但这正是音乐天才的诞生地，成为来自世界各地的游客拜谒的圣地。莫扎特伟人生在三楼，人们怀着满腔敬仰的心情，踏上并不宽敞的楼房石阶，拐进莫扎特的故居。这在当时，也许是有钱人家的住宅，而今天看来一点儿也不显贵。进门是客厅，壁上挂着显得几分古老的油画。厅堂里老式的钢琴，房间中放在玻璃柜里的小提琴，却使人浮想联翩，恍惚听到当年的莫扎特弹奏出的悠扬的琴声，他那年才6岁，第一钢琴协奏曲，就在这里诞生。而后乐声飞扬奥地利各地，并飞向全球。神童莫扎特的名声随着琴声，远播四方，连皇帝也常常请他到皇宫演奏。不过，他们想到那扇窗户传出去的钢琴和手提琴的乐章，洋溢在这条街上，得益的首先是这条街道的人们。

轻轻地踏着客厅里已凹凸不平的木条地板，看着四壁张挂的画像，有莫扎特的父母亲和他童年以及青年的画像，让许怀中神思飞扬。莫扎特的父亲利奥波德是一位职业作曲家，也是欧洲首屈一指的音乐教师。神童和天才并不是天生的，也不是偶然所得。莫扎特父亲几乎放弃所有的社会活动，专心致志地教导儿子，他虽到处说儿子是天生就会弹钢琴和拉手提琴，然而在暗地里却逼着儿子苦学苦练。莫扎特也并不满足于故乡是欧洲音乐中心，因它是小地方，年轻时候到处旅游，足迹遍及意大利、德国、法国和英国等国家。在这些地方博采众长，学习和吸收当时这些国家所有的音乐风格，融为一体。

让思绪回到莫扎特故居。这客厅里的玻璃柜中所陈列的一页五线谱，是莫扎特留下的手稿，已经发黄的稿纸上，莫扎特当年挥动着羽毛笔谱写出的出色乐章，回荡出多么优美的旋律，激荡着人类的心灵。莫扎特住房隔壁，也是莫扎特故居博物馆的一部分，陈列着关于莫扎特的画册和唱片，屏幕上放着歌剧《魔笛》里人物两重唱《那些感受到爱情的男人》，男女二重唱传唱出人间的忠贞爱情，令人荡气回肠。

许怀中下楼来，又在这条街道上流连，不禁回头望着三楼，只见一排向人们敞开的窗口，似乎岁月老人在向着来自世界各地的拜谒者诉说什么。许怀中回想莫扎特的音乐生涯，他只活了短短的35个春秋，但写出600多首作品，这里有交响乐、钢琴协奏曲、弦乐四重奏曲、歌剧、钢琴奏鸣曲、弥撒曲以及其他许多作品。如果他不是英年早逝，将会给人类留下更多、更美的文化遗产。他离开人世后，被安葬在一个普通墓地。据说不是由于他穷，而是因为根据宫廷的命令，每个平民的身后待遇，都是如此。

随着时间的流逝，岁月的变迁，莫扎特并没有被淡化和淡忘，反之，更加鲜明地活在人们的心中。人们以多种形式，纪念莫扎特。演奏他的作品，把他的音乐传播到世界各个角落。出书，发表研究论文，撰写纪念文章，因为莫扎特是说不完的。人们说，他之所以说不完，是因为他的音乐是旋律化的人性，使人性优美化，使人性回响。如果说，贝多芬的音乐是一个"力"字，则莫扎特的音乐精髓是一个"和"字。中国传统文化中，也特别推崇"和"字，"和"文化，在今天构建和谐社会中，是一个有力的音符。培养、铸造和谐的人格和人生是莫扎特音乐最大的伦理功能，也是类似我国修身之说。

离开莫扎特广场，许怀中一行来到莫扎特曾居住过的维也纳。从萨尔斯堡到维也纳高速公路两旁，都是风景线，层林尽染，色彩丰富，树叶如花，风光无限。"奥地利"在德语中的意思是"东方的国家"，是世界著名的山国。阿尔卑斯山横贯全境，多瑙河流贯境内350公里，自然风景美丽绝伦。维也纳处于阿尔卑斯山麓的一个小盆地内，多瑙河穿城而过，市区布局独树一帜。

风景秀丽的维也纳，自古是兵家必争之地，又是音乐之都。公元1世纪曾是古罗马的要塞，也是罗马帝国和奥匈帝国的首都，为东西欧之间的重要门户之一。许怀中在维也纳所目睹的精美建筑，可谓是著称于世，至今保持着旧时代的风韵，巷弄以石板铺成，古朴典雅，城内罗马式和哥特式两种建筑兼而有之，是文化艺术古城的缩影，不愧为世界音乐之都，难怪莫扎特在鼎盛时期，在此埋头创作，这里是18世纪时欧洲古典音乐"维也纳乐派"的活动中心。19世纪由于优美的圆舞曲而成为舞蹈音乐的主要发祥地。世界音乐家除了莫扎特，还有海顿、贝多芬、舒伯特、勃拉姆斯约翰·施特劳斯都曾来这里生活和创作。

许怀中一行参观奥地利皇后花园，花园有大园和小园两部分，由海神喷泉塑着骑着海马（马身鱼尾）的塑像，有战胜德王的纪念碑。室内2600间房子，园内存有300多年历史的宫殿，曾经在里面演过中国元朝的戏曲。

有设计为鸟笼的小阁，叫养鸟笼。还有古罗马的遗迹，园门下一男一女的塑像，拿着酒罐，喷水池喷出甜水。花园后面一片绿草铺满的山坡，树木葱郁，小松鼠跳出来吃游人手上的栗子。草坪上鸟啼，乌鸦在这里是吉祥鸟，受人喜欢。

踏着落叶满地的小径，许怀中一行来到美泉宫花园。据说是先发现泉水，后才建园。花园中的雕塑，富有艺术风味，有一半躺着的少女抱着水缸，流出泉水，注入盆中的雕塑。竖立的广场上的方尖碑，是古时从土耳其抢过来的纪念品。

欧洲的许多国家，也都重视爱国主义教育，如维也纳的英雄公园，民族英雄的塑像，一是抵抗拿破仑，一是抗拒土耳其的英雄。黄昏将降下帷幕，许怀中一行赶到多瑙河岸边观看这条著名的河流。沿街看见民间艺人的种种表演，有提线木偶，有替人画像，其中有中国人摆摊画画，有化装成雕像，穿着白色、金色、红色衣服，站在椅子上一动不动。待游人在他手上的帽子投点小钱，才动一动表示感谢。也有音乐学院的男女生，在街头拉提琴、唱歌，很投入，得了些钱，就一起上咖啡店喝咖啡。但这里毕竟是音乐之都，民间艺人也都要经过考试或考核，及格才准许卖艺。途中，许怀中无心观看，到多瑙河畔已是薄暮。步行穿过地铁大桥，来到多瑙河中的人工岛，多瑙河波光粼粼，河宽约600米，多年前看过的影片《蓝色多瑙河》画面浮现在许怀中眼前。不能多留，驱车赶回市区，去观看歌舞剧院演出。那时邀请单位早已替许怀中一行预订好票价甚高的入场券。导游兼翻译告诉许怀中：看演出的观众，必须衣冠整齐，西装革履。

入场时，楼上楼下座无虚席。先听交响乐，后听合唱，演完全场长时间热烈鼓掌，掌声经久不息，指挥一再谢幕，越谢幕，就越鼓掌，直到指挥领队退场才止。可见高雅的艺术在当地已深入人心。许怀中不禁想象起莫扎特在这里生活和表演的情景，应是何等热烈。如今皇宫多处依然留下莫扎特的塑像，使人顿悟到艺术的庄严神圣，越神圣，越能在世人中留下艺术丰碑。

17. 访威尼斯，水乡城市

威尼斯这座古老的水乡城市、欧洲最繁盛的都市之一，它的名字随着莎士比亚充满人文精神的名剧《威尼斯商人》，更加深入了人们的心扉。

年前的深秋，从维也纳驱车600公里，来到威尼斯，一睹她的风采。进入意大利境内，过了14条隧道，这一带是高山地段，所以隧道特别密集。华人开的菜馆，遍及欧洲穷乡僻壤，中午许怀中一行在"新世纪"酒楼吃了中国菜。

原来意大利位于西欧南部的亚平宁半岛上，南临地中海，东面隔海与希腊相望，西部和法国隔海相对，西北部与瑞士接连。威尼斯在意大利分裂时期是个独立国家，有着悠久历史，曾经是地中海一个强国。

这是个阴天，颇有点秋凉之感。在码头停车，许多小店铺，售卖各种纪念品。有我国东北人开的店铺，店门口挂着中国国旗，五星红旗在海空上飘扬，广告牌上写道：讲华语，可用人民币。遇到船上的女导游，是三明人。在这里华语畅通无阻，倒有亲切感。

登上停靠海湾的游艇，左面是个威尼斯最大的港口，水深15米以上。

威尼斯在中世纪拥有3000多只商船，穿梭于欧、亚、非三大洲。我国宋代正处于海上贸易全盛期，和威尼斯来往已很密切。意大利旅行家马可·波罗随父亲和叔父于13世纪时远道来到中国，后又从威尼斯启程，经过几年长途跋涉，终于到达元帝国。马可·波罗游记中，有关于泉州的记载。

在游艇甲板上，海风吹拂，仿如在厦门海上。只见这里岛屿绵延，桥梁座座，据说有118个小岛，400多座桥梁。当地人口约6万人，不算多，外来人口数量远远超过本地人，一年四季，世界各地的游人源源不断涌来。游人穿行在水巷之中，在近200条的水街上流连，欣赏这世界著名水城的无限风光。

许怀中一行乘坐约5分钟的游艇，登上市中心。岛上古老的建筑，多为罗马哥特式的，典雅清新，积淀着世界文化遗产。导游介绍：张艺谋和巩俐，曾在这小岛上领取《大红灯笼高高挂》影片的奖品。市中心的圣马克广场上，一座建于9世纪的大教堂，拜占庭式的圆顶。入口处4座青铜马的雕像，是13世纪十字军东征从君士坦丁堡带来的。教堂的参观者排了长队，好久才进入殿堂，房顶金光闪闪，堂中镶嵌画异常精美，其中的珍宝馆陈列着1204年十字军东征的战利品。

广场上两排大楼是威尼斯独立时期总统办公所在地。场前两根大柱，叫圣门，国王和大主教才能出入。罪犯从旁边推出来，广场边第一座桥的背后，便是叹息桥。罪犯行刑前要经过此桥，左边法院，对着水陆两面的监狱，犯人处决前从窗口和家人见面。犯人发出一声长长的叹息，故名。许怀中记得在20世纪90年代初叶，参加英国剑桥大学的国际学术交流大会时，经常经过圣·约翰学院校园内的"叹息桥"，这是一座非常精致的小桥，但不是犯人的"叹息"，也许是学生考试后过桥时发出松一口气的叹息吧。

圣马克广场周围，曾是拿破仑的行宫。这也是当时法兰西征服威尼斯留下的陈迹。

参观了威尼斯水晶玻璃厂，玻璃制品、艺术品琳琅满目。这个岛上的塑像有点奇特：胜利女神塑像的背后，塑着失败之神，前面躺一头断了气的狮子塑像，这是失败的象征。

威尼斯的岛屿多得不可胜数，许怀中一行游了一个岛屿、市中心，从午后到薄暮，便乘游艇上码头。水上的一座座拱桥，海中交错的楼房，条条相连的水巷，交织着水城的美丽图景。

18. 罗马沧桑，处处历史

从佛罗伦萨驱车360公里到达罗马。在罗马旅馆住下，一放下行李，便乘车去世界上最小的城中国家梵蒂冈参观，途中所见，都是一片片绿树。过台伯河，便是梵蒂冈。它是罗马教廷所在地，世界天主教的中心，位于罗马市西北角的梵蒂冈高地上，面积只0.44平方公里。三面城墙环绕，呈三角形状，建于文艺复兴时期。这里有圣彼得广场、圣彼得教堂、梵蒂冈宫、博物馆和公园、街道，是个教皇国。它1929年成为主权国家，是个特殊形式的政教合一国家，教皇拥有全世界天主教最高权力。

圣彼得教堂广场上，人山人海，参观者排了几千米的长队。这座闻名遐迩的教堂，由整齐的长方形砖铺筑而成，始建于公元328年，17世纪重建。它经过了一系列名师之手，如布拉蒙德、米开朗其罗、拉斐尔、伯里尼等人都参加过设计。此处为耶稣门徒第一代教宗圣彼得葬身之地，故以他名字为教堂命名，曾一度为世界最大的教堂。从正面望去，有284根圆柱、88根方柱。进入堂内，两旁为弧形圆柱，走廊、正殿、后殿、圣具室、宝物殿，圆顶顶上及地下室共八个部分。教堂内墙柱、天花板、门窗、地上，所有雕刻精美绝伦，壁画和镶嵌画，皆为大师的千古之作，可谓世界教堂之绝。教堂有三大宝贝：一是五米多高的华盖，前面点燃99支蜡烛，下是圣彼得的墓地，历代教皇都埋在教堂里；二是《母爱》的名画；三是圣彼得坐过的椅子，加工成工艺品。来自世界各地不同肤色的参观者，他们的心情和信仰各不相同，但都被一种人类历史文化的氛围所浸透、笼罩。

步出教堂，只消花点时间，便能走遍这个国家。罗马的母亲河台伯河静静流淌，河边上有古堡，是梵蒂冈所属，对岸绿林带伸延。跨过40米的桥梁，桥栏上有许多塑像，离开梵蒂冈，已是暮色苍茫。在夜色中看罗马的"真理之口"，它因《罗马假日》电影而出名。还记得当年看这影片的故事：安妮公主出访罗马时偷偷出逃，游览了最经典的景点，与美国记者乔邂逅，双双坠入情网。但作为公主，不得不放弃爱情，回到原来的生活轨道。其中有个情节：他们俩来到教堂临街走廊一个镶入墙壁的圆盘式石雕面具前，乔对安妮说：这是"真理之口"，如果谁在撒谎，它会把谁的手咬住，要不试试看？记者把手伸入口中，说谎不爱她，装作被咬住而呼叫，以此来表达真爱。传说这个"真理之口"是古代河神的大理石平面面具，后来教堂为了遮盖墙壁的水管，就镶在这面墙上，不经意成了一个"景点"。可惜夜色已浓，许怀中一行只能朦朦胧胧地感受这个不让人说谎的"口"了。由导游兼开车和翻译，领到华人开的"新翡翠酒家"用晚餐。餐厅墙壁上画的是九条龙，龙文化在罗马悄悄飞翔……

罗马位于台伯河下游平原的七个小山丘上，又称"七丘之城"，也不愧为历史文化名城。罗马在公元前2000年已有人居，公元前753年建城，被称为永恒之城。公元1—2世纪进入全盛时期。后来古城依然留存，留下众多的罗马古代遗迹，新城和古城并存，交辉互映。比利时居尔韦尔在《罗马时光》一书中写道："罗马，什么都得从远处看。"从远处看，就是历史。

罗马著名的景点之一，就是许愿池，又称少女泉，是个大型的喷水池，教皇十二世于1762年下令建造。喷水池后面一座圆柱、拱门建筑物，造型美丽壮观。喷水池层层倾泻而下，中央主体雕塑是海神骑马的造型。两旁塑着不同形象的水神：一是驾驭烈马自如的水神，另一是驾驭不好战马的水神，一动一静，形成对比。据说设计时征求了200多个方案，最后采用了这个有创意的方案。池水中积着许多游客投下的硬币，只要人们在此许愿，从背后投硬币入池，无论你走到多远都能重回罗马。许怀中一行都按规定姿势投币，但何时能重回罗马，那就不得而知了。只记得这里曾是《罗马假日》影片外景之一，而且想起"条条道路通罗马"的话来。

罗马富有历史性的地方之一是议会中心，即元老院，系2000年前恺撒纪念堂。恺撒大帝出身贵族，能言善辩，具有军事才能，系历史上"前三大巨头"之一，他能支配罗马政府，后来征服了莱茵河到比利时卑斯山之间的全部高卢大地。他又两次入侵不列颠，不仅军权在握，而且财力雄厚。恺撒不顾命令，带军渡河，直驱罗马，取得政权。元老们不甘心失败，在元老院会议上把恺撒刺死。罗马的神庙，都带着浓浓的神话传说色彩。

罗马，处处是历史，遍地是遗迹。给许怀中留下最深刻的印象，还是那古罗马斗兽场。斗兽场只残留下一堵三层圆形围墙。圆形的拱门并排着，它是世界上八大名胜古迹之一。许怀中在附近书摊买了一本画册，从中得知它建于公元72年，是罗马的象征。斗兽场是一个椭圆形的露天剧场，有地下通道与外界相通，设有休息室，可容纳5万观众。现围墙半壁已残，看台保存完整。这个宏伟的椭圆形建筑，用了10万立方米石料和用来连接条石的300吨铁扒钉。底层80个大型拱门为出入口，编有序号，观众从大拱门进入场内，再入拱廊下的160个小拱门，然后到达座位。昔日，场地一侧矗立着尼禄皇帝巨大青铜镀金雕像。他死后，被换成阿波罗太阳神头像。场内露天，地面是木制的，上铺沙子。

观众席位严格按照等级，分成了三个区域，一层为观众看台，二层主席台，三四层是观众站着的看台。特殊阶层占据优等席位，可免票入场。下两层一层关着囚犯，一层关着野兽。斗兽时，野兽从地下室放上来，从特殊踏板进入出入口，来到台上。据记载，有一次举行斗兽表演时，放入百头狮子，吼声震动整个斗兽场。角斗士通过一个地下通道，从附近训练营直接插入，和野兽搏斗。当时观看囚犯和野兽生死存亡、惊心动魄的搏斗场面，观众们该是何等的心情？！如今留给后人的只是历史的幽思。在斗兽场旁，留下古罗马废墟，三根高高的圆柱支撑着一块残存的墙壁，虽柱基犹存，然一片荒凉，谁能料到此处曾是罗马帝国时期的政治、经济和社交中心，系恺撒大帝于公元前44年所建造。19世纪被发掘时，只剩下这片断壁残垣。许怀中不时碰到考古人员正在工地上挖掘古迹，让人们目睹罗马更多的历史。罗马，留给许怀中的是历史的沧桑感。

别了，罗马！

2006年在意大利举办的中国文物精品展，掀起一股"中国文化热"，"展览为意大利人民加深对中国的了解开启了一扇窗"。最近成立的意大利第一所孔子学院，又是向意大利展示中国文化的一个"重要平台"，当地人认为与中国的友谊扎根在意大利最古老的历史中，两国人民都是光辉传统和悠久历史的传人。由此，许怀中想起2005年访问意大利，探寻西方悠久文化史迹的情景。他们从威尼斯开车到意大利文艺复兴的发源地佛罗伦萨，它在历史上曾是一个独立的国家。先在旅馆安顿下来，便回到路过的比萨看斜塔。

看完斜塔，又回到佛罗伦萨，它位于意大利中部，又称翡冷翠。一说是徐志摩把它译成此名，更有诗意。徐氏确曾于1925年写了《翡冷翠的一夜》。这是一个弥漫浪漫古雅气息的城市，公元前1世纪是古罗马的军事要塞，14世纪成为文艺复兴的摇篮。行走在大街上，满眼所见，都是古色古香的圆拱顶建筑。广场上的雕像、街道、桥梁、教堂、花园、高塔，似乎都散发出艺术的芬芳。许怀中参观了圣母之花大教堂，内有米开朗其罗80岁时还未完成的作品《悲叹圣母像》。教堂是这个城市的标志性建筑。沿着460多级石阶，登上圆顶，可俯瞰市貌。

市内的市政厅广场，竖立着大卫的高大塑像，表现出男性健壮的体魄、勇敢、自信，神情自若，动感很强，健美的力度很足，不愧为艺术大师米开朗其罗的大手笔。乌菲齐美术馆，内有达·芬奇的塑像，收藏10万件艺术珍品，多为14—18世纪的作品，如达·芬奇《告知受胎》，波提切利的《维纳斯的诞生》等，都是瑰宝。

观看了这许多历史文化遗产，想起文艺复兴时期诞生的一个个艺术大师。达·芬奇便出生于佛罗伦萨的附近，他是伟大的画家，又是雕刻大师，集音乐家和诗人于一身，他通晓生理学、物理学、教育学、地质学、天文学等，同时，又是建筑师和工程师，真可谓是个罕见的天才。

然而天才并不是脱离现实的"超人"，他的画立足于对现实的观察，一反流行的内容神秘的宗教画，画出了活生生的形象，创造了叛徒犹大的典型形象。他的《蒙娜丽莎》画的是佛罗伦萨一位富有的妇女市民，她的两眼别具神采，口角含着微笑，体态端庄，显示出青春的活力，这幅画用了4年画成，成为传世力作。

拉斐尔虽不是出生在佛罗伦萨，但也来过这个城市，受着人文主义思想的熏陶。他笔下的圣母和耶稣，温和可亲，栩栩如生。他还参加过罗马圣彼得大教堂的设计。

在这里追寻人文主义精神的历史踪迹，不能不想到"人文主义之父"

彼特拉克的学生和友人——佛罗伦萨人薄伽丘，他著名的作品《十日谈》，以诙谐的笔调，刻画出天主教会的黑暗，教士的腐败，揭露封建贵族的贪婪和商人的欺诈。那时，人文精神远播欧洲，英国莎士比亚也受到文艺复兴的影响，他的剧本洋溢着人文主义精神，喜剧《威尼斯商人》就是这样的作品。

文艺复兴并不是简单地抄袭旧文化，而是一种文化创新，许多学者以希腊、罗马文化为武器，向封建意识形态开炮，开始以人为中心来观察问题，以人性代替神性。文化创新，是文艺复兴带来的清新空气。佛罗伦萨诗人但丁，是文艺复兴的先驱先觉。诗人彼特拉克是文艺复兴的奠基者，他倡导用"人的学问"来对抗"神的学问"，建立以人而不是以神为中心的世界观，被称为"人文主义之父"。之后的许许多多的文化精英，以艺术、爱情享受来代替禁欲主义，他们相信自己的创造力，不相信神赐的力量，强调人生不应该消极遁世，而要积极进取，这种新思潮，被称作"人文主义"。这股新鲜的文化之风，影响着欧洲和全人类，风源便来自意大利佛罗伦萨。如今，东西方文化交流日益频繁，意大利也在感受着中国文化的魅力。

19. 欧洲路景，别有韵味

2005年秋，许怀中应邀访问德国，走访了法国、意大利等8个国家，前后20天。在欧风西雨中奔波，许怀中一行3人每天平均行驶300公里，最长的一天跑600公里。所经的主要是高速公路，当然也有城市的街道、马路和乡村的林间小道，领略着一路不同的景色。德国法兰克福，小车在高速公路上平稳地奔驰，郊外林木茂盛，小山坡上葡萄架接连成片。两岸葱郁的树林，那红色的榉树叶，真是胜过二月花。异国古镇的风情，别有韵味。

从德国科隆到荷兰阿姆斯特丹，高速公路两旁都是密集茂盛的树林，排成绿色长廊。驾驶员座旁插着卫星导航系统小电器，准确指向目的地。进入荷兰境内，眼前出现一片平原，路边的风车，田园的风光，组成一幅异域民俗画。过马路时，遇到红灯，发出一阵急促的响声，开绿灯时的音响徐缓,这是为盲人服务的信号,马路的人性化,也是一种路景。

  从比利时的布鲁塞尔到巴黎,高速公路两旁树林的色彩斑斓,赤橙黄绿青蓝紫,丰富多彩,使人感到欧洲的树都是风景树,给旅客以无限美的享受。一路所见,都是平原。进入法国,路两旁都是一片绿地。巴黎街道交叉成 X 形,街道旁形形色色的建筑,优美的园林,雍容华贵的商店装饰,琳琅满目的雕塑。在街头巷尾,时时可见一对男女在接吻、拥抱,故它又被称为浪漫之都。这是别具一格的路景。

第五章

走南闯北　神州漫游

1. 彩云之南，美好记忆

　　2007年榕城之夏正是热浪滚滚的酷暑时节，连续创造高温纪录。许怀中向往那凉爽的云南，阔别十载的怀四姐姐，早就邀请他去开远做客。许怀中和妹妹也早就想去那里住一段，又可同游风景秀丽的大理、丽江等名胜古迹。7月底，从长乐机场飞抵昆明，许怀中姐姐和她的儿女到机场迎接。经过昆明大街，不时见到"七彩云南"的标语，不禁想起在高原的云南曾拥有"彩云之南"的美称。海拔约1900米、四季如春的春城昆明，有人从日月同辉的词语中，演绎成昆明有与太阳和月亮比明亮之意。这座城市的名字不仅美丽，而且蕴含着理想和抱负。凉丝丝的春城，和榕城恰成截然不同的两个季节。

　　许怀中先住在姐姐儿女在昆明购置的环境优美的楼房里，等待即将从欧洲访问归来的外甥吴许。许怀中和姊妹参观昆明世界园艺博览园。走进园区，以不同颜色花卉组成的不同图案、五彩缤纷的花圃，以世界上最丰富的色彩和美丽迎接客人，令游人置身于鲜花的海洋之中。登上几十级石阶，进入中国馆，屏风浮雕着独特的人物造型，展示出地方浓郁的风土人情。这个博览园，她的"博"使你眼花缭乱，目不暇接。在标志着我国各省市特色的园、院中，许怀中看到具有闽南庭院特色的福建生态园和保平安的"妈祖阁"。除国际园外，又有世界各国各具特色的馆园。这个园艺博览园，已闻名遐迩，成为昆明的名片。

　　外甥访欧归来，多年不见，变得壮实，脸色红润，已是云南最大工厂之一的开远水泥厂的总经理了。许怀中和他们一道回开远,在弥勒县用午餐。到开远,雨已停。一看,水泥厂已大变样。20多年前,许怀中从厦大到昆明开会,姐夫把他接到开远。如今依然住在厂内宿舍,亲人相聚,说不完怀旧话语。姐姐已离休20多年,年近八旬,坚持运动,是武术活动的带头人。她刻苦钻研太极拳,诲人不倦,热心当教练,所带的团队参加比赛屡获大奖。她无私奉献,从不讲报酬,其先进事迹,曾被多家新闻媒体报道过,堪称广大离退休人员的楷模。

云南此时正值雨季,雨中许怀中和姐姐家人乘车同游大理,下榻于苍山饭店,天已暮。新结识的热情歌唱家吴云女士,从昆明回到她母亲的故乡大理,带他们到一家餐馆吃麻辣的海鲜。晨起,雨声依然淅沥。幸好上午是乘游船游览洱海。游船可坐500多人,他们在5楼包间,边看《五朵金花》电影,边品茶。游客还聚在大舱里品味"三道茶",观赏白族歌舞。舱外苍山绵延,领略"苍山洱海珠联璧合、相互辉映"的风情。据载,大理在唐宋时期先后建立"南沼园""大理国",历史悠久,山河秀丽,拥有独特的旅游资源,被海内外媒体评为"东方日内瓦"。岸边白族民居,一般只二至三层的白墙屋子,别具一格。游船有时停靠风景区,到南诏岛停下,让游人上岛游览。此刻天渐开朗,水变绿,山变青,观山望海,可谓"苍山不墨千秋画,洱海无弦万古琴",进入如诗如画的意境。

在周城白族村用过午餐后,参观大理民居,在二楼客厅品茶。此地的旅游和品茶结合,已蔚然成风,况且是古代茶马古道必经之地,自然茶香四溢。来到大理,非观赏"蝴蝶泉"不可,它紧贴周城。大理多情雨,依然缠缠绵绵,许怀中游兴有增无减,撑伞步行去"蝴蝶泉"。据载,徐霞客曾来观赏过蝴蝶一串串从树上垂挂到水面的奇观。花香鸟语,可谓"流连戏蝶时时舞,自在娇莺恰恰啼"。如今虽只见泉,不见蝶,但可想象那时蝶舞莺啼的美妙。乘兴雨中涉水到大理崇至寺三塔文化旅游区,此乃佛教圣地,可得"崇圣礼佛,和美人生"。出寺已暮色苍茫。

离开大理赴丽江,天已放晴。沿途绿色的田野,绿色的茂林,绿色的水波,天地间一片绿。进丽江坡关,雾茫茫。主人安排许怀中一行宿于古色古香的"上官府邸",小楼背靠狮子山,凭窗遥望名胜玉龙雪山。酒店装修以朱红金色为主,五彩龙凤绕梁抱柱,雍容华贵。亭台楼阁,檐角飞壁,错落有致的纳西族风格庭院,怡然自得。逛小街进小店,是丽江多元文化博览会之一角。丽江古城处处是水,在行人熙熙攘攘、摩肩接踵的小街，水渠纵横交错，水流穿街过屋，踏在石板铺砌的地面上，身旁两侧小店铺接连不断，出售多种民族服饰、工艺品、茶叶、首饰，风格各异的酒吧、餐馆、茶艺小楼……透露出一派繁华景象，犹有骑马逛街、逍遥自在的外国人，在喧嚣中掺杂着一缕闲适。

步出这条小街，走入四方街广场。四方街纳西语称"芝滤古"，意为街市中心，古城中心。它一直是滇西北最大的贸易集市。以四方街为中心点，向四面辐射出4条街道，每条主街，又交叉出几条巷。站在这里，恍如进入古城心脏，把握住城市生命的中枢，听到古城均匀、平和的呼吸，和那街道上一片人声、鸟声、流水声融汇。许怀中一行便又走进另一条不同风格的小街，这里小桥流水，茶坊、演艺吧、小吃店前挂着一长串红灯笼，飘逸着和闹市迥异的休闲韵味。

又是一个晴空万里、阳光普照的日子，正是郊游的好时机。驱车到玉龙雪山脚下，满眼是绿幽幽的草地。山峦起伏，玉龙雪山，气势不凡，主峰扇子陡，海拔5596米，是座尚未被人类征服的处女峰。仰望高山，情不自禁地咏起"飞起玉龙三百万"的诗句。

从玉龙雪山下到"玉水寨"，只见高竖着一座世界记忆遗产东巴古籍文献纪念碑，顶上塑着大鹏鸟图腾。这里的泉水被称为"神泉"，冰清玉洁，晶莹剔透。上山到展演厅看表演，展示了纳西族民族风情。有纳西族文字介绍，它是世界上唯一活象形文字，共有2000个字（词），已被列为世界记忆遗产。纳西族崇拜祖先，敬畏自然，以此为核心的东巴教是纳西族的原始宗教。玉水寨是世世代代纳西族祭自然神、祭天、祭风、祭玉龙山神的宗教场所，是一年一度纳西族地区的东巴法会地。玉泉不仅是原生态纳西文化保护区，又是纳西东巴文化保存最完整之地，成为古纳西族的经济、文化中心和宗教圣地。玉泉寨的"三叠水"是丽江坝水系的源头，养育着世世代代的纳西人，由此形成丽江文化和水系的源头，世人赞誉玉水寨是纳西族文化之源和丽江水系之源。

倘说参观玉泉寨，可以寻找到一把了解丽江文化的金钥匙，那么游览了木府，便是翻开纳西族的半部史书。这座纳西族木氏土司的衙署，经历元、明、清三代22世470年的古建筑，被认为是"一座土司府，半部民族史"。这座近年重修完整的府院，自三清殿至石牌坊，中轴线长360米，有玉音、光碧、护法、万卷、议事诸幢，占地46亩，布局巍然，建筑群体坐西朝南，"迎旭日而得木气"。大旅行家徐霞客称其"宫室之丽，拟于王者"。府中的楹联："凤诏每来红日近，鹤书不到白云闲"。木牌坊上大书"天雨流芳"，乃纳西语"读书去"的谐音，耐人寻味。重修这座木府，返璞归真，保存明代府宅建筑之真谛，线条流畅，兼得中原江南风味，庄严厚重，既与古城融为一体，又具王府之气派，故云"不到木府，枉到古城"。有趣的是，丽江古城是我国历史文化名城中唯一没有城墙的，传说与木府大有关系，因筑城势必在木字加框而为"困"，故然，有大自然和谐统一的文化内涵。丽江自古是滇、川、藏交通要冲，茶马古道的重镇，是中国通往东南亚、南亚的南方古丝绸之路必经之地，她以玉龙雪山为背景，以水为灵魂，街巷民居建筑，小桥流水，曲折有致，高低错落，形成多元文化的象征，成为"中国优秀旅游城市""全国文明风景旅游区"，又列"中国最令人向往的10个小城市"之首，"地球上最值得光顾的100个小城市"之一、"欧洲人最喜欢的旅游城市"之一，丽江头上戴着种种桂冠，得助于独特的自然景观和富有民族特色的人文景观。

离开丽江前夜，许怀中观看了一场大型民族服饰、民族风情舞蹈诗画"丽水金沙"，有"棒棒会""火把节""走婚""殉情"等丰富多彩的节目。他在昆明机场和亲人们依依惜别。云南之旅，给他留下难以忘怀的美好记忆。然而，"彩云之南"固然秀美如画，但那亲情的美丽，绝不会比大理、丽江逊色。

2. 河源风情，良宵难忘

时值盛夏，傍晚，暑气犹未消。许怀中从长乐机场飞抵深圳，河源市成人教育中心创办人何君开车来接。夜行车，看夜景，颇感惬意。经惠州，灯火阑珊，不禁想起苏东坡曾被贬到此地的一段历史。据《林下词谈》说，东坡在惠州时，曾命朝云唱他的《蝶恋花》词，"朝云歌喉将啭，泪满衣襟"。苏问其何因，朝云答道："奴所不能歌，是'枝上柳绵吹又少，天涯何处无芳草'也。"她受苏词感动至深。他在惠州写了《西江月·梅花》，下阕是："素面翻嫌粉涴，洗妆不褪唇红。高情已逐晓云空。不与梨花同梦。"据《兰斋夜话》说，当时侍儿朝云新亡，这首咏梅词实际上是借物拟人，歌颂朝云的高洁。在清空灵隽之中寓以无穷哀痛。到河源，夜已深。下榻东江宾馆，见江水苍茫。

来到河源，许怀中有一个意外的收获：多年前读过古典小说《镜花缘》，未注意其中所写百花仙子降生地，此次方知就在河源。重翻《镜花缘》，写道："那百花仙子降生在岭南唐秀才之家，乃河源县地方""话说这位唐秀才，名敖，表字以亭。祖籍岭南循州海丰郡河源县"。《镜花缘》的作者李汝珍，和外国的歌德、中国的文学家纪晓岚、袁枚、姚鼐、龚自珍是同时代人，他并未来过河源，选择河源为百花仙子从天上下凡此地，可以推想当时的河源该是百花争妍、名闻遐迩的花乡。距城六七十公里的紫金，是孙中山由闽入粤始祖的开基地。就凭这两点，就不虚此行了。

主人陪游距市区六公里的万绿湖风景区，它与肇庆的昆湖山、云南的西双版纳齐名，被称为北国回归线上"沙漠腰带的东三奇"。因地球的整条北回归线带，几乎全是沙漠或干旱地带，仅有这三处得天独厚，拥有绿色。列入第一个五年计划重点工程之一的河源人工湖新丰江水库建成，使这个城市逐渐变成新兴的旅游城市，"十里绿水长廊"，是一道吸引游客的独特风景线。

游艇在碧湖中游荡。先把他们带到湖中心，登上龙凤岭，粤港青少年曾在此种下"回归林"的1997株树和广东各市市花。少数民族风情舞蹈表演，给游客增添了多少情趣。许怀中一行五人，坐在大厅里，表演者一会儿歌唱，一会儿跳舞，一会儿扮演少数民族婚礼，邀请老张去扮"新郎"，老张不好意思而"拒婚"，只好另邀位女游客上来扮"新娘"，她虽坐在轿里，但没有化妆，逗得大家乐了一番。镜花岭是根据《镜花缘》中的描写，在湖区建设的一个引人入胜的景点。这里"八景"，从不同角度领略万绿秀色，想象那《镜花缘》里"镜花水月"的意境，流连忘返。上了万绿湖的"水月湾"，别有一种风情。取了《镜花缘》中"水月村"之意，在湖东北面栖梅村的迭石山边的湖湾，造了这个景点，突出和营造了闲情和柔情。这里流传着民间传说：孔雀择婿。而在景点动工时，恰巧掘出一个酷似孔雀的树根，平添了几分神秘色彩。半月造型的雕塑，旁写："但愿人长久，千里共婵娟"。许怀中驻足于此，心中回荡绵绵情意。在"浔月茶轩"品茗，沐着清新的湖风，观着水月湾里的戏水、千种"水月风情"。许怀中只游了万绿湖的一条风景线，就花去多时。此外的桂山十八里花溪、奇松岛上的奇树、伏鹿岛上的珍稀动物，只好待来日观赏了。此处风景独好，而这里水源的优势，将随着时间的推移而更充分发挥。当想到人类面临着严重缺水的危机，而我国又是世界上缺水国之一，人均水源不足世界人均水量的四分之一，随着工农业的发展，水的需求量将直线上升，到那时河源万绿湖的储水，将成为人类的财富。

告别河源前夜，主人请许怀中在江畔的龙津酒楼用餐。龙津往昔是繁华地带，有诗云："龙津之渡晚嘈嘈，两岸归人不绝号。"在这新丰江与东江汇流处的酒楼，凭窗望江上烟波朦胧。因新丰江挨着水电厂大坝，电厂发电时流出的水冷，与市区气温反差大，早晚常常形成满江烟雨苍茫景致。酒楼可望138米高的河中喷泉，据说是亚洲最高的喷泉。绿灯、红灯五彩缤纷；乐声"步步高"随着喷泉回荡。江边有垂钓者，对岸灯火映入江中，把江水染成五颜六色。河源市区原称槎城，因建在新丰江三面环水处像一座竹筏的形状而得名，又有"水中城"之称。古时有位文人概括其特征，出了上联："双城双塔双江水"，下联待对。双城指上城和下城，新老城隔江相望。双塔系龟峰塔、燕石塔。双江水即新丰江与东江。同来的老张一时兴起，命各人赋诗一首。许怀中年轻时只写新诗，未及学习古体诗，至今后悔莫及。在这场合，只好赶鸭子上架，逼出一首："良宵美酒双江楼，新丰东江烟波柔；泉音灯影迷醉客，河源万绿情意稠。"老张赋诗："暮色苍茫惊龙泉，雨丝如花洒满江；今夜朋辈畅饮处，满怀情意歌河源。"虽是即兴而作，但还算多有意境，也聊作答谢河源主人之盛情厚意。出酒楼，夜色浓重，双江静静地入睡了。良宵难忘。江滨大道江风轻柔，树影婆娑，花香清幽。此情此景，令人销魂。百花仙子故乡风情，令人回味无穷。

3. 京西会友，一轮明月

往年长期在高校执教，去北京的机会极少。那时，北京在许怀中心目中格外庄严神圣，心向往之。1973年5月间，福建省文联办创作班在仓前山开班，许怀中应邀参加。《福建文学》创刊50周年特刊上，刊登了这期创作班的照片，令许怀中有点惊喜。当时有位福空的青年女作者，这位女兵是北京人，唱起"北京呀北京……"这歌声更撩拨许怀中向往的心。一个偶然的机会向许怀中走来，厦大复课招收工农试点班，高校一个文艺理论讨论会在大连召开，同往的一位助教的哥哥就在中央民族学院任教，会后他们一道去北京。许怀中在晨曦中车过天安门，激情难抑。住在民族学院的宿舍，初次参观故宫，登长城、游颐园。有一天薄暮在校园散步，许怀中初遇也在漫步的冰心和吴文藻教授。北京初行，犹如一首留在心中的诗。

从书斋到省城，许怀中赴京开会的机会多了，一年少则一两趟，多则三四趟。在那里，除了旧友，新识越来越多。然而每次赴京，总是来也匆匆，去也匆匆，不好约友来，又不便去访熟人。只有一年一度的全国社科会议，会期较长，中学时代的老同学、老乡老黄，一定要来看许怀中，盛情难却。

2002年的全国社科会议，依然在京西宾馆报到。各地来的专家学者，熟人相遇，握手言欢，老先生们总不免感慨岁月匆匆，又老了一岁，又平添多少白发；互相叮咛保重身体为要。彼此交谈学术，交换学术研究信息，有时信口而出，往往也带学术味。许怀中和北大中文系主任温儒敏交谈中，温教授谈起鲁迅在厦门这段生活，可以写成一部十分动人的文学作品。当时鲁迅和许广平的恋爱正处高潮，所写的书信汇编成《两地书》便可说明。那时高长虹也在追求许氏。高君年轻气盛，在年龄上，鲁迅有过自卑感。温教授是研究中国现代文学的专家，这一番话很有意思。

许怀中想起鲁迅在给许广平的信上，确实曾经表露过这种情绪："我先前偶一想到爱，总立刻自己惭愧，怕不配，因而也不敢爱某一个人……"

这里的"某一个人"自然指许广平。但由于高君太过气盛，以太阳自比，把鲁迅比为夜，而许氏是月亮。鲁迅便在厦门大学冷清的石屋里，写了故事新编《奔月》，和高君"开一些小玩笑"。如作品中的羿，误射死了老婆子的鸡，老婆子骂道："瞎了你的眼睛！看你也有40岁了罢。"羿回答："是的，老太太。我去年就有45岁了。"鲁迅那年45岁，就是高长虹一篇攻击鲁迅文章里的话。许怀中想鲁迅当时，已是闻名遐迩的名人了，而在爱情上，也曾有过"不敢爱"的心态，即是温教授所说的"自卑感"。当然，鲁迅毕竟是鲁迅，当他看清了对方的言行思想的内幕，"便使我自信我决不是必须自己贬抑到那么样的人了，我可以爱！"(《两地书·一一二》)鲁迅在厦门的这段生活和心路历程，虽然短暂，但却有它独特之处。许怀中在厦大主持编写的《鲁迅在厦门》一书，却远远没有表达出当时鲁迅的心情。

  这次会议刚结束的当天下午，老黄请许怀中去北京烤鸭店共进晚餐，这也是去年吃饭的同一家店铺。去年会议结束得早，他们下午3点多钟就来了，店门未开，便坐在附近广场长凳上聊天。老友相会，总不免叙旧，也海阔天空，无所不谈，直到开了店门、烤鸭飘出香味之时。今年来得晚，他们"直奔主题"，边吃烤鸭，边叙旧、抒乡情。许怀中素不会喝酒，性情豪爽的老黄，自饮啤酒，一杯又一杯，乡情比酒更浓。

  在色彩缤纷的华灯下握别，许怀中回到京西宾馆东楼23层客房，拉开窗帘，见天上一轮明月，对面中央电视台高楼平顶塔尖，直伸高空。相隔一箭之遥的军事博物馆楼台尖端的圆徽，明晰可见。两楼之间的街心公园，树影婆娑，花影重重。北国的春夜，如此纯厚而宁馨。说来真巧，许怀中来京城，往往遇见明月当空，月华如练。几年前，宿于京西宾馆西楼，皓月窥窗。想起上次全国文代会，就和丁仃同宿东楼，不幸老丁已仙逝，思之黯然神伤，后写了散文《月满西楼》。今夜对着明月，不禁有"古人不见今时月，今月曾经照古人"之感慨。

4. 湖上望月，勾月如眉

  夏夜，有机会在北京颐和园昆明湖上赏月。那年北京上半年会议，一般推至下半年召开。国家社科基金项目评审会，从4月延到8月初。这个会议，每年都在京西宾馆报到，大楼斜对面是中央电视台和军事博物馆，围墙围住一个广阔的大院，还有个花木扶疏的后花园。各地来的专家学者，下榻在旧大楼西楼，前两年因旧楼大装修，改宿新建的东楼。许怀中倒喜欢西楼，说来也巧，住在那里，都逢明月当空，在月色撩人中走近往事，便生"月满西楼"的文思。这次又宿西楼九层，单人间，自由自在。这样的会议，很紧张，开得够累的。往年大礼堂放电影，还可以抽空去看，如今与电影绝缘，都不放映。参加会议同组的人大中文系陆贵山教授，给全组发了该校中文系的邀请函，措辞诚恳而又客气："多年以来，先生始终对我系学科建设予以支持，我们感铭在心。谨借先生来京开会之机，于昆明湖聊备扁舟清茶，诚邀先生一游。如蒙拨冗，不胜荣幸。"许怀中一行的成员，虽有退有进，大家从天南地北相聚一处，实属难得，关系融洽，尤其是忙里偷闲，去游未曾夜游过的昆明园，倒是一个不缺地准时上车。

颐和园和昆明湖，许怀中虽曾游过多次，特别是16年前脱产进京学习，校舍便距这名园一箭之遥。清明节过后，天气乍暖，一夜之间，花开满校园，便和挚友于晚饭后从颐和园后门进去，在园内漫步一周。那时游人散尽，游客鱼贯而入、熙熙攘攘、擦肩相拥而过的嘈杂环境，已变成一片清静，昆明湖在暮色中静若处子。这时似乎可独享皇家园林之风光。许怀中那时心想：如果能在此时泛舟昆明湖，那就别有一番逸趣。这虽谈不上"美梦"，十多年后倒也成真。在清王朝衰落之时付出多么惨重的代价，建起这个闻名遐迩的颐和园，之后成为开放的旅游热点。

如今又出了新招，可租条游船，夜游昆明湖，可说是这旅游点的出新。登上游舟，暮霭已弥漫湖面。主人殷勤招待，中间长方桌上，摆满水果、瓜子、小碟，清茶飘逸着一丝芳香。湖风轻吹，岸边垂柳飘柔，湖波微泛，远处林影下绿灯映照得树木更加翠绿。中途靠舟，上堤步行，堤上阁楼迎面而立，漫步在清乾隆年间修建的"练桥"石径上，柳丝如玉人纤纤素手，轻抚行人面庞，时暮霭渐浓，夜色漫浸，近景、远景，也都朦胧。荷塘中的荷花，如初睡的美人。许怀中想起古人爱花的雅兴："只恐深夜花睡去，故烧高烛照红妆。"可惜手中无高烛，否则可照看"睡美人"的风姿。

许怀中此次来京，虽未遇上当空皓月，可在湖上见天边勾月如眉，如秀眉的纤纤月，更有柔情寸寸。新月下在湖上柳堤漫步，和同来的学者们闲聊，听听他们的高见，荷塘月色，并不孤独。听到北大中文系温儒敏教授说：人生难得半日闲，"闲"才能出好作品，现在作家太浮躁，写不出好作品。这话颇有意思。随着改革开放新风吹拂，"休闲"在人们日常生活中渐渐成为时尚，假日进公园园林，假期游名胜古迹，近年旅游诗文方兴未艾。在外国，"休闲"更是时髦，美国《纽约时报》刊登文章说德国人爱休闲：晚上柏林就像一个延绵不断的露天咖啡厅，从沉静的老西城到摩登的东城，每个人似乎都跑到户外解决早中晚三餐了。德国人的工作时间比任何一个先进工业国家都要少（前西德每年工作时间为1557个小时；法国1605个小时；英国1693个小时；美国最多，1900多个小时），文章说："德国人当然不是懒虫。诚然，休闲问题的确突出了德国人的一些特点,不过事实上这也是所有欧洲人的特点。"对很多欧洲人来说,假期不仅是工作中休息,还是工作的目标。许怀中想,如果把"闲"不作为一种脱离生活、隐逸世外的遁世,而作为一种沉静下来的心态,这心境往往能造出一种高雅的意境,和浮躁、急功近利、功利主义、百无聊赖无缘,而是人生繁忙中难得的"半日闲",这"闲"却蕴含着许多文化底蕴。我国古典诗词中,留下许多写"闲愁"的名篇。北宋词人秦观,游西施故里苎萝,凭眺古迹,"泛五湖烟月,西子同游。茂草台荒,苎萝村冷起闲愁"。尤其是中国目前的"休闲",更多的是为了新的"忙碌"、新的"创造"。

回到舟中,许怀中细细咀嚼"闲"的滋味,忽见月牙隐在亏翳而又露出云端。今夜正是"七夕"前夕,明晚是牛郎和织女相会的"七月七日",秦观的《鹊桥仙》不禁泛在心湖:"纤云弄巧,飞星传恨,银汉迢迢暗度。金风玉露一相逢,便胜却人间无数。柔情似水,佳期如梦,忍看鹊桥归路。两情若是久长时,又岂在朝朝暮暮。"

夜泛舟昆明湖,心湖并不平静……

5. 婺城风韵,情系婺州

情系婺州。这些年来,许怀中和金华、义乌结下不解之缘,每年都随着著名书画家义乌高清(吴进)等"放怀"艺术家去八婺采风,已连续10多个春秋。书画家留下书画作品,许怀中则把浓浓的金华情留在散文里。去年岁末年终,他又接到金华市的领导、老朋友的邀请,荣幸地再次沐浴到浙中沃土上的春风。

火车到金华站已是午夜,主人接许怀中一行到望江饭店。这是许怀中1996年访金华时下榻过的地方,他在散文《浓浓金华情》中曾记述:"到望江饭店门口,那盆景中的市花——山茶花开得红艳艳的。"此次,更值饱览婺城茶花文化风采的好时辰。

次日,先参观施光南音乐广场。这是一个很有气派、文化气息很浓的音乐广场。徜徉在宽阔的广场上,虽值隆冬,却有一股暖流涌遍周身。金华如此重视文化、尊崇文化名人,令人感动,也足见其远见卓识。接着，在市委常委、宣传部部长杨守春同志的陪同下，许怀中一行参观了"中国茶花文化园"。杨守春还是国际茶花协会副会长兼中国区域主席、中国花协茶花分会会长。这座文化园是为迎接2003年国际茶花会议暨中国（金华）国际茶花节的召开而兴建的，位于市区西南的大黄山公园内。巧的是，杨部长当时是分管城建的副市长。

进入园门，迎面尚可见诗人笔会留下的巨幅会标，提示人们，这里举办的活动是带有国际性的。据介绍，茶花盛会有来自30多个国家和地区的300多位外宾，参加会议活动总人数达83万人次之多。各项活动都紧扣鲜明的"茶花"主题。金华的茶花栽培已有千年的历史，目前，其茶花产业位列全国之首。在竹马乡的国际山茶物种园内，有204种茶花植物，占全世界254个物种的85%以上。所以，金华被誉为"中国茶花城"，市内的婺城区是中国农业部命名的"中国茶花之乡"。茶花文化园面积达36公顷，园内的茶花自然景观，令人叹为观止。沿着曲径迂行，只见每株茶花下都有精美的标牌，标出各种茶花的花名：金茶花、大红金心、朱砂红、金盘荔枝、白嫦娥彩、块块洋红片……它们有的含苞待放，有的花开正艳。这里有上千个品种，两万多株茶花、茶梅和茶花科植物，真可谓"茶花大观园"。

园内的茶花文化景观，更引人入胜。它融山水、园林、花卉、建筑、展览为一体。所建的亭、台、楼、阁、馆、塔、池、碑、桥等，都拥有一个茶花的芳名，如学士塔、猴子笑桥、花佛鼎亭、十八曼陀罗花馆、留芳阁、十德碑等。园里的诗墙、亭联、碑刻，都题写与茶花相关的诗文。

那座叫花佛鼎亭的，边上有株茶花像小树，亭有上联："巧穷南国千般艳。"下联："趁得春风二月开。"吴老（吴进）对这副楹联特别欣赏。琼英楼是中国茶花研究会的办公楼，有个茶花史料馆，陈列着茶花会议、活动的照片，以茶花为题材的国画、诗词，该楼的大厅里正展出全国茶花书画摄影大赛优秀作品。

园中漫步，感受茶花所特有的芬芳，领略天下茶花第一园的风韵，品读金华人以大手笔书写的茶花文化巨著，真是赏心悦目，心旷神怡。金华的中国茶花文化园，凸显了茶花文化的品位，升华出茶花文化的精粹。

茶花艳而不娇，傲雪斗霜，具有松的骨气、竹的飘逸、梅的清丽，与松、竹、梅同为"岁寒四友"。她从野生到人工，出苦寒而芬芳，具有很高的观赏价值，我国历史上便有众多文人墨客吟咏茶花，留下许多脍炙人口的诗词曲赋。唐代大诗人李白有《咏邻女东窗海石榴》，写道："鲁女东窗下，海榴世所稀。珊瑚映绿水，未足比光辉。清香随风发，落日好鸟归。愿为东窗枝，低举指罗衣。无由共攀折，引领望金扉。"海石榴是茶花的古名，在李白的笔下，她是水中珊瑚都不能比的、为"世所稀"的美花。当代文化名人邓拓留有《山茶花口占》一诗，云："红粉凝脂碧玉丛，淡妆浅笑对东风。此生愿伴长春在，断骨留魂证苦衷。"邓拓同时写出茶花外表和内在的美，托物寄意，表达"愿伴长春"，即使"断骨"也"留魂"的高尚襟怀。若联系邓拓的身世，这首诗更有耐人寻味的内涵。许多诗文名篇还点到茶花与"春"的联系，邓拓有"长春"之语，唐代诗人温庭筠有诗："海榴红似火，先解报春风。"（《海榴》）当代作家杨朔则说："不见茶花，你是不容易懂得'春深似海'这句诗的妙处的。"（《茶花赋》）茶花"报春""知春"，可谓是其"花魂"之所在。

我国绘画中的茶花，同样洋溢着人文的精神。苏东坡题赵昌的《山茶园》，赞其"岁寒枝"。许多画作都着力展示茶花"雪中葩""冰雪心"的品格。有的把茶花和梅并骈，互为映衬，不畏严寒；有的把茶花与水仙花共图，让茶花带上凌波仙子的飘逸；有的将茶花与松、鹤并画，象征延年益寿，吉祥如意；还有把茶花与竹一处，表现其坚贞气节。

园中小坐，浮想联翩。茶花融汇民风民俗、乡土人情以及文士情怀，形成一种文化形态，随着岁月的流逝，积淀下丰富的内涵，可谓源远流长。她牵系着民族心理、民族精神，具有独特的文化个性、人文色彩，是民族文化宝库中的一份珍贵遗产。

从名园出来，"放怀"艺术家们受到茶花文化的感染，纷纷以书画表达自己的情感。花鸟画家曾贤谋画了国画茶花，吴老挥毫题写"欲夺朝霞"。山水画家张自生在他画的茶花与牡丹的《双娇》上赋诗："丹砂铁骨气清潇，独立群芳自逍遥。莫比山茶花魁好，江山有此二君娇。"画家黄羡以他最擅长的人物画，表达茶花的花魂如美女。画家陈济谋、宋展生、江松、吴桐生、谭瑶、周海都留下了自己的笔墨。画家王来文画了《春韵》，并题："老藤拴得春常在。"画笔生辉，配上连珠妙语，尽显千姿百态的茶花风韵、百媚千娇的婺城春意。

临别前，杨守春同志赠许怀中《中国茶花文化》和《茶花·友谊·和平》等图文并茂的图书，在书卷首，他题写道："中国茶花走向世界。"许怀中以为，茶花文化必然与茶花一道走向世界，成为人类共同的宝贵财富，成为联结各国人民友谊的纽带。

这已是送旧岁、迎新年的时刻。许怀中拉开客房的窗帘，站立窗前，望楼下的婺江在夜色中无语西流，万家灯火，点缀着婺城的夜景，天边一勾新月，星光闪烁。许怀中仿佛看到八婺大地上空金星和婺星交相辉映，金华市花茶花遍地开放，铺展出一幅茶花风韵婺城春的景图，芳香四溢。

6. 蓦然回首，金华放怀

岁之将暮，蓦然回首，将逝这年，足迹、笔迹、心迹交融。春行闽西北，夏至徽山皖水之间，秋与"放怀"艺术家一行赴金华举办书画展暨《放怀八婺》书画集、《放情婺州》散文集首发式，冬回莆仙故里参加在夹漈草堂举行的著名史学家郑樵诞辰900周年活动。时光无声，岁月留痕。

金华情，更难忘怀。闽浙友邻，历史文化源远流长，早在汉代，越王勾践后代无诸，在闽建立闽越国。"汉五年，复立无诸为闽越王"（《史记·东越列传》）。明代中叶民族英雄戚继光在福建沿海一带领兵抗倭，号称戚家军，皆为英勇善战的"金华义乌兵"。地处浙中之金华，自古以来乃为闽浙交通要道，水上航运唐代便十分繁荣，宋室南迁临安，金华地位更加显要。新中国建立以后，金华发生天翻地覆的变化，尤其是改革开放以来，金华商品经济以前所未有的活力，冲破旧的传统农业模式，迅猛发展。社会主义市场经济空前活跃，经济、政治、文化等各方面事业蒸蒸日上，欣欣向荣。义乌小商品市场成为世界小商品市场中心，金华跃入全省地市之前列。

随"放怀"艺术家一年一度到八婺采风，感受到金华历史文化积淀之丰厚，看到金华改革开放的新成就，受到传统优秀文化和先进文化之感染，领略名胜古迹、山光水色之幽美，沐浴着金华如春风之情。许怀中把每次采风所得，化为散文，在报刊上发表，金华市委宣传部为许怀中编成《放情婺州》散文集，市委宣传部杨守春部长认真审读书稿，市委副书记陈昆忠热情作序，都使许怀中感动。一个秋阳明媚的日子，新书在环境优美、造型雅致的黄宾虹艺术馆举行首发式，许多金华来宾围绕过来，把书递到许怀中的面前，有白发苍苍的老人，有系着红领巾的少先队员，有校园的师生……他们一个接着一个要许怀中签名。这是许怀中平生第一次遇到的场面，凝聚着八婺人民的深情盛意。

首发式之后，许怀中和福建省作协主席章武、著名书画家义乌高清等和浙江省、金华市文艺界领导、作家以及学者蒋风教授等座谈，互赠书籍，交流经验。会上，金华文友当场赋诗赠许怀中："放怀十载跃文心，闽水钱江原本亲。月色撩人今夕好，皓然玉兔证真情（许怀中的散文集曾取名为《月色撩人》）。"闽浙文艺界之友情，恰似闽水钱江奔腾不息。

在金华市内参观艾青纪念馆和艾青文化广场等之后，又到武义、兰溪、东阳、义乌等地，虽是重访，又有新的感觉。在武义夜宿新建的清水湾温泉度假区一座小别墅的小楼上，许怀中度过一个幽静宁馨的夜晚。至东阳下榻于有"世外桃源、人间天堂"之称的花木山庄的"芙蓉阁"客房，傍晚在湖畔漫步，湖边的红灯笼和每座古朴小楼两旁一串串红灯笼发出的红光，犹如夜空绽放的一朵朵红花，染得夜色多一层色彩。

在金华的活动，开头和结尾都在风景绝佳的黄宾虹公园内，别有一番风情。杨部长在凌晨把许怀中一行从火车站接到宾馆，又于夜间送他们到火车站上车，几天的活动一直陪同。在晚餐饭桌上一时动情，许怀中便脱口说出："婺江江水深千尺，不及部长似海情。"临别，许怀中下楼在馆内翠竹幽径漫步一回，伫立幽雅的清风楼前，婺江静静无声，岸边霓虹灯划出一条条彩线，倒映江面，金华之夜多么迷人，离情别绪交织胸臆，许怀中陷入思索：为何在金华经济这样发达的地区，并没有因经济不断繁荣而人情淡漠？这大概是得助于文化吧！金华经济发展，促进文化建设。文化的繁荣，又推动经济发展，相辅相成，两者互动，就像是天上的金星和婺星交辉互映，这也算是许怀中10年与金华文化交流所得之一。文化，是照耀人们心灵空间璀璨的明星。

7. 佛堂风采，海棠吐艳

春雨好像提早来到佛堂古镇。正是冬令时节。火车从榕城到义乌站，天刚蒙蒙亮。镇领导打着红布条横幅标语，把"放怀"艺术家一行迎到镇里。

他们走街串巷，走过500多米长的古街。青石板铺成的街道古韵犹存，山南百货、茶楼酒肆、饭店客栈、果铺钱庄，依稀可见。低矮的两层楼，类似看台的栏杆，是小姐看热闹凭靠的地方，有一个雅致的称号，叫作"美人靠"。观看了保留完整的明清一座座古民居，宅内雕梁画栋，许多木雕、石雕、砖雕都是巧夺天工的精品，这里不愧为雕刻艺术的博物馆，是千年古镇留下的艺术珍宝。义乌江流贯佛堂镇，百年商埠的迹象和江南水乡的风情，交织出一幅织锦，交通、商埠、贸易的发达，构成城市文化的新貌。

次日，便下起雨来，一连下了几天，连绵不绝，犹如春雨绵绵，风雨更添书画情。来自福建、广东的"放怀"艺术家，在书画名家义乌高清的带领、组织下，"佛堂书画情"书画展在古色古香、海棠吐艳的吴棋记大院内开幕，举行书画作品、画册书籍捐赠仪式和笔会，金华市、义乌市、镇领导冒雨前来和文化界人士一道，与"放怀"采风献艺的艺术家座谈。来义乌一带采风办展，10多年来虽说是一年一度的活动，但今年不同寻常。它在举国上下欢庆党的十六大胜利召开的喜庆日子里举办，作为庆祝十六大的献礼。它又为佛堂传统节日"十月十"（农历）物资文化交流盛会拉开序幕。

当书画家们正在挥毫之际，许怀中独自上街，汇入市集的人流。来自四面八方，撑着五颜六色、各式各样雨具的顾客，穿行在摆在地上、搭在架上的各种商品摊位之中，临时搭起的儿童游乐园和娱乐场所、小食摊叫卖声、话筒广播声、录音播出的广告声……汇成嘈杂的声浪，透露出古老集市和现代市场的交融气息，也折射出义乌小商品市场的滥觞。许怀中感受到佛堂镇正在加快推进城市化，实现农业现代化，全面建设小康社会的时代气息。一年前，在杭州举办的中国浙江国际农业博览会上，佛堂镇的"功能性红曲米"获优质农业产品金奖，农业逐步走上规模化、产业化的发展道路。镇政府在加强基础设施、硬件建设的同时，重视园区的软件环境建设，大力开展为企业办实事解难题的活动，优质的服务，引来一批又一批实力强、潜力大、后劲足的企业，落户工业园区的企业不断增加，吸引外资，加快发展。一村一品的专业村不断涌现，基本形成以针织袜业、食品加工、建筑建材三大工业生产格局。在这个人口达10万人以上的大镇，朝阳路建设工程、双林示范住宅区、工业园区配套住宅区、扶贫安居工程都在全面启动和推进，为佛堂腾飞打开新局面，向"产业新城，人居花园"的小城市奔去，呈现出欣欣向荣、经济文化迅速发展、商业网络星罗棋布、集市贸易繁荣昌盛的景象。

将告别佛堂的傍晚，许怀中沿着义乌江边漫步，江水西去，雨点飘落水面，泛起微涟。想起像江水一样流传的传说：南朝梁代，天竺高僧达摩云游双林，看到义乌江洪水泛滥，"傅大士"带领民众抗洪抢险的壮举，为之感动，遂投磬于江中，化为渡船，救出百姓，后人感其恩德，于投磬处募建渡磬寺，柱联有"佛堂市兴永千秋"句，便是"佛堂"地名的由来。义乌江虽也有洪水之灾，但却是孕育这里经济文化和人才辈出的母亲河。尤其是明清时期，义乌江带来水运发达的佛堂大商埠，各地商贾云集，知县杨春畅曾描述："佛堂市镇，四方辐辏，服贾牵车，交通邻邑。"（见《万善桥记》）通航、通商带动了工商业的繁荣昌盛，经济发达，兴建民居，考究艺术，留下各种雕刻文化艺术丰厚遗产和建筑瑰宝。义乌江孕育了千年古镇，百年商埠独具特色的地方文化和历史名人，一代抗倭名将陈大成等，是戚继光在义乌招募士兵中的骨干，在明代抗倭中屡建奇功。这里有军事家、政治家和文学家，英才层出不穷，在这孕育着佛堂精英的江边，怎能不思绪万千、心河奔腾？！

如今义乌小商品市场已名闻遐迩，小商品的发源，也许可追溯到佛堂商埠之中，"十月十"传统市贸，有了70年的历史，可想其商贸的源远流长，犹如奔流不息的江水。徜徉义乌江边，联想到刚看过的"情系佛堂"大型时装综艺晚会，世界名模的时装表演和表现佛堂历史和现实题材的节目，从颂歌中窥见佛堂正走向天堂般的明天。

8. 瞻丹溪园，敬仰无比

在元代四大名医之一的朱丹溪义乌故里，20世纪90年代于湖光山色之间，建起了一座占地112亩的园林，以弘扬医学大师精神和民族优秀文化，又成为旅游胜地。在丹桂飘香时节，许怀中一行重访了这座追念先贤医术硕德的圣殿，感受到新的变化。园内亭台楼馆错落有致，竹林幽径，丹桂美蓉，满园飘香。先参观了书画馆，进门处有义乌高清书画家题写的"爱心"书法，馆内展出许多名家书画，如赵朴初、沙孟海、启功、沈鹏等的墨宝。步入"可明廊"，碑刻满目。穿行在石坊碑林、亭轩、苑坛、亭阁之中，瞻仰了朱丹溪陵墓和纪念馆，从中更深了解到这位名列中国十大名医之一的医学大师生平和学派。

朱丹溪学派，以养阴为宗旨，强调保存阴气对人体健康的重要作用。朱丹溪（又名朱震亨）系学派创始人，其学术理论远播海外，尤为日本医学界所推崇，尊称为"医圣"，近年日本人不断来此陵园瞻仰。丹溪先生自幼好学，日记千言，善于声律诗赋。他生性豪爽，"丈夫所学不务闻道，而惟侠是尚，不亦威乎？"而立之年，身边的妻儿、叔伯、弟弟患病，均死于庸医，使他心胆摧裂，痛不可追。在痛定思痛之中，立志学医，攻读医书。后师从著名的理学家朱熹四传弟子许谦，几年后，学业大进。在许谦鼓励下参加科举考试，未中。许谦对丹溪说：他卧病已久，非精于医者不能起之，"子聪明异人，其肯游艺于医乎？"老师所言，正合丹溪学医之志，便昼夜攻读医书，出外苦求名师，登门拜谒太医十往不能通。他日拱立其门，大风而不易，终日不动，终于感动了太医，又一个"程门立雪"的美谈。年余便得名师所授，后行医多年，医术精湛，医德高尚，为人们所推崇和爱戴。他一生布衣素食，甘于淡泊，安贫乐道，著述丰富，有文献记载的不下20多种，部分著作已失。存留《日排格致策论》《局方发祥》《本草衍义补遗》《丹溪心法》等，都是很有价值的医书。丹溪从师许诚理学，对医学观点形成发展有很大影响。他的补阴观点，和理学家对天地阴阳的认识有关。如程颐所说："天地阴阳之道，升降盈虚，未尝暂息，阳常盈，阴常亏。"丹溪以天地阴阳比类人体的血气，认为"气常有余，血常不足"。丹溪苦学医理，结合行医实践，吸收程朱理学合理的部分，始创了朱丹溪学派。

许怀中一行带着对朱丹溪的敬仰之情，徜徉在陵园之中。这里的亭台楼阁，有仿古艺术之雅，砖雕门楼，红漆花窗，粉墙黛瓦，流丽雅致。

林木郁茂，修竹繁密，颇有"绿荫长日护佳陵，处处窗明映几净"的意境。这里的建构，以丹溪精神造就陵园形象，反映名医仁术千秋、德泽广大的风尚，体现高文化品位，达到知识性、历史性、科学性、艺术性交融，以园弘医，以园育德，古为今用，促进精神文明建设，造福于民，已成为闻名的风景名胜区。

丹溪陵园是自筹经费建成，管理人员都是当地离退休老同志。他们自愿来此发挥余热，对游客和参观者彬彬有礼，一边导游，一边热情介绍。主人请他们在"颐寿厅"用午餐，赠送用几十种中草药汇集在一起的粉红色的小香袋，用细红丝挂在胸前。每当你疲劳时，闻闻小香袋散发出的丝丝幽香，便精神振作，倦意渐消，这也许是一种药力所渗透的精神之效应吧？！

从朱丹溪陵园归来多时，这小香袋依然挂在室内，许怀中每当看到它，闻到它的幽香，便情不自禁地回想起当时的情景，精神便为之振奋。

9. 义乌情深，世间真情

流连在大陈镇"中国衬衫之乡"的衣城；曾目睹佛堂千年古镇的风情、"十月十"传统市贸的繁荣景象；又曾瞻仰元代四大名医之一的朱丹溪陵园；还曾怀着沉重的心情访问神坛冯雪峰、苦竹塘吴晗、分水塘陈望道的故居……

从义乌，走向金华八婺。在雨中，亲人小何撑伞登上永康方岩；在金华，登八咏楼、进国家级景区双龙洞，朝拜黄大仙神庙，寻访艾青故居，品味黄宾虹艺术馆的艺术氛围，感受"中国茶花文化园"的茶花文化底蕴，听到施光南文化广场的音乐旋律；在宁波，细读了一回"天一阁"，从舟山乘舟上四大佛教名山普陀山；春雨中，重游绍兴的东湖、禹陵、沈园，重访许怀中曾经住过的鲁迅纪念馆；在武义看山垄秀色，婺学之乡文化胜地明招寺，俞源太极星象村；去龙游石窟探秘；泛游东阳的竹编木雕"艺海"，观看横店的"东方好莱坞"影视城；在兰溪诸葛八卦村领会诸葛亮文化；在浦江吴弗之艺术馆和"书画一条街"感受当地对文化的重视；神游诸暨西施的故里……在婺州"放情""放怀"，放飞情怀。

此行金华，又去武义、兰溪、东阳，最后一天落足义乌。重点参观了义乌国际商贸城，它是从马路市场发展而成的第五代室内小商品市场中心。大学毕业的讲解员刘小姐带领许怀中一行在大楼一层一层地参观，店面井井有条，并不喧闹嘈杂。

归途中，许怀中想起义乌和故乡的情缘，心情久久不能平静。明代中叶在福建沿海一带抗倭的戚继光，带领的戚家军都是英勇善战的义乌兵。那时许怀中的故乡遭受倭寇蹂躏的深重灾难，老百姓不能过太平年，大年初一惨遭倭寇的杀掠，幸存者无不离家出走。如今老家仍有初五过大年的民俗，而且初二不去串门，因那是报凶讯的"忌日"，正是戚继光率领义乌兵平定了倭乱，许怀中的故乡就是当年义乌兵浴血奋战的战场。而每次来义乌，同来的老乡画家黄类都提起历史上有位仙游人在义乌当县令，政绩斐然。许怀中近读史书，发现果有记载：清代雍正年间，进士出身的黄庆云（福建仙游园庄镇人）在义乌当了3年县令，整肃吏治，为民平反冤假错案，行了许多德政，当地民众自发为他建生祠，奉若神明。离任时万民挽留哭送，而他悄然于深夜挂印，从后衙两袖清风归里，途中连路费都不够，只好卖掉一面随身的铜锣。读了这则历史记载，许怀中颇感欣慰：故乡人也在义乌做过好事，可作为义乌兵在故乡浴血奋战历史功绩的一点回报吧。可惜此次在义乌逗留太短，来不及探寻当地人为纪念黄县令取名的"庆云街""庆云路"，只好有待来年。

许怀中又忽然想起：人们往往感慨商品经济社会物欲横流，人情淡薄。而为什么在义乌这个小商品世界中心，在商品的包围之中，并没有因经济上升而人情日趋下降？反之，到处感受到世间自有真情在，这大概是得助于文化之力吧！

10. 探访大元，千年文化

初访大元千年文化村，那是在20世纪90年代初的春节期间。著名的书画家义乌高清（吴进）在故乡（义乌大元村）等许怀中，他和"放怀"艺术家一行在举办吴百朋书画展。许怀中所购买的从福州到义乌的机票，因航班取消，只好改乘到杭州的航班，吴老派车接许怀中到义乌。书画展在吴百朋祠堂举行，群众夹道，用鞭炮和鲜花表达对许怀中一行的欢迎。初访大元村的激情，许怀中倾注于散文《久已向往的义乌》之中。文中写了这样一段话："坐在车上听说大元村近几年经济发展很快。群众在春节期间，有如此高涨的积极性举办这富有爱国主义思想教育意义的群众性、高品位的文化活动，我心里暗暗称道"。文中还引了义乌县志所记载的义乌高清先祖、明代抗倭英雄吴百朋的生平事迹：吴公幼丧母，家贫。明嘉靖二十六年（1547年）中进士，授永丰知县，后任山西道御史，巡抚江北。时倭寇侵逼江苏瓜步，吴公亲率轻骑援救淮扬。傍晚出奇兵三千突袭，大败倭寇，遂解城围。淮扬民感而立"吴公祠"祀之。之后，吴公又在江西一带抗倭，巩固海防。隆兴年间，升北京兵部右侍郎，改刑部侍郎。父丧归，复起，改兵部。因刚正不阿，得罪宰相张居正，告归。万历三年起为南右都御史兼署刑部事。万历五年晋升北京刑部尚书。次年卒于官。后谥"襄毅"。他的高风亮节，正如楹联所表达："为政为人克己奉公传万古，从文从武忠直刚正称楷模。"许怀中在文中还提到"吴百朋曾孙媳妇、才女倪仁吉生前留下的20幅人物肖像画，其艺术和史料价值是难以估量的。"

　　此后，由吴老组织的"放怀"艺术家们每年都在金华一带采风、办展，许怀中有时便下榻于在义乌青口吴老家人所新盖的"翁姓小居"小楼上。2007年10月底，在大元村隆重举行"倪仁吉诞辰400周年纪念大会"，许怀中因忙于参加闽台文化研讨会以及全国文代会、作代会之前要做的事，未能到会，写了一封贺信祝贺，表达了对倪氏的敬仰之情。吴老告诉许怀中：会后将出版纪念文集，嘱许怀中撰文。许怀中曾为吴壁瑛编撰的《倪仁吉的故事》写过序，写道："我对倪氏的文化贡献十分敬佩，认为应当大力弘扬。如今喜读这本书，书的附件中还收进史料，倪仁吉传略、关于保护倪仁吉文化建议，近年出版的关于倪仁吉的书籍目录、美国哈佛大学来大元采风的记载与资料，当地和海内外对这位历史文化名人，集文学家、书画家、教育家、刺绣大师于一身的女精英之重视，令人欣慰。"（2004年8月12日）许怀中又拜读了倪氏《凝香阁诗稿》以及有关的文章，撰写了《弘扬倪仁吉文化》一文，收进倪仁吉诞辰400周年大型的纪念文集中，文中阐明了倪仁吉深厚的文化修养。

　　4月间，许怀中一直在外地奔波，先是到河南郑州参加炎黄二帝巨型塑像的落成庆典、新郑黄帝故里的拜祖大典，接着到洛阳、开封一带参观。后从下京古都到安溪中国茶都采风。一回来就赶忙乘机飞往杭州，大元村的书记、村长吴志江开小车到机场把许怀中接到义乌，和在这里为出版纪念文集、举行首发式的吴老会面。在宾馆刚会面，吴老便送许怀中一部装帧精美、内容丰富的《倪仁吉诞辰四百周年纪念文集》。接过这部封面画着倪仁吉手持小扇、沉甸甸的图书，许怀中立即被它吸引住了。翻开见其中有何少川同志书写的"技艺神妙、绝代才女"和其他多幅题词，有大元文物古迹的照片，嘉庆丙子重刊的《凝香阁诗集》，有倪仁吉的书、画、刺绣珍品的图片，有领导的致辞、大会实录、研讨会发言、论文、散文、诗词、书画等等，可谓五彩纷呈，不愧为一部纪念倪仁吉、研究倪仁吉的有价值的宝书。

怀着崇敬之情，重访大元村，这次可说是倪仁吉文化之旅、千年文化结村之旅。许怀中先来到大元村村委会办公室，这里原来是吴氏宗祠，后为小学校校址。楼下办公室内挂着"乡风文明村""先进单位""先进党组织""义乌市文化示范村"等奖牌。村党支部副书记陪许怀中参观。

沿着完整保留下来的小石头铺的古道，主人告诉许怀中：如今像这样保留古道的村社已经不多了。走过一个亭子，上书"枢密院使"，背面是"至德童"系明代著名书法家罗洪新所书，早在北宋，这里便出了大臣，是千年古村的见证。吴百朋的"尚书第"门前的照壁完整地保留着。"归宗牌"记载着吴氏家族的族史。吴百朋中进士的旗杆犹在。进入吴老所书的"倪仁吉故居"的仰止堂内竖着倪仁吉彩色木雕，她手持诗书，亭亭玉立。

仰止堂上三间楼阁，据说东侧那间便是倪氏的寝室。人们不禁想起，倪仁吉正当17岁豆蔻年华，便从浦江嫁到此处，为吴百朋曾孙吴之艺之妻，夫妻恩恩爱爱，可惜只有3年时间，倪氏便痛失丈夫，一直守寡，她所过的凄苦漫漫的生活，可想而知。"连宵凄雨报清明，恰恰轻寒日转晴。袖拂鹏花应染血，洒浇蔓草总伤情……"（《清明扫墓》）然而，她并没有向命运低头和屈服，而是坚强地活了下去，谱写出多姿多彩的人生。她在"仰止堂"办起书院，亲自授课，培养三个继子成才，精心侍奉婆母，铸就倪仁吉精神文化的光辉篇章。数米见方的小厅堂中，楹联写道："家世东吴三让无称垂至德，衣冠南渡六经有用见真才。"也是明代名书法家罗洪新所出。门前是香草园，倪仁吉生前在此吟诗、散步、种花栽竹、筑圃植中药之地。倪氏号凝香子，留下300多首诗歌，收入《凝香阁诗稿》中，诗中虽弥漫着缕缕凄清、哀伤之情，但也不少清新轻松之作，于60岁出版诗集。正如义乌高清所称："倪仁吉诗歌真情毕露，意境深沉，语言朴实，活泼清新。尤其对乡村民间生活和各种农事活动的生动描摹，是其他诗人（不仅是女诗人）无法企及的。"（《绝代才女举世无双》）倪仁吉故居重修过，但仍保留原来的面貌。据载："尚书第西南，古建一幢，乃明大司寇吴百朋公子京魁大缵初创，后分与季孙之艺居址。

其妻倪仁吉守寡住斯。"在故居百米之遥，尚存倪仁吉招来浦江打井高手挖的一口井，叫作"四井"，长年井水清澈。

徘徊庭院思悄然。离开途中回想她在故居写诗、画画、刺绣、侍婆、教子的活动，令人感佩不已，留下了珍贵的文化和精神财富。主人带领许怀中到七瞳古代民居，这里便是许怀中初访大元时举办吴百朋书画展的大厅，如今村长吴志江已装修完成。这位年轻的村长，对文化事业支持重视。2007年10月31日在这里举行纪念倪仁吉诞辰400周年大会，天井中排满长凳，坐满与会者。周围人头攒动，锣鼓喧天，一派热烈气象，凝聚着村民对倪仁吉的爱戴之情。来到这会场，许怀中想象当时的景象。厅上挂着"承恩"匾额，系明弘治六年兰江章枫山太师所赠。传说章太师当年落难大元，吴氏先祖救过他，帮助过他，他高中后，送来匾额报恩。七瞳已列入文物保护单位。七瞳前面，古有6幢建筑，未保存，有的在抗战中被日本鬼子烧毁。

天已薄暮，参观完倪仁吉故居与古迹，许怀中来到大元村新建的南山农庄小憩。农庄建水库之滨，青山绿水，是休闲所在。坐在茶厅饮茶，见吴老的题字："雨过风留竹，凉回月吐山"（倪仁吉诗句）、"图借青山展，歌兼白云飞"（倪仁吉伯伯吴之文诗句）。在南山农庄附近的旁侧，则是新建的吴百朋纪念祠，昨天午后，许怀中一行曾来祠堂门前种两棵樟树。对面小山丘，满山翠绿，许怀中忽想起陶渊明的"采菊东篱下，悠然见南山"的诗句来。

大元村不仅是自然风光秀丽的村庄，而且有引人入胜的人文景观。在一个村出现史志上记载的两个历史名人：吴百朋、倪仁吉，一武一文，一是驰骋战场、战功显赫的英雄，一是埋头文坛、苦苦耕耘、成就卓著的巾帼，犹如出现在大元上空的两道彩虹。村中遗留下的文物古迹，明清的古民居和古道，积淀下千年的文化遗产。重访大元之后，在许怀中脑海中清晰地显出光辉耀眼的一行大字：大元一千年古文化名村。

11. 徽山皖水，悟史积淀

初夏，许怀中随福建文艺家采风团在徽山皖水之间采风，感受安徽自然和文化景观之佳境。从福州乘飞机飞上海转合肥，下榻稻香楼宾馆。回想23年前，华东高校学报在合肥开会，许怀中作为厦大的代表，曾来此地，参观了包公祠、逍遥津便返，未登心仪已久的黄山，留下一个遗憾。重访合肥，除随团去包公祠之外，还参观市内的名人名馆，馆内展出史前至清朝的50位有影响的徽籍历史名人事迹。人物采用蜡像制作，运用电影艺术手法和声、光、电多媒体最新科技手段，展示其在历史上的伟大贡献，让人深感安徽文化历史积淀之深厚。此外，还到李鸿章故居参观。

从九华山到黄山，由合肥驱车去坐落在池州市的我国名山：九华山。汽车沿着盘山路盘旋而上，两旁是茂盛的竹林和树林，悬崖峭壁耸立在大丛林之一的祇园寺，迎面相望。在海拔6000多米的小盆地内有条九华街，如果把九华山比成一尊凸肚大佛，那么，九华街恰似它的肚脐。傍晚到商店闲逛，大家购买了不少纪念品。街灯明亮，恍惚间，如在"天街"上行走。

九华山与五台山、峨眉山、普陀山并称为我国佛教四大名山，素有佛国仙城之美誉。它拥有八百寺、九十九峰，又有"东南第一山"之称。传说古代闵老汉的10个儿子奋战10条恶龙，开辟了九华山，故一直被称为九子山。九子化成九座山，九条龙变做山间的溪河。因老小手中握有镇妖宝珠，未化成山。据载，唐天宝年间，诗仙李白来游，改九子山为九华山。李白与友人作《改九子山为九华山联句并序》："青阳县南有九子山，山高数千丈，上有九峰如莲花……予乃削其旧号，加以九华之目。"他留下"妙有分二气，灵山开九华""青莹玉树色，缥缈羽人家"的诗句。刘禹锡、杜牧、王安石、文天祥、汤显祖、袁牧等历代大家的诗文和名画家的画作，为九华山增添了文化色彩。这里的许多摩崖石刻、碑文、佛教"地藏刊生宝印"等和佛教经籍，是九华山的珍贵文物，也是九华山的一大文化特色。

就在九华街的周围，集中了九华山各大主要寺庙，如祇园寺、旃檀林、九华山祖寺、化成寺、上禅堂、肉身殿、十三殿、百岁宫等。说来有趣，皖南徽派民居很有特点：马头白墙青褐色瓦，天井院落夹回廊，地板楼板隔墙板，正厅两旁是厢房。九华山寺庙多采用皖南民居建筑形式，一般小庙与普通民居相仿，而大寺庙则是由皖南厅堂式民居组合而成的，内有几进厅堂和院落。仿民居建筑来建庙，可说是一大特色。

他们步入四大丛林之一甘露寺，据说动工前夜，满山松林尽挂甘露，故以"甘露"为寺名。观看百风宫内的五百罗汉堂，登上81级石阶，进入建于高台之上的肉身宝殿，正门高悬"东南第一山"牌匾。此外参观了通慧禅林、地藏禅寺等。留给许怀中很深印象的是：九华山寺庙现存真身众多，如有大兴和尚真身、无瑕和尚真身等。九华山的灵性，曾吸引了异域人士来此：公元719年，韩国新罗天宝贵族金乔觉毅然放弃王室生活，只身渡海来到中国，栖身于九华山一个山洞，在山头趺坐禅修，开辟地藏道场，后大建寺庙，广收门徒，宣讲佛法。如今从韩国来九华山朝圣的信徒络绎不绝。九华山洋溢着浓郁的佛教文化，而佛教文化却又融汇在奇特、幽美的自然景观之中。

午后，离开聚龙宾馆，乘车至黄山脚下，从太平索道上黄山。近黄昏，在蒙蒙雨雾中观看西海大峡谷，后下榻于北海宾馆。在这里住宿的有来自不同国家和地区的游客。黄山处于安徽东南部，原名为黟山，相传黄帝曾在此炼丹，故在唐天宝年间，易名为黄山，乃世界自然和文化双遗产、名闻中外的名山。来到黄山，许怀中圆了多年的美梦。

次日，大家披着薄如蝉翼的塑料雨衣，去登狮子峰、始信峰。眼下云雾缭绕，山风劲吹，身上披的雨衣飘动，有种天风欲送人、直上青天去的飘飘然感觉，这也许是登黄山独特的心态吧。在这飘飘欲仙的心情中，观看奇松、怪石、云海、险谷，最后回到山上索道站，乘吊车下山。俯视谷底，万丈深渊，更感黄山之无比雄奇。

12. 西递古村，历史村落

从古名村西递到宏村。安徽的西递和宏村，都是世界古村落文化遗产。在雨中走进西递，更富一层神异的色彩。它原名西溪，又称西川，乃因村中溪水而名。西递胡氏，从婺源考水迁来，"西川"便有不忘祖之意。据载，五代官府曾在此山沟设立邮递机构，因此处在徽州府之西，被称为"西递铺"。清代，黟县成立急递总铺，西递降为分机构，但这里的传"递"作用，始终不易。另有一种说法：村落中之水流，"不之东而之西，故名西递"。可见，村名又与流水西流有关。然而，取其"西"字，又取其邮递的"递"字，综合而成"西递"。许怀中眼前的西递古村，整体布局仿若一艘西行大船，导游小姐介绍那是族人希冀顺水西行，奔腾奋进之意，寄托这个村落的进取精神。

西递的神异色彩，有着一个神奇的传说。西递胡氏源于唐昭宗李晔，昭宗被梁王朱温劫持迁都洛阳，途经陕州（今河南陕县）时，何皇后产下昭宗之子，皇后预知前途险恶，生死未卜，将太子交予近臣新安婺源人胡三。胡用"狸猫换太子"之计，秘密将太子抱回徽州婺源老家，太子易名胡昌翼，幸免于难。昌翼就是今日西递明经胡氏始祖，他考中进士而不入仕，教学终身，是为族人楷模。北宋末年，他的第五代孙胡士良因公住金陵，途经西递，觉得此地"东水西流，山川秀丽"，是理想的世外桃源，遂举家从婺源迁至西递，繁衍生息，后代遂改变单纯务农的生活方式，走上耕读营商并举之路，培养起一支富有生气的徽商队伍，成就徽商的文化特征。西递留下的古民居住宅、祠堂、牌坊、寺庙庵堂、店铺，都散发出很浓的徽文化气息。村内所排列着的徽派古民居，有着建筑学、建筑工艺、环境营造等方面的巨大价值。住房设计、室内装饰、环境美化也都体现了很高的水平，是我国自唐宋以来住宅和人文环境建设高水平的代表，表现出建造者道德观、审美观、价值观的高度和谐统一，营造出鲜明的地方文化特色。它们以砖木结构为主，青砖、青石、黑瓦、白墙，水、街、巷构成徽派造型规整统一，是一幅和谐的世外桃源画卷。

许怀中进入几家住宅参观。住宅内砖雕、木雕、石雕精美绝伦，各种雕刻图饰寓以美好的意境，体现了主人的愿望和追求。厅堂置条案、八仙桌椅，摆设古玩物，张挂楹联、字画等，从内容到形式，体现出儒家文化思想和情趣，古典雅致，文化品位极高。室内陈设与主人身份地位相称。如瑞玉庭，是一座典型的文化商人住宅，它建于清咸丰年间，建筑结构的前后背向三间二楼式建构，前庭花园，花木鱼池，布局和谐，给人一种温馨的感觉。厅堂天花彩绘，两厢花饰隔扇，有书画小品、木雕图饰，堂前的古木楹联，将住宅装点得富丽堂皇。楹联书写："传家礼教惇三物，华国文章本六经"；"快乐从辛苦得，便宜自吃亏来"，雅俗共赏，富有人生哲理。后楹联有意将"辛苦"的"辛"写成"幸"，多加一横，意寓多一分辛苦，多一分收获。又把"吃亏"的繁体字"虧"多加了一点，以示"多吃一点小亏，多赚大便宜"之意，真是别出心裁。西递商人有个共同的特征,就是先儒后商,以商助儒,以儒入仕,以仕保商,后者誉称为儒商,它也体现了传统文化的特点。

在履福堂内参观,品味书香之家的文化氛围,其中几副楹联,更能显示出主人较高的文化涵养。它有别于商人之家的附庸风雅,如"世事让三分天宽地阔,心田存一点子种孙耕""几百年人家无非积德,第一等好事只是读书""孝悌传家根本,诗书经世文章"等,可以窥见主人的处世原则和治家方针,带有儒家深厚的文化思想。

西递的民居建筑、深街古巷,从那高高的马头墙,到那小巧玲珑的庭院,都凝聚着徽派的艺术风格和文化内涵,是我国民间建筑的佼佼者,在国内乃至世界上,都是屈指可数的。它是徽派文化和徽商造就出的具有典型地方文化特色的文化村落,其特殊建筑文化、"三雕"艺术文化、楹联文化、休闲文化以及民俗文化,使得西递古村在现代文明社会中,具有历史文化价值。全村所保留的120多幢明清民居建筑,村落完整,具有科学、文化、艺术和旅游的多重价值,专家誉它为"中国明清民居博物馆""研究地域文化历史的活化石"。2000年联合国第24届世界文化遗产委员会批准列入世界文化遗产名录,标志着以西递为代表的古徽州文化走向世界。

从西递到宏村,路途甚近。宏村在黄山脚下的黟县境内,它的建筑也别具一格。西递村是以一艘船为造型,宏村则以牛为建村的形状,因该村的先祖对牛的崇拜而作,构思精巧,古民居建筑、古水利工程建筑和自然风光融为一体。其风光之美,有"中国画里的乡村"之美誉。

宏村始建于南宋,是汪氏聚居之地。这里原是一片"幽谷茂林",而且"蹊径茅塞",汪氏先祖在此始建十三楼,这和西递先祖希冀本村"奔腾奋进",有相同的进取精神,也都体现了中华民族自强不息的民族精神。因汪氏家族在村西河流筑坝,引水入村,坝似"牛舌";村中有一眼活泉水,掘成半月形的月沼,俗称"月塘",作为"牛胃";开凿而成的千米渠圳,作为与"牛胃"相通的"牛肠";相继在绕村的西溪河上架起的四座木桥,便是"牛蹄";后又在仿西湖"平湖秋月"建起南湖,成为"牛肚";那座头顶的雷岗山为"牛头";山顶的古木舍为"牛身";形成这座风景如画的完整牛形村落。

罕见的依山傍水的古村落宏村,古人曾称它为神仙居住的地方。当代世界著名建筑大师贝聿铭说:"黟县宏村建筑文物是国家的瑰宝。"国外专家学者称它是世界上最伟大的民间艺术杰作、"世界第一村"等。在这古村流连，给许怀中最深的印象是"水"。宏村先民自明代永乐年间开始，就在此地拦河筑坝，并以石砌成宽近1米、长数千米的水圳，穿村绕户，把清澄流水引入全村家家户户，被古建筑专家称作"中国古代的自来水"。诗人则著文称"水做的宏村"。许怀中一行走过夹巷民宅围墙，都以鹅卵石为墙基，一条水圳缓缓流淌而过，圳上架设石板，是作为踏足石，为民居浣衣、洗涤、取水用水提供方便。水圳与月沿、南湖互通，久旱不枯，久涝不溢，水位稳定，常年活水不断流。清水绕回千家万户，还穿院入池，美化环境，又净化居住条件。目睹此情此景，许怀中沉浸在"水做的宏村"的诗意之中。

当许怀中进入始建于清咸丰五年（1855年）的大盐商的住宅承志堂时，立即为那恢宏的气势而动情。这座大院，拥有内房28间，66扇门，136根木柱，9个天井，两层楼房7处，占地2000多平方米，包括外院、内院、前堂、后堂、西厢、书房厅、鱼塘厅、打牌的"排山阁"、吸鸦片的"吞云轩"。此外还有保镖房、女佣居室、贮藏室、厨房、鸟厩、地仓、轿廊、走马楼、花园等，又有活水池塘和水井，全屋砖木结构，砖木、石雕均佳，尤以镀金木雕最为精美，所有这些都透出巨商的审美情趣和生活方式。宏村和西递一样，都是世界文化遗产。

从私人博物馆万粹楼到私家鲍氏花园，则是从另一个角度反映了徽州文化的多姿多彩。

临别安徽，许怀中参观了屯溪的"万粹楼"，这是一位台胞企业家建的私人博物馆，于1995年开馆。开馆后，党和国家领导人、各方人士包括海内外游客都来这里参观，盛赞这位台胞热心祖国文化事业的难能可贵。万粹楼可谓名副其实的"万粹"，主人收藏了许多珍贵文物，其中收集世界陶瓷就有600多件。命名各异的陈列馆、陈列厅充满文化色彩，正如那联所书："门清无俗客；家旧有藏书。"在"九百砚堂"内陈列的书法："藏精明于深厚，养刚大以和平。"许怀中久久地站立在这副楹联之前，细细品味，似乎悟出徽州文化人和徽州文化的品格来。最后，他们又登上楼中楼，站立天台眺望，远山环抱，新安江回流，风景优美如画。和主人握别时，他说徽商是以人为本的，可谓言之有理。在雨丝交织中，许怀中观赏鲍氏私家花园。这名园已有300多年历史，面积300多亩，园中有侣山一角池、名木花卉、千年古松，尤以盆景取胜，已培植万种盆景。它和巧妙的设置、精巧的布局、讲究的造型和雅致的题匾，构成情景交融、虚实结合的境界。

私人博物馆和私家园林，凸现了安徽文化的新视觉、新底蕴。这次采风，许怀中还在大雨滂沱中去绩溪龙川古村落风景区、胡氏宗祠，游了花山迷窟，观看了黄山就县棠樾牌坊群，参观了鱼梁坝、黄宾虹纪念馆，还到胡开文文墨厂购买闻名海内外的徽州文房四宝。在徽山皖水之间，考察和感受徽文化的地方特色，可以深层次领略中华民族文化的灿烂光辉。

13. 走进中原，华夏博大

走进中原大地，感受到华夏宽广博大的心胸，一种醇厚的包容性。2007年暮春时节，许怀中乘机飞抵中国八大古都之一的郑州，下榻于一座高楼和别墅式小楼错落在园林之中的黄河迎宾馆。

参加在黄河岸边举行被誉为"世界第一高雕塑"的炎黄二帝巨塑落成典礼。这巨塑依山而建，俯瞰落天而来的滚滚黄河，眺望辽阔无垠的中原大地。炎黄二帝塑像高106米，身部以山为体，浑然天成。许怀中来到万人聚集的广场上时，云雾缭绕，不久，天空晴朗，清晰显出左侧广额淳朴、智慧慈爱的炎帝像，右侧威武刚强、气宇轩昂的黄帝像。这蔚为壮观的巨塑，是中原人花了20年时间铸就的。次日晨，许怀中一行一起乘车到新郑市黄帝故里参加拜祖大典。据史载："昔少典娶有娇氏，生黄帝、炎帝。"（见《国语·晋语》），司马迁《史记》将黄帝列为篇首，《五帝本纪》："黄帝者，少典之子，姓公孙，名曰轩辕。"黄帝的故里在新郑，也有记载："古有郑国，黄帝之所都。"（《续汉书·郡国志》注引皇甫谧）"黄帝都有熊，今河南新郑是也。"（《水经注》引《帝王世纪》）参加拜祖的专车沿途受到群众的列队欢迎，路边张挂"和谐中原"的标语，显示出"和谐盛世，万龙归宗"的文化氛围。在台上塑着黄帝雕像的会场上，人山人海，拜祖仪式热烈而隆重。从台湾来的中国国民党荣誉主席连战及夫人一行也前来参加拜祖大典，表达海峡两岸人民同宗共祖、敬仰中华人文始祖的共同心愿。

既然来到了郑州，就应该去在郑州一西一东的洛阳和开封，这也是许怀中心仪已久的古代名城。同来的散文家、原福建省科协党组书记林思翔，通过单位和河南省科协联系，他们派了办公室主任带一部小车来接待，先往洛阳。途经郑州、洛阳之间的巩义市，它便是我国伟大诗人杜甫的故乡。巩义市位于河南省中部，处于中岳嵩山北麓。春秋时巩为巩伯国，战国称东周，秦庄襄王元年（前249年）置巩县，以"山河四塞，巩固不拔"而得名。又因地扼古都洛阳，故有"东都锁钥"之称。它是河洛文化发源地，据先秦典籍记载：伏羲、神农、黄帝、尧、舜、禹、汤等都曾在此活动，夏王朝曾在境内建都。诗圣杜甫便诞生于城东"南窑湾"（今站街镇南窑村）的笔架山下，上有丰草茂林，下有如带清溪，秀丽的风景和丰富的人文积淀，孕育了杰出的诗人杜甫。

进入巩县（1991年改为巩义市），经河洛镇，便是站街镇。洛河从洛阳而来，流入黄河，不由想起了曹植的《洛神赋》中写的洛河之神宓妃，"翩若惊鸿，婉若游龙"，明眸皓齿、华容婀娜的女神，使诗人"怅盘桓而不能去"。汽车从巩城西面方向行驶，跨过伊洛河大桥，来到邙山上的杜甫陵园。站立在杜甫的塑像前，仰瞻那清癯而一脸忧国忧民的表情，书写着诗人颠沛流离的一生。据说杜甫的坟墓，全国有8座：湖北襄阳、湖南耒阳、陕西鄜州（今陕西富县）、南平江县小田村、河南的偃师、巩县、四川成都等皆有。杜甫于唐代宗大历五年（770年）在湖南洞庭湖附近的平江逝世，时年59岁。他临终遗言：把尸骨运回故乡的邙山岭上。但因家境贫寒，无力安葬于故里巩县，暂埋平江县南的小田村。

杜甫死后43年，即唐宪宗元和八年（813年），其孙杜嗣遵照先人嘱托，才将其灵柩由平江归葬故里。其他几处坟墓，如偃师县城西的园冢，为杜墓原来所在地，后裔为便于祭扫，再由偃师迁葬巩县。后人凭吊最多的，是耒阳一墓。杜甫逝世后，人们在他生前活动过的地方，或修祠建庙，或筑衣冠冢，以志纪念，所以杜甫墓甚多。如今，杜甫陵园已再修扩充，占地40亩，并修建了仿唐式大门，树塑像，建设仿唐杜诗碑廊，供人瞻仰。

在九朝古都洛阳，敞开拥抱中原大地博大、包容的文化襟怀。洛阳白马寺，是东汉时期我国第一个引进佛教的寺庙，敞开胸怀接纳外来宗教文化。如今络绎不绝的参观者中，有不同肤色的人群。唐代武则天将长安的牡丹带到洛阳，这已是流传不衰的历史故事。"神州牡丹园"内有"满月当酣饮，万里云山足遣怀"。另一对："瓮畔春风眠吏部，楼头春色醉神仙"。它多少透露出北宋王朝花天酒地的一面。进入一楼，画着宋徽宗和李师师在楼上饮乐的图画。三层楼古色古香，其建筑和工艺较全面体现了宋式楼阁建筑风格。在山陕甘会馆里，留下清代戏楼、木雕、砖雕、石雕等艺术瑰宝。"清明上河图"是以北宋著名画家张择端的名画为蓝本复原的，再现了原图所描绘的北宋东京城市风貌，成为一座以反映宋文化为主题的仿古名园，游人如织。被列为河南十佳人文景观之一的"开封府"，是游客必去之处。包公扶正祛邪、刚正不阿的美名流传于世，令人荡气回肠，引人神思。开封府内有50多座大小殿堂，以鸣冤鼓、戒石、大堂等为主体的建构，使许怀中体验到当时的府衙清廉文化。出了开封府，仰望衙门的"开封府"三个字，原是蔡襄书写的，还标明"莆阳"蔡襄，许怀中作为莆阳人，心中难免生出几分喜悦。在开封龙亭大殿南边的大道两侧，有两注湖水相夹，西边是杨家湖，东边为潘家湖，民间流传"杨湖清，潘湖浊"，这里带有杨清潘浊之意，它和开封府包公联系起来，也显示了开封文化的一个层面，构成中原文化的丰富底蕴，显示了中华民族优秀文化的精华。

14. 固原石窟，丰富多彩

来到宁夏的次日，许怀中宿于固原的鸿翔大酒店。先参观了固原博物馆，他们一行人无不为固原丰富的文化惊叹。博物馆几个大展厅，陈列的出土文物中，有不少是珍贵的。厅中有座固原古城模型，富有特色，大炼钢铁时，城墙被拆去盖小土炉，古城模型被毁。

离开县城，赴吉西途中，一片平原旱地，所见皆是黄土地和光秃秃的土山。路边的旱柳，顽强地在干旱的土地上成长、挺立，比南方的垂柳多几分刚劲。小白杨树叶背面，在阳光下闪光，犹如朵朵白花。河道干涸，偶见土山上一点绿色。西海固山区，因缺水而贫困，有个村名便叫"喊叫水"，听来令人心颤。据说，这一带以"水"取名的地方甚多，从中透露居民盼水的祈求、愿望和呼喊。雨水和这里疏远，就是下一场小雨，湿了地面，便有好收成。今年倒好，是个丰收年。许怀中坐在车上，面对黄土连片，更感"退耕还林、退耕还草"国策的英明和紧迫，开发大西北的决策符合民心。许怀中一行看到沿途引水房和管道，国家和宁夏回族自治区正投资兴建的"引黄上山"工程，引来黄河水，帮助山区解决水的问题，滋润西部干旱土地。许怀中凭车窗远眺，平顶的土山上，一棵不大的树木独立山头，像一朵绿色的花朵，心中浮现：沙漠是一幅画，是一朵花，明天将会更美丽。山坡田一层层相叠，层次分明，西北坡的田园风光跃入眼帘，大家请驾驶员小周停车，跳下车来，以此为背景照了相。宁夏开旅游专车的师傅，热情大方，善解人意，体现出西北人的淳朴真诚，同志们说他是什么毛病都没有的人。偶见路边一朵无名小花，格外诱人，有人说就叫它"勿忘我"吧。花，在这里是一种显示，也是一种象征。

在一座高山下停车，许怀中仰头看，山岩上刻着"云台山"三个苍劲有力的大字，这是要参观的吉西火石寨，去看山上历史留下的石窟。"万圣宫"石窟，是北魏时代古老的建筑，石窟内的文物，已荡然无存。山上还有许多个石窟，见证了历史上石窟文化的灿烂。西北还有着丰富而独特的旅游资源正在开发，山上新铺的石阶，旁有扶手，可拾级攀登而上。屹立在高山顶的小亭，站在亭中，秋风劲吹，似有天风海涛之感。这海涛，不是海之涛，而是四周山连着山，山峦起伏，是凝固的"海涛"。沿着小路下山，行路难，走了一个多小时才到另外的停车场。

一路颠簸，经过须弥山石窟，此处距固原县城55公里。石窟开凿于北魏中晚期，经历了1400多年的历史沧桑，内有弥勒大坐佛，高20多米，是须弥山依山雕塑的一尊最大的佛像，头梳螺髻，面相丰满，慈祥温和，双耳垂肩，身披袈裟，两手自然地放在膝上，造型十分优美。据载这里是唐代规模庞大的佛教寺院，至今保存有132个石窟，分布于8个山崖，保存完整的石窟共有20多个。唐、宋、西夏、金、明的题记及明代碑刻都是了解本部石窟文化和石窟艺术以及当时社会历史的珍贵资料，显示出西北固原石窟文化的丰富多彩。

路过"喊叫村"，目睹这一带的干旱和正在修建的引水工程，许怀中心想：有一天，水会被"喊叫"而来。喊叫是一种力量，在开发大西北的壮举中，将有改变面貌时日的到来。下午，在同心县参观洪岗子拱北。拱北是教主的陵墓，这一个范围极大原建筑物坐落在郊外大片平原上，建筑群在丰富的色泽中显现出绿色的主色，和谐悦目。来这里参观的游人如织，在这里聚会的回民居多，这里的回族工作人员听说许怀中一行是从福建来的客人，特别热情，带领他们去参观不对外开放的参观点，感受回族穆斯林的风情。

  出来已近傍晚，车过中宁县，直往中卫县奔驰。西北天暗得晚，已是下午7时许，天色还很亮，看车窗外一轮落日圆，挂在天边，迟迟不下山，染得满天彩霞。人们常常感慨："夕阳无限好，只是近黄昏。"但许怀中从这里悟到另一种人生境界："长河落日圆"的意境。好容易，天色才慢慢地暗下来，在夜色中过黄河大桥，进入了中卫县。

第六章

鲁迅研究　结缘绍兴

1. 开门办学，重访绍兴

1995年在春雨绵绵中，许怀中又一次来到了绍兴。春节期间，热情的义乌主人，一再邀请他去那里做客，他从福建榕城飞往浙江。在人文荟萃、小商品发达的义乌参观访问了一周，又应邀去宁波，在佛教圣地普陀山朝圣，折回宁波，经溪口镇，在雨网交织中来到绍兴，下榻于军区招待所。夜里许怀中给挚友打电话，约好次日在沈园见面。

许怀中曾多次来到鲁迅的故乡绍兴，绍兴人说它已成为他的第二故乡。许怀中确已和绍兴结了缘，每次来访，总怀着忆旧的缠绵和新来的激情。

一夜听窗外春雨潇潇，在绵绵的雨声中，许怀中回忆和绍兴交往的往事。从鲁迅的著作里读到绍兴，早已向往，只是无缘走访。1974年，许怀中还在鲁迅曾经教过学的厦门大学任教，他向中文系梁主任提议，和广州中山大学合作注释《两地书》，和绍兴鲁迅纪念馆合写赏析《朝花夕拾》的书。梁主任欣然采纳。这年底，他们从厦门乘车到汕头，购得去广州的机票。第一次乘坐飞机，许怀中感到格外新奇，传到系里，同事们都很羡慕。在广州逗留了几天，从越秀公园到三元里，就住在鲁迅离开厦门大学去的广州中山大学宿舍。从广州乘火车到杭州，转来绍兴，在列车的车厢里过元旦。初次和绍兴握手，如饥似渴地读着古老而又淳厚的绍兴。住在绍兴县招待所，先到鲁迅纪念馆联系工作，谈妥带毕业班的一个专题组来馆里一起写作。接着便乘兴坐船游东湖，上禹陵，荡鉴湖……记得那时在码头雇条乌篷船，只有许怀中和梁主任对坐舱内，那时民族一场浩劫还未结束，万马齐喑，更不用说有什么旅游了。他们要去寻陆游的故居，湖面空荡荡，不知哪里去寻找。只见拱桥水乡，江南景色，偶尔登岸，又觉万户萧疏。回到舱里，听风声水声，心中真有点像鲁迅在《故乡》中所写的悲凉。

回到厦门，许怀中盼望5月的到来。早先和绍兴鲁迅纪念馆谈好，5月份带学生到馆里"开门办学"，合撰《朝花夕拾》分析专著。刚回去时，向学生宣布，同学们雀跃欢呼。快到约定日期，天上洒下接连不断的雨，有时暴雨如注，福厦铁路有段塌方，学生们急不可耐，买了到福州的汽车票，从福州乘火车往杭州。到杭州，已是黄昏。学生们把行李集中在西湖畔，许怀中去旅社登记，排了半天队，结果只能在澡堂过夜。夜间，睡在澡堂的躺椅上，天一亮，就一起去逛西湖，把昨夜难眠的倦意全抛到湖里去了。派来当"先头部队"在杭州接他们的老师，未接上头，他们便买火车票到绍兴。出火车站，一直步行到鲁迅纪念馆，馆长热情安排他们住在馆内，在展厅后面有座两层楼大院，男士们住在大厅旁的房内，女生们宿于后面池塘边的房间，后门便通百草园。生活在鲁迅当年生活过的环境，许怀中和学生们都心情分外亢奋。他们请馆长讲课，每天逐篇和馆员一道讨论《朝花夕拾》。馆员们都是年轻人，和大学生们在一起，把冷清的纪念馆搞得火热。课余，便去参观。馆门口就有撑船的招呼乘客，就在附近河沟下船，可以通到东湖、禹陵等名胜古迹。坐在乌篷船上，看坐在船尾的船夫手脚并用，大家觉得十分新奇。在鲁迅故乡，暂时忘了忧愁，有时吃饭后，几个人在馆前街上溜达，边走边唱，横行无阻。那时街道没有多少车辆和行人，冷清的景象和现在的繁盛，恍若两个截然不同的世界。有天薄暮，大家寻到附近的沈园。到那里一看，哪有什么花园呢？不过是一个残石剩水、柳树也早已"不吹绵"的"荒园""废园"。大家坐在断残的石块上，在暮色苍茫中，面对满目荒凉，默然无语。许怀中忽然想起口袋小本子里，临行前夜来厦门探亲的父亲把背下的陆游《钗头凤》写在本子上。许怀中便掏出来向学生们念了一遍，念毕，一时更加寂静。接着，七嘴八舌地议论开来，都为陆游和唐琬的爱情悲剧感慨，更加触景生情。在浓重的夜色中，许怀中一行拖着沉重的脚步走向纪念馆。

20年过去了。此次重来绍兴，先到鲁迅纪念馆，新的讲解员已不认识。看了鲁迅故居、百草园，许怀中来寻1976年底独自来纪念馆定稿时，住的那间玻璃墙房子。房子依旧，前面的假山、小亭、池塘、蜡梅也依旧，只是人已非昨。匆匆来到沈园，3年前在杭州开会，和会议代表一起来绍兴参观沈园，也是个和今天一样的春雨绵绵的日子。这时的沈园已初复规模，和20年前第一次看到的沈园面目全非了。建起了"双桂堂""陆游纪念馆""孤鹤轩"，葫芦形水池垂柳依依，翠竹婆娑，花木扶疏，景色相映，显出宋代园林的特色。这次又在园内重温一遍，看到上次未看到的刻在壁上的陆游《钗头凤》和唐琬的词。陆游的"泪痕红浥鲛绡透"、唐琬的"病魂常似秋千索"……重读犹感凄婉悲戚，心中沉重。"沈园"，是令人沉重的"沉园"。许怀中忽然想起，21年前为什么父亲在他本子上写下陆游的《钗头凤》？莫非是他想到许怀中要去绍兴，便想起陆游和唐琬的爱情悲剧和泪水浸透的词来？如今许怀中的父亲也早已离开人间，已无法问他当时之所思了。在沈园，和绍兴的学友匆匆一面，许怀中便又登车了。刚刚见面，又别离。雨滴顺着车窗淌下，犹如点点泪水。耳边回响起将近800年前陆游夜梦游沈园亭二绝中的诗句："路近城南已怕行，沈家园里更伤情"……

在绍兴又参观了秋瑾故居，新开放的徐渭故居"青藤书屋"，重访了"兰亭"……告别绍兴，归程中一路回想往事，回义乌，天已暮。

绍兴是醉人的。

2. 鲁迅研究，故乡之忆

21世纪开局之年，是中国现代文学奠基者、巨匠鲁迅先生的120周年华诞、逝世65周年的重要纪念日，在鲁迅故乡绍兴等地举行纪念活动，许怀中正好有事，无法前往，甚感遗憾。有关的往事，不时浮现脑际。那是1981年的9月，许怀中还未离开鲁迅执教过的厦门大学，参加了在校礼堂举行的纪念鲁迅诞辰100周年大会。之后，又到北京参加隆重而规模盛大的纪念大会。会后，乘火车到武汉，一下车，只能购上一张四等舱船票，从长江逆水而上，在船上欢度国庆节。凭栏伫立，见船上灯火辉煌，映照在茫茫江水之上，过了三夜四昼，才登上高高石阶的重庆码头。时光如江水奔流，流逝了21个春秋。

开始系统研读鲁迅的作品，还是在20世纪60年代下叶，招收工农兵试点班后，来了一批批工农兵学员，系里要编纂《鲁迅在厦门》一书，由许怀中和已故的孙腾芳教师负责。在这之前，系里陈梦韶（真名陈敦仁）老师已出版过类似的书。他是鲁迅在厦大任教时的教育系学生，写了《绛洞花主》剧本，请鲁迅作序。热心为文学青年打杂的鲁迅教授，为之写了《"绛洞花主"小引》，文章虽短，却是一篇评《红楼梦》的深刻之作。他们所写，虽说是《鲁迅在厦门》新编，然而在当时环境中，难免有诸多局限。数月前，许怀中在《闽南日报》发表的散文《京西望月》中，谈及此事。这书赶在1976年9月在厦大召开的纪念鲁迅到校50周年的学术讨论会前出版。不久，"四人帮"倒台，宣告了"文革"结束，鲁迅研究进入了一个新的时期。

"四人帮"倒台这年的冬天，许怀中又到绍兴鲁迅纪念馆为《"朝花夕拾"浅释》一书定稿。早在1975年初夏，他曾带领一个鲁迅研究兴趣小组的毕业班学生，到绍兴鲁迅纪念馆编撰此书，住在纪念馆后面周家故居。写完初稿，学生们回校毕业分配，许怀中留下统稿。这次去定稿时，又住在鲁迅故居小房间里，房前小园，有鱼塘、假山、望月亭旁的红梅，小门接连百草园。当时雪花纷飞，鲁迅所写的《在酒楼上》，"我"从窗口外望："几株老梅竞斗雪开着满树的繁花"，此情此景，也正是许怀中房前景致的写照。白天和馆员们一道修改书稿，夜间独自在冷冷清清的馆内阅读材料和鲁迅评论过的作品，如《小小十年》和古典小说《何典》等，利用时间，建构第一本鲁迅研究专著《鲁迅与文艺批评》的框架，想为鲁迅研究被"四人帮"搞乱做点"拨乱反正"的工作。每当更深夜静，伏案灯前，万籁俱寂，只有鱼塘里的鱼跃声、积雪从树上掉下来的簌簌声，更添深夜静谧。鲁迅《在酒楼上》写的："窗外沙沙的一阵声响，许多积雪从被它压弯了的一枝山茶树上滑下去了……"此时此地，许怀中体会得格外深切。

两度到鲁迅故乡，两度下榻鲁迅故居，一次是酷暑，一回是严冬，经历了"文革"和春回大地的历史转折。这段日子，在许怀中人生道路上，留下抹也抹不掉的足印。

在鲁迅故乡，许怀中曾荡舟空荡荡的鉴湖上，坐在夜色沉沉的沈园残水剩石上（那时沈园未复修，还是个废园），在秋瑾烈士就义的丁字街头徘徊，到大禹陵吊古，于兰亭体验曲水流觞的情致，乘舟观看《社戏》所写的水上戏台……所有这一切，都为了寻找鲁迅当年的履痕脚迹，涉足鲁迅作品的广阔天地，走进"民族魂"的心灵空间……

《鲁迅与文艺批评》出版后，夸张一点说，许怀中似乎是一发而不可收，接着撰写出版了《鲁迅创作思想的辩证法》《鲁迅与中国古典小说》《鲁迅与世界文学》《鲁迅与文艺思想流派》等书，当然这种不过是鲁迅研究海洋中的几朵小浪花而已。

3. 情系绍兴，名人荟萃

绍兴是一首深埋在许怀中心中的诗。已记不清访谒这座历史文化名城、鲁迅的故乡多少回了。

早在1975年的元旦，许怀中和厦门大学中文系的同事，去中山大学后从广州乘火车到绍兴，和鲁迅纪念馆商谈合作撰写分析鲁迅《朝花夕拾》散文集的事。下榻于地区招待所，没有暖气，天寒心热，因为圆了多少个日夜梦寐以求的美梦。初来乍到，感到一切都很熟悉，又很陌生。曾从鲁迅的作品中读到绍兴的风土人情，然而又是初次走进，心中萌动一种兴奋和新鲜感，犹如一个闹书荒已久的勤苦学生，面对这部心仪已久的读物，贪婪地啃着：鲁迅的故居、百草园、三味书屋、禹陵、东湖、沈园、秋瑾所执教的学堂和故居……都一一涉猎。从鲁迅故居步出，斜对面咫尺之地便是三味书屋，沈园和秋瑾故居也都在城内，去禹陵和东湖要坐乌篷船。鲁迅写的《理水》就是大禹治水的故事新编。传说大禹曾在绍兴一带治水，死后葬于会稽山。《史记·夏本纪》载："或言禹会诸侯江南，计功而崩，因葬焉，命曰会稽。"禹陵在群山环抱、奇峰林立之中，规模宏大，气势非凡，凝重壮观。它由禹陵、禹庙、禹祠几个部分组成，碑廊陈列着祭禹碑，有秦始皇留下的祭禹陵的《会稽石刻》，为我国东南久负盛名的名胜古迹。会稽山是座名山，越王勾践曾在此山"卧薪尝胆"。而东湖，却是先民在这里凿石开山、千年人工刀凿斧削而成的悬崖峭壁和人工湖。石、洞、桥、湖巧妙结合成绝佳景观。相传秦始皇东巡至越，此处为驻马息饮、供草牧马之地。

有一天，许怀中和同来者两人雇了一条乌篷船，游荡鉴湖，去寻访我国南宋著名诗人陆游故居，船夫在船头，一手和一足划桨，手足并用，很是新奇。湖水明澄，水声汩汩，风灌进空荡荡的舱内，有点寒意。有时停船上岸看看，陆游故居茫然不知所在。船夫领看一座石桥，有块石碑被当作桥板。头戴毡帽的老百姓以为他们是水利局巡察员，都围拢过来反映：这座桥很危险，赶紧派人来修。农民敦厚朴实，倒有几分像鲁迅笔下的闰土。回到舱里，想起在这动荡年代，有谁来关心保护文物和桥梁呢，许怀中的心情就和灰蒙蒙的天穹似的，四顾茫茫的湖面，不免像鲁迅在《故乡》中所写的，悲凉起来。

半年过后，许怀中带着应届毕业生，一个鲁迅研究专题组，在绍兴鲁迅纪念馆住下，和馆员一起逐篇讨论《朝花夕拾》，分头撰写书稿。在和纪念馆紧挨的鲁迅故居住下一个多月，更充分重读了绍兴：重游禹陵、东湖之外，还去了兰亭、鲁迅外婆家皇甫庄、安太桥、水上戏台……每当傍晚和学生们走街串巷，常过十字街头秋瑾殉难处，即鲁迅小说《药》中所写的"丁字街头破匾上'古□亭口'"，绍兴处处都能令人发思古之幽情。有日薄暮，和学生们漫步到离鲁迅故居不远的沈园，暮色苍茫，沈园只有剩水残石，一片荒凉，更有陆游和唐琬爱情悲剧的氛围。许怀中低声咏吟陆游流传千古、凄婉欲绝的词句："红酥手，黄縢酒，满城春色宫墙柳……"叽叽喳喳的学子们，顿时屏住呼吸，鸦雀无声，都一脚跌入悲凉凝重的历史追怀之中，沈园留下荒凉而又悲凉的回忆，沈园成了地地道道的"沉园"。学生回校毕业分配，许怀中留下，完成初稿的扫尾工作后也便离开绍兴。约定寒假去定稿，可惜因事一拖再拖。绍兴鲁迅纪念馆的朋友来信：百草园种的地瓜收成不错，留了一串挂在屋角，想等许怀中品尝，但已经等不到了。

直到1976年底，许怀中才出差从上海到绍兴鲁迅纪念馆，住在纪念馆后面周家旧屋的一间小房内，玻璃窗对着小园，可见望月亭、鱼塘、假山、梅树。园的小门通到百草园。时值严冬，天空飘下绒毛似的雪花。那时天寒，可面对"文革"动乱刚结束的复苏前景，许怀中心中热乎乎的。白天改稿，夜间看馆藏材料，建构第一部著作《鲁迅与文艺批评》框架，写着写着，直到手足麻木，走出房门，舒舒手足，万籁俱寂，庭前一片雪花银光，疑是月光泻大地。夜半在床上听见池塘鲤鱼跃出水面的响声，有时传来一阵沙沙声，是树上积雪多了滑下的声响。想起鲁迅《在酒楼上》描写的"窗外沙沙的一阵声响,许多积雪从被它压弯了的一枝山茶树上滑下去了,树枝笔挺地伸着"。小园里的蜡梅,在漫天飞雪中绽出白色、红色、黄色的繁花,暗香沁入书房,传来一缕缕鲁迅故乡送给远方客人的情意。馆里新招来的多是年轻人,常来问寒问暖:有的下乡归来,特地带来绍兴加饭酒,给许怀中暖身;有的怕许怀中走雪地不惯,送来雨鞋;有的星期天请许怀中到家里做客。鲁迅故乡温暖的人情,便是许怀中心中最美好、最动人的诗篇。小住了一个多月,再次惜别绍兴,在雪花纷飞中,许怀中乘坐三轮车到火车站,扩音器播出悦耳的绍剧戏曲,心中的缕缕离情,像空中扯不断的雪片,许怀中恍惚领略到鲁迅笔下江南那滋润美绝之至的雪,它著物不去,晶莹有光,它是"极壮健的处子的皮肤"。离开绍兴,仍情系绍兴。

  此后,许怀中也偶尔从杭州或上海绕道到绍兴,看望鲁迅纪念馆的挚友,也只是一天半日,便匆匆离去。20世纪70年代末,他参加在杭州召开的鲁迅学术讨论会,与会者一道去参观鲁迅纪念馆,大家在鲁迅路新开的"咸亨酒店"吃茴香豆,窥见改革开放后绍兴新的一点亮光。没几年,许怀中便离开厦门大学到省里工作。这期间,他写了许多散文,而对绍兴却未轻易动笔,直到离初次去绍兴13年后,才把埋藏在心中的诗倾吐而出:散文《绍兴——许怀中心中的诗》,在《福建文学》刊出。那是1997年的春天,许怀中和"放怀"艺术家一行,从义乌到绍兴。绵绵春雨中进入熟悉的鲁迅路,心跳加剧,在鲁迅纪念馆前停车,撑着雨伞穿行于鲁迅故居,经过曾经居住过的小房,鱼塘、假山、百草园依旧,只是在这里落下的一串年华,再也拾不起来了。许怀中个人的生活道路发生了诸多意想不到的变化,绍兴也发生了历史性的巨变,新奇而古老的绍兴,变得更年轻,更有朝气,更有时代气息了。她有温柔多情的风姿、潇洒的神蕴,更有雄健恢宏的风采、丰富雄厚的文化积淀。许怀中手中捧着绍兴画册,那淡灰色的封面上角,水边朦胧树影,隐隐的拱桥,乌篷船头船夫的背影,构成江南水乡浓郁的画面。

  重访沈园,已面目全非。昔日所见的剩水残石荡然无存。园东建起了"双桂堂"。两楹屋宇,古雅恬静。内为陆游纪念馆。古沈园遗迹区的西首,保存许多历史遗物。园中"孤鹤轩"的高台建筑气势雄浑,可望葫芦形水池。池旁垂柳翠竹,青石小桥在树荫掩映之中。"宋井亭"和"俯仰亭"立于轩前,其断垣间题刻陆游的《钗头凤》词,传达出千古绝唱。

踏上轩后的"冷翠亭",凭栏眺望,雨点落在碧波上,涟漪层层,思绪万千。许怀中踏着沉重的步子,踩着满地流水出园,街灯把雨丝映照得色彩斑斓。

主人安排他们宿于军分区招待所。傍晚许怀中在雨中上街,寻找旧踪。街上汽车来往不绝,行人拥挤和"文革"中街头的冷落截然相反。次日重游禹陵、东湖,已不再坐船,而是乘车去的。在东湖荡小舟,贴着岩壁而过,从岩顶滴下水滴,清凉沁人。奇崖危石和"水软槽声柔"相辅相成,别有境界。又访曲水流觞的兰亭。东晋著名大书法家王羲之在此任右将军会稽内史,写下杰出的《兰亭集序》;李白、杜甫、元稹等许多诗人在此留下诗篇,如今此处已成旅游热点。此外还参观了新开放的明代杰出文艺家徐渭的故居"青藤书屋"。绍兴是一部读不完的书,许怀中每来此地,都能读到新的一页。

感受绍兴古城在改革开放20年后新变化,是在柯桥观看了绍兴轻纺市场所获得的。这座圆形的3层轻纺市场,大厅的现代化自动扶梯,带着上上下下的顾客,穿梭繁忙。市场显示出国内一流室内轻纺产品市场的水准,它的前身乃柯桥镇上自发的"布街"和县工商局简易的棚屋式的轻纺市场。如今在东西交贸区、停车场、轻纺大厦、综合展销楼,组成现代化的建筑群。那屹立于停车场上造型别致的服务楼与东贸区交相辉映;进入交贸区,900间营业用房接连不断,织成庞大的贸易网。房内门前,堆积着各种各样、五颜六色的布料,在许怀中眼前幻化成布的海洋,幻化出长长的彩虹,它牵引着四面八方、海内海外宾客,是产和销的链条,是培育商品和发展生产的纽带。这座大厦面向杭甬铁路、国道线,背靠杭甬大运河,古纤道的历史旧迹已经淡去,绍兴这块中国丝绸和纺织的发祥地、著名的江南水乡、具有独特风格、名实相符的轻纺城的面貌,已越来越清晰地展现在人们眼前。柯桥,悠悠的流水,隐隐的远山,淡雅的色泽,繁盛的景象,新式的楼房,茁壮出新的江南水乡风情,改变了小桥流水人家的旧式面容。

在春雨潇潇之中,许怀中又一次告别了这座古老而又生机勃发的城市,这座城市已有7000年历史,建立越国古都距今已有2500年的建城史了。早在春秋时期,秦王朝在这越地置会稽郡,南宋建炎四年(1130年)改为绍兴府。历史悠久的绍兴,名人荟萃,集水乡、桥乡、酒乡、书法之乡、名士之乡于一身,又曾获得国家首批历史文化名城、首批中国优秀旅游城市的称号,是长江三角洲南翼重点开放城市。

和绍兴阔别10年了,在这些岁月里,绍兴面向新世纪,朝着建设经济强市、文化名市、旅游大市目标奋进。绍兴,许怀中在心中默默祝福。

第七章
闽山闽水　山水有道

1. 走进八闽，承接地气

由福建省炎黄文化研究会和福建省作家协会联合组织的"走进八闽"大采风，被称为福建史上规模最大、时间最长、最接地气、最有成效的文艺采风活动，在全国亦属首创。采风团12年用心血写就的《走进八闽》大型纪实文学丛书89卷本，有筋骨有温度，不但内容丰富、体例统一，而且特色突出、文化味浓，开创了用纪实文学全方位叙写县域风采的新样式，为福建留下一批宝贵的文化财富，为建设先进文化和培养文学新人作出新贡献，在福建文化史上具有里程碑意义，称得上是福建宣传文化界向新中国成立70周年献礼的鼎力之作。

"走进八闽"大采风，是一种记录，更是一种前行。"为记录'走进八闽'大地履迹，展示采风团风采，编纂出版这本文集是很有意义的一件文化盛事。每次采风活动都很难忘，都留下'走进'八闽大地的足迹，它和闽山有关，又与闽海相连，是山和海的交响，其中散发出浓郁的地方文化气息。"采风团里年龄最大的名作家许怀中不无感慨地说。

这套《"八闽风采"纪实文学丛书》，反映的都是有关福建的题材，大部分篇章是作者从《走进海西纪实文学丛书》中选取编辑而成的。《走进海西纪实文学丛书》是一套反映八闽大地县域（市、区）经济社会发展、地方文化特色和自然景观的纪实文学集。自2007年春安溪有关方面邀请采风创作起，至今已应邀走进53个县（市、区），出版了52册集子（其中包括应省有关部门邀请采风创作的专集）。这套丛书作品都是作者深入基层创作的，体例统一，布局合理，内容全面，特色突出，文化味浓，可读性强，受到普遍欢迎。丛书由福建省炎黄文化研究会和福建省作家协会联合组织编写。写作和编撰过程中，得到各地党政部门的帮助和支持。

8年多来，在采风和编纂丛书过程中，共有1400多人次的作家和新闻工作者投入，是福建省史上参加人数最多、持续时间最长、成果丰硕的采风创作活动。作者老中青结合，有名老作家，也有初涉文坛的文学爱好者，有来自省里的，也有市、县的。到目前为止共创作了1100多万字作品，为福建留下了一批宝贵的文化财富，为建设先进文化和培养文学新人做出了积极贡献。

这套丛书每县市（区）一册，每册约20万字、每次30名左右作者参加，每地采风时间为三四天，先听取当地情况介绍和实地考察，在这基础上几经协商，确定一批能反映当地较全面和具特色内容的选题，而后每位作者撰写一篇文章，再分专题进行采访。由于作者深入实际，承接地气；而且丛书体例统一，内容全面，特色突出，文化味浓，可读性强，受到不同层次读者群欢迎。许多县市（区）党委、政府将这本书作为本地的"名片"赠送客人；一些地方酒店宾馆，也将该书向游客推荐，作为了解本地风貌的"指南"书。有关省领导对丛书予以高度评价；有一位省委领导称丛书为"通俗版当代县志"。这套丛书中的不少文章还被《人民日报》《文艺报》《读者文摘》以及《福建日报》等报刊所转载。这项采风创作活动不仅宣传了福建，积累了一批文学成果，推动了先进文化建设，对于培养文学新秀，壮大文学队伍也有积极意义。一些尚未"走进"的县市（区）纷纷邀请采风团前往创作。可以说，"走进海西"系列丛书受欢迎程度令组织者和作家们欣慰。

8年多来，采风团走遍了福建省三分之二县市（区），硕果累累。省炎黄文化研究会决定，选取撰写丛书作品数量较多的作家，分期分批出版个人专辑，汇编《"八闽风采"纪实文学丛书》。专辑文章主要选自"走进丛书"，每册字数20万字左右，不足的可补上撰写福建内容的纪实文学作品。第一批12名结集出版的作者是何少川、许怀中、楚欣、王晓岳、章武、林思翔、蔡天初、吴建华、朱谷忠、黄文山、戎章榕、哈雷。许怀中同志是福建文坛的常青树，是采风团里年龄最大的名作家。他的《山海交响》散文集收录了近50篇散文，从2008年"走进"安溪的《茶园无处不飘香》开始，直至2014年底宁化采风的《再探神奇的蛟湖》，7年多来，几乎全过程参加。他以高度的文化自觉，宽阔的文化视野，清新的文人笔墨，漫笔近50个县市（区）鲜明的地域特色，或发展变化的县域经济和绚丽多彩的山光水色，或淳厚的风土人情和浓郁的生活气息，从中可品读出"八闽文化走廊"的韵味。

纪实性强，是散文集的一个特点。它是"走进"八闽大地的各个县市区采风成果，很贴近生活、贴近实际、贴近群众。许怀中回顾这些年采风团足迹遍及全省之一半以上县域，也特别感到欣慰。在撰写中不仅坚持纪实性，而且注意文学性和可读性，作为共同创作这套丛书的成员之一，也是应尽的职责。所有这些，和福建省炎黄文化研究会及省作协的共同努力分不开。福建省炎黄文化研究会是民间社团组织，研究学术、组织创作、社会宣传、闽台文化交流等，又很有亲和力。研究会刚成立时，许怀中当选了副会长，因年事已高，2014年换届退下来，受聘为顾问，这套丛书的编委会主任还留着。研究会负责人和同仁，包括采风团的团队，相处都很和谐。

2. 走进安溪，品茶文化

茶园无处不飘香。2007年暮春4月，许怀中刚参加完河南的炎黄二帝巨像落成庆典活动，便从汴京古都来到安溪中国茶都采风。古都的中原文化和茶都的茶文化，在许怀中的脑海里交相辉映，荡漾出中华优秀文化的雍容风采。

走进我国乌龙茶之乡、世界名茶铁观音的发源地安溪，在这里，可以感受到"铁观音王国"历史性的变化：那一片片正在兴建中的工业园——德苑工贸园、龙桥工业园、城南工业园、城东工业园，那风韵独具的安溪铁观音集团、八马茶业有限公司，那馆藏丰富的中国茶都博物馆……处处都在显示安溪茶叶为这块热土所带来的无限风光。

然而，令许怀中特别难忘的，是安溪那一个个绿色茶园：西坪镇茶园、金谷镇尚芸村生态茶园、茶叶大观园……真是安溪茶香远，无处不茶园。这里山秀茶奇，风景佳绝，在全国各类茶园中都称得上是一道独特的风景线。铁观音，许怀中从小就有记忆，他父亲常叫他到离家数百米的一间茶铺去买一小包铁观音茶叶，茶香扑鼻。

　　西坪镇是铁观音的发源地，地处安溪的中南部、戴云山麓，古称"栖鹏"，意即大鹏曾经栖息的地方，后人取其谐音，故名。这里的地理条件得天独厚、气候温和、雨量充足，为铁观音营造了成长的温床。1996年被命名为"铁观音乌龙茶生产基地"，新千年入选中国三大茶文化黄金旅游线路。许怀中一行乘坐的旅游车盘山而上，茶园历历，梯田层叠，像是展翼欲飞的大鹏，山的一侧有座小山，犹如童子拜观音。车在一个石坊前停下，一块巨石被栏柱圈起，上书"茗圣"，里面有几株铁观音茶树，就是茶之圣者了。西坪镇面积150平方千米，茶园将近2666万平方米（4万亩），年产5000吨茶叶，是安溪铁观音的主产区之一，茶叶是镇里的经济支柱，百分之九十的人是茶农或涉茶者。这里的铁观音，是典型的"绿叶红镶边，七泡有余香"，香气悠远，茶韵独特，走俏海内外。现畅销全国28个省、市、自治区，远销50多个国家和地区，曾获"茶王"之美誉。镇里现有人口5万，在外地的西坪人则有8万多，在台湾的人数则和本地的一样多。台胞是安溪铁观音的重要传播者。采风团在夕阳中下山，山道盘旋，许怀中只觉胸中对茶、对茶乡之情也在缠绵。

　　安溪金谷镇的生态茶园，是别具一格的茶园景观。金谷镇位于晋江中游，离城17千米，是闽南主要侨乡、台胞祖籍地和革命老区。当地茶农兴奋地告诉采风团，原总理朱镕基曾在此处留下足迹，他做客茶农家的情景，茶农们记忆犹新。这里也有万亩茶园，在已建成的约为266万平方米（4000多亩）的生态茶园中，标有"示范"的就有100万平方米（1500多亩），是正在打造中的安溪茶叶发展重镇。站在这里，田野间、山坡上，满眼茶园，处处飘香。许怀中沿着水泥小径而上，茶园间，树木茂盛，涧水环绕，茶园里种树留草，套种绿肥，保护生态平衡。抬头远眺，茶园的山顶有一片翠绿的防护林，山腰上保留着一带植被，为茶园增添美的绿色屏障；茶园地块间隔着林带，茶园行道间每亩种植约10株的凤凰木、合欢树和香椿；茶园壁上的藤木带，竟如挂在腰间的绿色佩带……勾勒出茶园"头戴美帽，腰缠绿带，脚穿绣鞋"的图景。茶园被打扮得如此美丽，让人不由想起苏东坡的名句，"从来佳茗似佳人"，这里的茶园也是俏丽的"佳人"。宋代许多名士如欧阳修、梅尧臣、蔡襄等皆爱品茶，并多品茗诗赋和著作传世。这里的茶农创造了多种植物共生共荣的生态环境，呈现着茶树生长与茶园生态系统和谐的氛围，加上完善的水利和道路等配套设施,已初步形成茶、林、肥、水、路的合理配套的生态茶园系统。恢复茶园植被,保持水土,改善土壤,繁衍有利茶园的生物,有效控制、减少病虫害,茶园小气候的改善,促进了茶叶成长,保证了茶叶的质量,这一切都为精制好茶打好了基础。同时,它还美化了环境,打造了"蓝天、青山、碧水"的茶文化旅游胜地。这里的山水原来就美,传说唐朝廷派御史至安溪视察,路过金谷,便被此地的山水所吸引,留下不走了,有御史庙留存。现在茶乡更美了,走下山坡,见清澈的河水绕过人家。许怀中一行进入一家茶农新居,受到热情的接待,品味铁观音的香馥甘醇,回味金谷自然景观和茶文化的俱美双佳。

又一个风和日丽的日子,从清水岩到茶叶大观园。一路上,风景优美,空气清新,不时飘来淡淡的茶香。在半山腰,有一个花园式的茶圃,就是茶博物馆,里面标明铁观音、大叶乌龙、毛蟹、本山……林林总总的茶树,与树林、花卉交错,相谐成趣。石坊处刻着"茶缘"二字,能和茶结缘,是一种多么高雅的缘分。在"茶缘"坊前,陪同许怀中参观的县旅游部门领导和导游小姐对起"茶歌"来,那是台湾的茶歌,却也是安溪传过去的茶歌。茶叶大观园,是茶园的缩影,是茶园天然的陈列室。

流连中国茶都安溪,真是无处不茶园,无处不飘香。每一片土地,每一条溪流,每一座山峦,每一个村落,都有飘香的茶园,都是飘香的土地。它在平地,在山坡,山巅,一片片,一丘丘,一块块,一垄垄,一岭岭,一坡坡,一沟沟,一层层,是平面,又是梯田状的立体,汇作一派绿色的海洋,飘逸着绿色的云彩,流泛着清香的波浪。

茶树朴素、自然、随意、优雅、静默。它默默地吸取日月精华、山川灵气,酝酿着清灵的韵致;它和茶农息息相关,像茶农们创作的一件件艺术珍品,倾注了他们的劳作、辛苦和心血,寄托了世代茶农的期待、梦想、憧憬和希望;茶园是茶农生活的整个天地,是赖以谋生的处所,是精心培护的家园,是辛劳结晶的金色仓库。

世代茶农守护茶园,文人墨客、达官显贵情注茶园。早在五代时期,安溪开山县令詹敦仁,他的继任王直道,相继辞官,隐居山林,和茶园朝夕相对,留下"茶乡山水情最深,愿为布衣种茶人"的吟咏。然而,茶园并非世外桃源,也不是天上人间,在漫漫历史长河中,茶农的辛勤,并没有给他们带来多少幸福的生活,安溪人长期在贫困中度日。在"文革"动乱期间,铁观音茶园还遭厄运,受劫难,有的茶园被毁荒芜,改种地瓜或别的植物。是改革开放新时期的阳光雨露让茶园恢复了生机和希望，是"茶叶富民"政策，调动起茶农的智慧和创造力，才有蓬勃发展、成就辉煌的今天。近年，安溪县又提出了安溪铁观音"和谐健康"的新理念，把铁观音与构建和谐社会联系起来，把茶文化和人们的健康生活挂起钩来，把铁观音茶文化提升到新的境界，为铁观音产业的发展加进新的精神动力。

在建构和谐社会中，挖掘铁观音茶文化中的"清、静、廉、洁、俭、寂、性"的茶道精神，弘扬茶文化中"和"的内蕴，也是有价值的。茶对人们思想情操和身心健康的影响，潜移默化而深刻久远。安溪人提出"以茶丰思""以茶雅志""以茶健身""以茶行道""以茶敬客""以茶会友""以茶养性"等等，既很有趣，又很有启迪意义。他们还总结出铁观音茶的十大养生健身功能，如抗衰老、抗癌症、抗动脉硬化、防治糖尿病、减肥健壮、防治龋齿、消热降火、敌烟醒酒等等的功效。记得鲁迅先生说过，"有好茶喝，会喝好茶，是一种清福"。改革开放的成果就是要让人民共享，若铁观音的流通价格能得到更合理的掌控，则更能造福广大人民。许怀中在厦门大学求学时的老师虞愚，在调任中国佛教学院教授时曾作诗赠安溪茶叶学会，诗曰："舌根功能助讴吟，碧乳浮香底处寻；尽有茶经夸博物，何如同享铁观音。"一个愿望，即是同享铁观音。

闽台茶缘久远，在建设海峡西岸经济区这个大舞台上，铁观音也将成为闽台交往的一座铁桥、金桥。记得安溪茶都"斗茶厅"有副对联："品铁观音，香飘两岸；拜妈祖庙，情系一家"，出自中央电视台春晚节目，可做注脚。问好茶都！你已走向成功，还将大有作为，更加辉煌！

3. 上武夷山，品尝岩茶

到武夷山吃茶，是一种美的享受。作为世界自然、文化双遗产的武夷山，是一部读不完的奇书，而在那里吃茶，却是其中精彩的篇章。

许怀中初上武夷山，那是20世纪80年代中叶春暖花开的时节。在建瓯召开全省群众文化会议，会前乘空去武夷山，便陶醉在那无限风光之中。20多年来，是陪客人，或是参加文化活动；是参加会议，或是组织笔会;是与人同游,或是个人独往,他到武夷山已记不清有多少趟了。或登天游峰,或漂流九曲溪,或读朱子理学,或在闽越城怀古,或观古民居,或寻找柳永遗迹,或眺望御茶园旧址,也都不过是翻阅武夷这部书的一页。读不完的武夷山,不仅指那些新的自然和文化景点,而且含有重读时的新感受和体会,带有常读常新之意。

2014年刚过春节,许怀中便和省里作家一道,走进武夷山大红袍故乡采风,此次专读武夷山的茶文化,品味旅茶结缘的内蕴,这是武夷山一道极为亮丽的自然和文化景观。对于游人,可以概括成一句很通俗而有鼓动力、亲和力的话:到武夷山吃茶去!

"吃茶",便是喝茶。闽南人把喝茶说成"吃茶",许怀中故乡莆仙也有"吃茶"的方言。武夷山这一带,流行着"吃茶"的词汇。许怀中在茶农家里便看到挂着"喫茶去"的木匾。

到武夷山吃茶去,有它独特的魅力和风情,有什么比在这风景佳绝的山水、自然风光中品尝武夷岩茶、大红袍的茶韵更美妙的吗?在旅游中品佳茗,既在观赏秀丽景物,又可品味茶的清香、甘美,得到身心双重熏陶,岂不是一种美的享受吗?

沐浴着晨曦,新建的北景区入口,广场上类似城堡的建筑,古色古香。眼下溪谷小渔舟悠然自得,恍惚听到溪谷渔歌一曲,沿着九龙窠看天心岩茶王大红袍的路线步去,虽是重访,却对茶与景交融的场景感受最深、最新。这是一条由九座岩峰组成的宛如蟠龙盘旋的深涧幽谷,许怀中在两峰夹峙的曲径中穿行,呼吸着清新的空气,犹如闻到大红袍的清香。石壁下的茶园种植着各种名茶,"九龙茗丛园"刻着二三十种茶名:北斗、金观音、铁罗汉、白鸡冠……石壁上的摩崖石刻,刻着范仲淹等名人的诗文,那"晚甘侯"三个大字赫然在目。它原来是清代蒋衡留下《晚甘侯传》名篇所写:"晚甘侯,甘氏如荠,字森伯,闽之建溪人也。世居武夷丹山碧水之乡,月涧云龛之奥。甘氏聚族其间,率皆茹露饮泉,倚岩据壁,独得山水灵异,气性森严,芳洌回出尘表。"作者别出心裁地把武夷岩茶拟人化,把它作为人物传记来写,写出岩茶先苦后甜的"晚甘"性能,"大约森伯之为人,见若面目严冷,实则和而且正;始若苦口难茹,久则淡而弥旨,君子人也"。武夷茶"君子"长于丹山碧水独特的地理环境,"居处山皆石骨,水多甘泉,土性坚而腴"的优越自然条件,培育出如此得天独厚的性能。许怀中沿着谷间石径,过了小涧石磴,再走过一段石铺小路，一路观景，一路浮想，尽头见侧畔离地五六米悬崖半壁上，以石块垒起的小茶圃中六株大红袍母树。

站立在"茶王"面前，许怀中不禁想起关于她的许多故事传说，她本身"以嫩叶呈紫红色"，这和得名大红袍也有关联之处。据载已有340多年的历史，这里的岩土、光照、雨水、气温等等，为茶王提供了世上稀罕的生态环境。坐在大红袍对面一家茶亭品茗，止止茶道创办人叶灿女士为许怀中泡茶，茶叶小袋上印有"客来莫嫌茶当酒，山居偏与竹为邻"，据说是朱熹的诗句。这时，边吃茶，边赏景，边聊天，海阔天空，领略"到武夷山吃茶去"的情趣。

武夷山的旅茶结合，茶在景中，为景添色；景中有茶，茶更生香。正如清代沈涵《谢王适庵惠武夷茶诗》所咏："香含玉女峰头露，润滞珠帘洞口云。"武夷景区内，处处飘溢着茶香。和沈涵同为清代人的饶泽殷在《武夷茶赋》中将茶景交融写得更活灵活现："夷山竞胜，曲水矜夸；万壑流清，滋荣瑞草；千峰翠秀，产茁香茶；名堆玉乳，品美金沙。开山辟地兮遍栽嘉种，斩荆殳秽兮好获玉华。老干长新枝，盘根常看烂漫。白花方吐蕊，香芬更羡清葩。"这里景美、茶美跃然纸上。许怀中在另一个春阳明媚的上午，沿着九曲溪边漫步，山山水水茶园处处。散文家何为曾经这样描绘："山坳岩壑中间，到处是层次分明的梯形茶园，茶树丛密，这是出产有名武夷岩茶的地方。"美景、美路、美茶、美人。许怀中发现：茶树在坡崖中石块垒起的梯台上，或在狭长的峡谷间，或在悬崖峭壁上，景区内正是茶叶生长的温床。因在峡谷，云雾聚而散，空气湿度大，为茶叶营造独特的生长环境，故"岩岩有茶，茶各有名"。当然，就整个大武夷山脉而言，除了风景核心区之外，仍然有许多适宜种茶之地，亦能生产很有韵味的优质岩茶。

顺着原路回头，在山脚下云窝、茶洞流连。附近又有茶寮，登山走路累了，坐下吃茶，倦意顿消，神旺心怡。旅行途中喝茶，比平常喝茶，更带几分惬意。

武夷山水漫浸在苍茫夜色中，犹如睡美人的幽静。许怀中步入门口排着红灯笼的武夷宫风云聚会的茶厅，观看茶艺歌舞表演。

歌舞助茶兴，茶香和歌声共飘逸，也可享受人生。武夷山处处有茶楼、茶馆、茶居、茶店、茶棚、茶寮、茶亭、茶肆……有500多家。

在武夷山的每个景点，或在客舍和偏僻的茶农家里，都可以尝到名茶。记得有一年，许怀中曾在晴川阁茶观二楼喝茶，窗外是玉女峰，九曲溪在楼下静静流淌，喝茶和赏景同步，何等乐趣。此次来武夷，又访问了几家茶农、茶厂、茶商，每家都设茶座，热情为客人泡茶。

　　岩茶第一村的天心村，有家祖祖辈辈务茶户，如今三个兄弟种茶、经营茶叶，1998年整个天心村迁出景区，在这里盖了新楼。这家盖了三层楼，上楼梯时见到二至三层楼梯间大梁中间刻着"喫茶去"三个字。在三楼客厅，边喝茶，边听介绍。楼房中挂着国画，摆着许多木雕，透露着浓厚文化氛围。许怀中来到天邑茶公司的别墅露台，在阳光下喝茶，侧面是大王峰，楼房建筑得颇有特色。主人告诉许怀中：旅游有茶，增添文化内涵。还说：武夷山的道、儒、佛其实都和茶文化有关。武夷山茶树寿命很长，60年以上的老茶树，产量虽不高，但质量高。他在景区的茶园有3万亩。辞别天邑，来到打造全球名茶品牌的水生茶业公司，客厅挂着何少川同志的书法："茶韵无崖"。这家的茶韵确实广大，经销面广，规模大，富有创新精神，试制一种"冰茶"，年产量大。总经理游玉琼向许怀中介绍：她家三代人做茶，如今改革创新，创新产品，扩大了市场。公司搞了研究所，聘请专家，进行新品种开发，新工艺、新产品稳定，推广100多家。这时许怀中一边品茶，一边听主人讲解，看了她送的《中国茶文化·武夷岩茶》资料中，封页有贾平凹的手书："随许怀中喫茶去"。

　　在武夷山，寺庙品茶乃为"禅茶"，禅茶一味，物我两忘。在景区吃茶，是"观景茶"或"茶观景"。古人游武夷山，喝茶的诗文多得不胜枚举。今人写的武夷山游记，也往往对喝茶有所描摹。刘白羽"饮上一杯醇香的乌龙茶，倒也取得一丝暖意"。当他游罢水帘洞"啜一杯泉茶"，转过山头，前面的深谷巨峡，"实在太美了"！汪曾祺写道："水帘洞下有田地人家，种植炊煮，皆赖山水，泉下有茶馆，有人在饮茶。"王朝闻游览水帘洞，"坐在槛内和门外喝茶聊天，得知这里曾有向皇帝进贡的名茶'大红袍'"。他还记下在晴川阁茶观饮茶时所见的景致。又到竹料茶亭饮茶的兴趣浓极。王充闾到武夷山寻访"大红袍"，"行人已上到茶亭坐下。女老板提着水壶汲来了山泉"，为客人泡茶。大家端起杯来慢慢地细加品啜，"齐声赞美佳茗的芳香清澈"。南帆找一个山坳里的茶寮，"要一壶武夷的'大红袍'，看山峦之间一团一团的浮云变幻无端，这就是武夷山的韵味了"。马力在御茶园品饮，"望满目墨绿春茶，轻吟苏东坡'武夷溪边粟粒芽，前丁后蔡相宠嘉'的诗句，以碧水丹山为茶肆，风喧浪语为丝竹，亦得古胜源境界"。黄文山"坐在水帘洞瀑布旁品茗，更是一种享受"。许多诗人、作家在武夷山"既可饱览碧水丹山之胜景，又能品尝武夷岩茶之醇味，眼福口福兼而有之，奚何乐而不为"！"千言与万语，不如吃茶去！"

4. 崇武古城，崇文尚武

　　走进中国石雕之都惠安，一种历史的沧桑感犹如千顷波涛，在心里滚荡。许怀中初次和惠安结缘，那是在厦门大学中文系念到了三年级时的1951年夏，师生们到惠安参加千载难逢的土改。先集中住在惠安一中，许怀中先后参加了介山、涂岭的土改。记得介山有条溪流，到镇里开会，年青的土改队员背着许怀中过河。涂岭和故乡仙游交界，方言相通。许怀中住在贫农老大娘新分的一座小石头房的楼上，惠安刚解放不久，贫苦农民刚翻身，吃的是地瓜渣稀饭。老大娘过意不去，苦心张罗，炒面线给许怀中改善生活，她自己却偷偷吃地瓜渣。许怀中发现了，那香喷喷的晚餐再也难以下咽，悄然到门口透气，望着暮色苍茫中的石头山，心想：这一座座石头山如果都变成大米该多好啊！如今，这石头果然比大米要贵重，惠安已成为名闻遐迩的石雕之都了。

　　时光流逝了半个多世纪，许怀中也曾多次路过惠安，或专程重访，此次和作家采风团来采写"石都"，下榻于崇武古城一个五星级宾馆，在参观访问中，强烈地感受到这块贫瘠而神奇的土地上，正在发生历史性的嬗变。同时，深刻地领略了惠安地方文化的风韵。

　　崇武古城这个旅游胜地，自然和人文景观都丰富而独特，富有浓郁的地方色彩。这座经历600多个春秋的明代建筑古城，吸引着多少海内外的来客，每一块石头，每一个城堞，都见证过当地抗击倭寇那惊天地、泣鬼神的壮烈场景，诉说着民族英雄戚继光带领的士兵和当地人民刀光剑影、令人侵海盗闻风丧胆的动人故事。

　　始建于明洪武二十年（1387年）的崇武古城，作为一座防御倭寇侵扰的军事要塞而在史页上熠熠发光，它又是惠安地方文化的标志。珍贵的文化遗产流传千古。正如人们常说：崇武古城走廊是我国至今保存最为完整的一座名副其实的石头城。当许怀中站立在古城面前，仰望这一块块花岗岩砌成的城墙，蜿蜒起伏，城堡式的建筑，设计如此缜密而雅观，既险要又壮观，这是一个多么伟大的古建筑工程！

据介绍：其城的周长为2567米，城内南北门相距700多米，东西门相距600多米，总面积约50万平方米。城墙上1304个垛子，正与当年驻军人数相等，多么巧妙。可想而知，这座古城只有在石都惠安，才有可能出现。这里到处是花岗岩，比比皆是的石建工程师和能工巧匠，只有在他们手上，才建构出这一座石建筑技艺发展史上的里程碑。我国一般的城墙，都采用砖块垒砌或泥土夯筑，只有崇武城建筑材料别具一格。当许怀中登上城头，眺望眼前奔腾不息的大海，美丽的海湾，不禁想起1993年《福建文学》编辑部组织作家到惠安采风，在"惠安石文化专号"上许怀中写的《石之歌》散文中的一段："登上城堡，站立楼头，一弦半月坠在海滨。海风牵动衣襟，撩起了种种风情。"这是座能撩起人们千种风情的城堡。文中许怀中还写了浙江美院的洪世清教授，他回故乡在此搞了岩雕，留下"大地的石雕群"。许怀中曾访问了这位为崇武石文化增添浓浓色彩的艺术家。同来的散文家章武说："可惜洪教授去年仙逝了。"

章武也是10多年前和许怀中一道来的作家，他们如今重赏洪教授留下的体现秦汉风格、气魄大、粗犷、古朴、与自然和谐的岩雕，睹物思人，心中生出对洪教授的敬佩和哀思之情。

崇武，凸现出的地方文化色彩，除了在古城建筑中所展现的石雕文化底蕴，还可窥见遍地石文化气氛，处处巧夺天工的石雕艺术韵味。崇武石雕工艺独具玲珑、纤巧、流丽、清新、细腻的风格，堪称海内外工艺美术花圃中的民间艺术之鲜花。崇武因此素有"中国石雕之乡"之美称。随着时代的步伐，崇武石雕在技艺、品种、产品质量、数量等方面获得巨大的突破。进入处于海滨的"中华石雕工艺博览城"，便进入丰富多彩的石雕艺术殿堂。"石艺城"以蜿蜒巍峨的古城墙为背景，以奇幻岩礁为依托，占地面积9万平方米，处在"海门深处"和"靖海云峰"之间，构成独特的自然环境和人文氛围。在25个景区中，荟萃了500多件石雕精品，多姿多彩，美不胜收。这里的龙壁龙柱、惠女景园、抗倭英雄戚继光巨大塑像，古典文学著名人物、动物世界里大水池两旁的"黑猫"和"白猫"雕像妙趣横生。尤其是那征集的几十对形态万千的石狮，更具观赏价值。华夏诸神、神话、观音及石灯笼等，也都是石雕艺术的上乘之品。这许多代表作，多出自非科班出身的无名民间艺人之手，偏重于古典传统，是崇武地方文化的"奇葩"。主人特地向许怀中介绍："鱼龙窟"岩雕，是近年来崇武民间石雕走上民间艺匠与艺术专家相结合道路的成功之作，它取名于明人赞崇武的诗句："孤城三面鱼龙窟。"雕刻和自然岩石和谐融合，显示出群体艺术之美。它的创作并指导都是上文已提到的"画坛怪杰"、著名画家洪世清教授。此处的题写镌刻均是全国艺术界名家，刘海粟大师98岁高龄时题写的"天风海涛"、101岁高龄的朱祀瞻老艺术家题写的"天趣"，都赫然刻于岩石之上。

崇武是石雕艺术的走廊。当你行走在大街小巷，到处陈列着一件件石雕艺术作品。有以飞禽鸟兽为题材的，有以人物为造型的，多是中国艺术传统作品，也有欧式象征性作品。

许怀中到欧洲访问时，看到雕刻是城市的一大文化特征，这次在崇武，也品赏到石雕艺术的广阔天地，它纯粹以石块为雕刻，和欧洲以石膏为原料的作品不同。无论是崇武的古城，或是新区；无论在室内，或于室外的广场、露天，时时可见到陈列着的多种多样石雕成品、半成品，崇武是石雕的走廊、博物馆、大展厅。

参观崇武城内的振华雕塑，接待他们的吴碧华总经理是许怀中的老乡。她爱人秦建华是四川人，毕业于中央美院的雕塑专业。多个展厅陈列着汉白玉雕塑，这个厂是我国最大的、最具有专业性的汉白玉雕塑厂之一。厂内拥有多名高校雕塑家和一大批精于石雕的巧匠。这厂雕塑以设计造型著称，承办着现代城市园林、人体雕塑和宗教工艺品雕刻，作品高雅、自然。一进入厂门，触目是陈列于路旁的一系列真人肖像的雕品。肖像雕塑已成为该厂的拳头产品，蜚声海内外，远销欧美及东南亚国家和地区。更使许怀中惊喜的是，长乐冰心文学馆内的坐着的青年时代冰心雕像，原来就出自这厂，它的汉白玉雕刻在雕塑界一枝独秀，而且花岗岩、青石雕也是佼佼者，成为崇武石雕和闽南现代石雕的代表。

参观石雕厂和木雕厂，都是个美的享受。豪翔石业专门从事石材生产加工，承办各种园林雕刻及建筑构件等，产品远销国内外，是一家具有进出口经营权的综合性企业。磊艺石业是目前福建省企业自建的面积最大、品种最多、内容最丰富的石材展示中心之一，产品有石材艺术雕刻，如佛像、汉白玉雕像、玉器、壁炉、现代艺术灯笼、日本灯笼、建筑用材、地铺等产品。在厂房内，可看到女孩子手执尖细微型钢针，在石板上细心影雕，雕出人物肖像、花卉、风景，这是在早年称为"针黑白"雕刻技艺基础上加以改进发展而成的新工艺，因那时是依据照片进行雕作的，故称为"影雕"。这种艺术是在崇武潮乐村出生的女影雕能手刘碧兰于20世纪80年代在这里传播的。崇武影雕细腻逼真，独具神韵，能准确表现原创意境，充分体现石雕独特的艺术风格。崇武的石雕是地方文化中的瑰宝，是支撑中国石雕之都的有力支柱。

崇武，崇文尚武。有人单独地称它就是"崇武"，这当然是它独具的一面。崇武古城是海防军事要地，其尚武精神，得天独厚。崇武原地名为小兜寨，后改千户所，为"备防海夷入寇"筑城，取崇尚武备之意。新中国成立后，1965年11月14日凌晨发生的"崇武海战"，使崇武声威大震。

在海风习习中，许怀中一行人登上崇武大蚱山头，看了惠安女高大的塑像。下山来到大蚱女民兵海防哨所，女民兵在哨所受着正规训练，发扬惠安女吃苦耐劳的传统，坚持军事化，出色完成站岗放哨、观察执勤、防火救灾和维持社会治安的任务。指导员、女民兵和许怀中一行座谈，始知这个名驰四方的哨所始建于20世纪90年代中期，那时只是一间10平方米石构平房，如今扩建成了三层楼，设有观察室、值班室、宿舍及会议室、活动室等，训练场和生活设施配套齐全。记得近年来，中央电视台专门报道过大蚱女民兵哨所的事迹。哨所是崇武精神的大发扬，又是惠女高大形象的体现。

崇武，这块神奇的土地上居住的崇武女人，是一个神奇的群体。《福建文学·惠安石文化专号》便以惠女照片为封面。许怀中在《石之歌》散文中写道："去崇武，和几年前来时一样是个风和日丽的日子。沿途是穿着色彩缤纷服装的惠女。"这一期登载郭碧良的报告文学《生命的痕迹——惠安八女寻访记》。人们记得，1958年5月间，八个惠女驾着小舢板，从莲城半岛到对面石头满山沙满岛的大竹岛，跨海开荒种地的事迹，新闻媒体纷纷报道，那时许怀中也曾在报刊发表赞美惠安八女的文章。30多年后，女作家郭碧良去寻访当年跨海的女英雄，她们个个虽已白发苍苍，可是历史并没有忘记她们。

崇武惠女，构成一道亮丽的地方文化景观，这不仅是她们那富有地方色彩的服饰，而且透过这引起人们好奇心的服装、阿娜纤秀的倩影，窥见她们的内心世界、精神世界、性格内蕴、生活习惯等等，都富有地方特色的风情。表面看来腼腆、纤弱的女子，其内心炽热、火辣的执着，吃大苦，耐大劳，百折不挠，内蕴深邃。她们默默地生活在惠东这片贫瘠的土地上，在世俗的重压下，以特殊的方式，甚至以轻生的观念来抗争。新时代打破了千百年来禁锢她们身心的镣铐，和男人并肩奋斗，以她们的劳动，谱写惠女的新篇。在这崇武半岛上，孕育这多彩多姿、奥秘变幻的惠女，成为地区最突出、最有特色、最有魅力的风景线。近年来，惠女被搬上舞台，被摄成影视，被拍成照片，被写进文学艺术作品中，被多少专家学者写成研究论文。许怀中参加福建省第五届百花文艺奖颁奖，省歌舞剧院创作的《惠安女人》舞剧获得荣誉奖。

构成崇武和惠安地方文化景观的，还包括文学艺术方面的"艺苑花圃"。著名教授谢冕曾写道："在海滨的风沙和贫瘠之中，如这里花一般开放的女性那样，这里开放着文学、艺术的花朵。"（《特别的崇武》）完整地说：崇武不但尚武而且崇文。在硝烟弥漫、惊涛骇浪的海战中，也飞扬着文帜。明代中期以来，诗人精品佳作传世不衰，琴棋书画闻名艺坛，有"海滨邹鲁"美称。如明代黄吾野诗群，明末清初著名于世的崇武女诗人何家骏。1938年崇武诗人成立"初社"，活跃于泉州地区诗坛。改革开放新时期，崇武文学创作再度兴起，新人辈出，有所谓惠安诗群出现。崇武的音乐活动活跃，明代琴师郑佑，琴韵扬八闽大地。稍后，明末清初崇武又出了"以琴名世"的何怀远。崇武人球阿是清代中叶惠安南音最有名气的黄赞的高徒，他是一位擅长三弦和二弦的音乐家。近百年崇武南音活动一直普及。此外，历史悠久的崇武布袋戏也是有特色的地方文化。

在欢迎作家晚会上，演出惠安籍音乐家、作曲家吴文季采编的《康定情歌》，演员以不同舞蹈形式、演唱这首被列为世界最具代表性的十大民歌之一的歌曲。在崇武期间，许怀中特地驱车前往吴文季出生地洛阳镇访问，参观了他后代办的华光摄影艺术学院内的吴文季纪念厅，默然站立在他的遗像前，想起他生前的坎坷，想起他对惠安地方文化的贡献，心潮难以平静。

在崇武逗留数日，许怀中重登净峰山，拜谒弘一法师修行的千年古刹，参观惠南工业园区、达利厂、台商创业基地、聚龙国际养生园、斗尾港区等，大开眼界。临别前在惠安城，寻找旧城踪迹，但老房子已荡然无存。只在车上眺望惠安一中的旧迹。50多年前，许怀中在一篇通讯开头写道："惠安是朴实的城，石头的城。"如今惠安城已大变样。还记起20多年前从厦大到省里报到,坐杨华基同志的小车,途中经过涂岭,就在路边店吃中饭,往事依稀。这次在惠安,许怀中感受到历史性的巨变,心中生起浓得化不开的沧桑感。

5. 中国瓷都,德化掠影

阔别将近20年的中国瓷都德化,乘改革开放东风腾飞,变化得使你感到陌生和新鲜。那是20世纪90年代初叶,许怀中初访德化,留下的散文开头写道:"正是河边垂柳吐翠,山上杜鹃映红的时分,我赶忙从厦门来到德化,捕捉这里的瓷魂,窥探水魂,攀测山魂,收获了德化之魂。"(《南方瓷都之魂》)如今,地处祖国东南的瓷都,曾经和江西的景德镇、湖南省的醴陵并列为中国三大瓷都的德化,她的魂魄更美、更具有魅力,德化的经济社会、各项建设事业欣欣向荣,蒸蒸日上,而生态文明建设的成就更令人惊叹。

走进德化这个山区县城,如入佳境。她集瓷美、窑美、城美、山美、林美、水美于一身,而生态文明为瓷都添美增色。

瓷都之魂在于瓷美。德化陶瓷,源远流长,在我国陶瓷史上,写下辉煌篇章。此次他们在陶瓷博物馆内,读到德化陶瓷的史书:早在新石器时代烧造印纹陶器,是陶瓷史的开篇。唐代已开始烧制青釉器,宋代进入鼎盛期,如白瓷、青瓷已十分精致,大量出口。元代瓷塑佛像已成为贡器。明清德化瓷器远销欧洲,扬播中国陶瓷文化文明。承前启后,继往开来,新中国成立后,尤其是改革开放新时期,德化弘扬瓷文化优良传统,吸收外来长处,在工艺技术、艺术创作、造型样式、装饰图案等方面,突飞猛进,瓷器益发娇美。各家在保持自己风格的基础上,形成德化陶瓷艺术的总体风格特点,突出地方色彩,凸现个人风韵。许怀中所参观的几家瓷企业、瓷厂,犹如翻开陶瓷文化新篇,在陈列厅室玻璃橱内,瓷器展品,琳琅满目、造型优美、色彩缤纷、千姿百态。古人和今人瓷器塑像,惟妙惟肖、神形兼备、栩栩如生。

观音、弥勒的造型,慈祥、生动。许怀中曾在10多年前写的散文中记下:"他流连在造型精美,色彩淡雅的琵琶歌女、芦笙恋、西施、嫦娥的面前。我又惊叹瓷雕艺术巨匠何朝宗的瓷观音、如来、达摩罗汉的杰作。"记得那时德化友人送许怀中一尊滴水观音,这次又得到琵琶歌女的瓷塑。那时文章中还提到曾参观过故乡仙游龙纪寺的500尊瓷塑罗汉,读了散文名家郭风的大文,方知便是出自德化著名瓷器雕塑家许友义之手。事隔多年,新读德化的瓷美,这里的"象牙白"(又称"建白瓷")洁白如玉、晶莹剔透、润滑如脂,使人想起倾国倾城的美女。她曾征服过多少洋人商客,而获得"中国白"美称。

又有红艳艳的瓷器"中国红",红艳得光芒四射。如今,为了出口而设计的外国题材瓷艺术品,体现出瓷艺术视野的扩大。德化瓷雕艺术大师的作品,或为献给海外要人的"国礼",或为2008年北京奥运会的收藏品,或被北京故宫博物院永久收藏。在这块土地上,许怀中感受到德化世世代代巧夺天工的能工巧匠,日日夜夜、锲而不舍地默默奉献,铸造着纯白高洁的"瓷魂"。瓷美,美化了德化瓷都人文和自然环境。许怀中所下榻的戴云大酒店,客房内摆放红色小花瓶,格外雅致。大厅里的大红花瓶上浮雕金色舞龙艺术品,为酒店增添艺术品位。大街小巷的店铺所摆设的瓷雕,美化了环境,营造生态文明的氛围。

窑美,指的是为了生态文明建设,改造古窑,以电代柴,既保护了森林树木,又避免了瓷窑烧柴火浓烟滚滚的污染。它是德化既大力发展以陶瓷带动的经济建设,又保护环境的举措,成为德化生态文明的一大亮点。窑美,凭借了改革之力。许怀中想起党的十七大报告:"建设生态文明,基本形成节约能源资源和保护生态环境的产业结构、增长方式、消费模式。"生态文明是新时代中国特色社会主义理论体系的又一创新和伟大创举。许怀中联想到:西方的工业大发展,是以破坏生态环境为代价的,它多次造成巨大的生态灾难。革命导师马克思、恩格斯对资本主义工业发展所造成的生态和环境问题,进行过无情的批判。他们批判了资本主义社会人与自然的异化,指出"异化劳动"造成了"文明的阴沟""自然的荒芜"和"日益腐败的自然界"。随着人类社会的发展进步,人们对环保问题日益重视和关注,生产和污染的矛盾,已成为世界上共同着力解决的焦点和难点。我国提出生态文明建设,高瞻远瞩,具有重大的现实和深远历史意义。而德化在生态文明方面走在前列,它的生态环境质量居全省第一位。目前,德化初步形成了独具特色的"1+3+1"循环经济发展体系,这里前"1"指经济社会生态循环,"3"指产业间循环、产业内部循环、企业内部循环三个方面，后"1"乃社会废旧资源处理再生利用和绿色消费。德化走出一条以民营为主，陶瓷业高度外向、经济社会生态协调发展的康庄大道。尤感可喜的是，县里率先在国内进行陶瓷窑炉技术改革，研发了以电、油、液化气、天然气等为能源的窑炉改造，开发多种节能产品和技术。许怀中在将离开德化时，特地去参观宝美村破寨山西南坡上的屈斗宫古窑址，这座宋元遗留下来的共17间窑室倾斜而上，窑头火腔和窑床基本保存完好，窑室一般呈长方形，两边都留有火路沟，室与室之间保留着隔墙（即挡火墙），隔墙底设通火孔。古窑烧柴的设置显然在目。

10多年前虽已看过，此次重访，格外深刻。许怀中接着到郊外一家农民办的家庭窑参观，这里保存有唯一未改造的瓷窑。窑的四周堆着木柴，在空地上摆着陶瓷坯模，一家老少都在操作。这对许怀中一行了解传统式小规模陶瓷生产方式大有帮助，它和新式窑炉形成鲜明的对比。当许怀中一行走入一家以电代柴的瓷厂"儒苑礼瓷"时，立刻感受到这花园式工厂环境的优美、幽静。生产已经电气化，瓷窑封闭，实际上是以电控制的电炉，许怀中看到了现代化"瓷窑"之美。这家创始人、著名工艺美术师，在原来基础上创新，经过10多年的研究制出福瓷、宴瓷、红瓷等系列产品，其中需要的高温，靠电力完全可以解决。以电代柴，美化了瓷窑、带动了水电业，德化以多种形式加快境内各水力资源开发，建设大、小水电站，加强输变电网建设，为发展陶瓷业提供能源保证。"中国瓷都之乡"和"中国小水电之乡"比翼齐飞，共创德化生态文明。

瓷美，也带来了城美。近年来，德化这个典型的山区县，大力打造山县"大城关"。20世纪90年代开始实施"大城关"的发展战略，集中人力、物力、财力，优先发展城关，扩大城关面积，发展城关人口，向城乡一体化方向迈进。许怀中下榻的宾馆，从窗后可望产溪，她静若处子，静得没有一点波纹。岸边树影婆娑，和唐寨山森林公园连成一片。这个建筑面积达3万多平方米的公园，是城关发展战略的一项重要配套工程，公园已基本完成四大景区的30多个景点，可休闲娱乐，又可健身游览，为现代化城郊型森林公园。

许怀中游了公园又行走在陶瓷街上，虽已初冬，街旁的树木依然青绿，德化被认为是福建最佳人居地，名不虚传，林美，是德化环境优美的载体。"以电代柴"发展瓷业，解决了瓷林矛盾，保护了森林资源。据县志记载：实现燃料改革后的 1988 年，全县节省木材 6.6 万立方米。林业得到大发展，到 2006 年，林地面积达 257 万亩，森林覆盖率 77.3%，高出全国、全省、全市的水平。营造了山青水绿、环境优美的现代化绿色瓷都。拥有戴云山国家自然保护区和石牛山国家级森林公园、国家级地质公园等，一个县能拥有四个国家级公园，属不多见。许怀中还攀登了水口岱观瀑，又登上石牛山公园，在原始森林中行走，如入佳境。

10 多年前许怀中初访德化，就到离德化城关 40 多公里的美湖乡小湖村观看树王——千年大樟，曾写下《树魂》，赞它的"气冲霄汉的气概"。林美，也是生态文明的业绩所现。

山美和林美是孪生兄弟。德化多山，又有众山之美。德化素有"闽中屋脊"之称的福建大山脉戴云山，海拔 1856 米的主峰横亘境内，全县海拔千米以上山峰有 250 多座，1500 米以上山峰也有四座。此次虽无法攀观"闽中屋脊"，去领略"戴云山与白云齐，透顶方知世界低"的境界，但以前已有登临九仙山的飘然欲仙的感受。

许怀中曾以《山魂》为散文中的一则，写下登九仙山的游趣，"经过一阵的盘旋，渐入佳境……春阳流金，溢满重重山峦"，"与戴云山主峰，遥遥相对……我伸起手来，似乎可触及冷冷的云"，因山上古寺有楹联"石室峰悬云带冷"句。

德化除山美之外，又有水美，也与生态文明有关。德化处于闽江、晋江上游，它为下游送一江清水，保证水质，不污染。化废为美，是指废瓷土回收、加工、利用和处理的所谓"静脉产业"的发展。当许怀中访问县环保局后得到这方面的具体信息，如冠福企业，次品回收年节约 300 万元。许怀中特地再访冠福，专看废瓷处理。走进工厂靠山坡的后区，巨幅标语映入眼帘："废瓷收回，循环利用，减少污染"，厂房中堆着废瓷，巨大电磨正在磨碎废料，磨成粉，加入瓷土，装袋利用。这便是德化独具特色的"1+3+1"大循环中最后的"1"：社会废旧资源处置再生利用和绿色消费工程。化废为美，是德化生态文明的举措之一，也是许怀中所写德化生态文明之"影"。

6. 游太姥山，山海情深

春深似海的时令，许怀中和省里一批作家走进福鼎。许怀中回想起24年前也是暮春，他跑了闽东五个县，从福安经柘荣，初次来到福鼎，下榻福鼎招待所，参观了许多文化设施，看了两台戏，夜里听春雨潇潇，想明天登太姥山将成泡影。主人安慰说：曾有位老教授，在福鼎也遇大雨，作诗祈求天公作美，但不能如愿，只好扫兴而归。主人的用意很清楚，大概说遇雨不能登山，非许怀中一人。可意想不到，天亮起床，艳阳满地，登名山的游兴如愿以偿。中午登上太姥山，领略山海之情。下山浓雾锁住公路，雾里行车。那时林思翔同志作为宁德地区领导来接待，后调省城，如今和许怀中一道来采风，真巧。初游太姥山，许怀中写了《山海情》散文，有段描摹："太姥风光，概括了闽东沿海地区的特色，既有山色，又有水光；既有山珍，又有海味；既有山的海岸，又有海的山城，是念'山海经'的好地方。闽东是福建东面的边界、门户和窗口，又有通向世界的港口。是老区、边区，又是少数民族聚居的地区，集'老、少、边'三位一体。"此后，许怀中又数次到福鼎，这次重访，深入了解福鼎的山海，它不仅是地理的概念。自然的特色，而且是人文的概念，蕴含着人文精神的深厚底蕴，对福鼎的山海情加深、加浓、加大、加沉，故在原题的"山海情"之后，加上"深"字。

从地理位置而言，福鼎处于福建东北部，这里的"山"，坐落在西北、西南部之间，千米以上的高山都在这一带。地形从东北、西北、西南向中部腹地和东南沿海呈波状倾斜，形成三面环山，一面环海的"山海相依"地貌。这里的"海"，海岸线曲折，长达约400公里，拥有众多的海湾、岛屿，主要的海湾有41个，岛屿多至80多个。有天然良港。依山傍海、山明水秀，是福鼎的自然景观。太姥山风景区，素称"海上仙都"，融山、海、川、岛和人文景观为一体。唐宋时代，有36个寺院。摩崖石刻"天下第一山""道仙佛地"等数十处。留下古刹、碑刻、朱熹草堂与隐居之山洞等的丰富人文景观。太姥山三面临海，一面背山，巍峨秀拔，奇岩怪石，登临绝顶，海天茫茫，蔚为奇观，不愧以"山海大观"闻名于世。

福鼎历史悠久，系闽越和瓯越文化发源地之一，中原文化传入较早，早就是闽浙边界经济文化交流中心和商贸重镇。秦汉以来，便为闽越之间重要城镇。道、佛、儒宗教文化深厚，畲族文化独具特色，"二月二"歌会被列入国家非物质文化遗产名录。饮食文化富有地方特色。太姥山下秦屿镇，是明代福建沿海抗倭的英雄阵地，有"万古重镇"之称号，与闽东老区革命精神，共同建构现代福鼎多元文化体系，是"山海文化"的精髓所在。

"山"的文化，可说以太姥山为载体，包含着极其厚重的文化韵味，它又与"海洋文化"融会贯通。福鼎文化界正在深入挖掘太姥山的太姥娘娘文化。市文联送许怀中的一份新近调查报告《整合太姥山文化资源，促进旅游发展》，提出要进一步挖掘"太姥文化"，深刻把握"太姥文化"内涵。上说：近年福鼎市提出挖掘整理"太姥文化"这个概念，旨在提升太姥山文化品位，促进旅游经济的发展。大家认为："太姥文化"应是个大文化的范畴，它涵盖了各种各样的民间文化，是民间文化生存的一个空间。"太姥文化"还包括唐代以来，名人仕宦寓居、游历太姥山留下的大量诗文作品。可贵的在于它全面地阐述了"太姥文化"所涵盖的文化、提出系统研究太姥娘娘的课题，发挥太姥山宗教文化优势、重视畲族文化在太姥山的影响、做好白茶文化文章、建立文艺创作基地等。

"太姥文化"自然离不开太姥娘娘的传说。相传在公元前21世纪的舜时期，当地村姑乐善好施，曾用白茶救活周边一带身患麻疹绝症的病儿，后又广种白茶，这位伟大女性后被尊为太姥娘娘。她关系到古代女神崇拜，是我国上古女神构成民间的信仰。传说中"七月七"是太姥娘娘升天日。作为比海上女神妈祖、妇幼保护女神陈靖姑要早得不知多少年代的"三大女神"之一的太姥娘娘，可能由于材料挖掘和宣传力度的原因，并没有达到妈祖、陈靖姑的家喻户晓、妇孺皆知的地步。

太姥娘娘又和白茶文化不可分。许怀中曾登上太姥山，到鸿雪洞观看白茶母株，传说是太姥娘娘种下的，留下观丹水井。太姥山下的白琳、点头等乡镇，是白茶栽培基地。福鼎成为"中国白茶之乡"。此次重登太姥山，在半山腰原管委会对面小茶店喝白茶，品尝白茶的色、香、味。女主人泡的白茶，杯中茶叶如白毫银针之状，银光仙气，令人惊艳。听说日本电视台曾于20世纪80年代到太姥山拍摄福鼎大白茶、古茶电视片。因绿雪芽有福鼎白茶始祖之说。白茶色美、味香。又如白牡丹青翠鲜嫩，气质古朴典雅。贡眉、寿眉之醇厚甘美，回味无穷。宋皇帝赵佶迷恋之深，做了白茶专论，惊叹殊异美质，他写道："白茶，自为一种，与常茶不同。"在一些茶经、茶书中都有记载。从太姥山下山途中，停车观看一片绿色茶园，犹如一片绿色海洋。福鼎茶园3000亩，散落在山下、丘上、海边、路旁。许怀中去参观翠郊古民居途中，看到海边小丘上的茶园，绿色枝叶在海风中摇曳。在福鼎，处处品茗，处处看到茶园中采茶女在采茶，看到桐北中心小学学生专场少儿茶艺表演。这所百年老校，沉淀着如茶文化般的底蕴。孩子们从小就饮茶、爱茶。学校利用第二课堂向学生宣传家乡的茶文化内涵，培养他们学习茶的知识，热爱茶文化，练习茶艺表演，乡音乡韵唱茶谣，行云流水演茶艺，如痴如醉诵古诗。演员一边表演茶艺，一边作书画，主持人用毛笔写上"醉茶"，很漂亮的书法。在节目单上写道："祝福您，各位嘉宾！您选择了福鼎白茶，就是选择了温润幽雅，健康与快意，正直与善良！"福鼎人处处展示茶的文化芳香，在城关打造"太姥山特产街"，许怀中一来，便流连在这条以茶叶为主的街道上。在福鼎还参观了几家茶企业、工厂、基地和茶具公司、工艺厂。

　　太姥山是一座具有鲜明畲族文化特色的山。据说，至少在明代就有古代畲民在太姥山刀耕火种，繁衍生息，创造了独特的风情，畲族习俗，也是太姥山文化不可或缺的部分。从太姥山下山，经秦屿镇时，观看了太姥山畲族风情园，它集畲族风情表演、畲族民俗展、休闲、娱乐、饮食、购物之大成。对畲族妇女的服饰、发型、婚嫁的特色有生动的展示。这些年来，畲族"二月二""三月三""四月八"等民俗歌会越办越火红。"四月八"活动，这天牛不下地，用红布披挂牛角，洗干净，不能鞭打，体现对牛的爱护、对传统农耕文化的尊重。许怀中还在方家山畲族苑品茗茶。其他如畲族"正月十八"的"冥斋节""四月八"的"佛俗节"，放射出形式多样的畲族节俗文化光彩。畲族文化是一条连接海峡两岸和沿海一些省份独特的文化纽带。福鼎除了畲族文化，还有丰富的民俗文化。如"铁枝"民间表演，是明代从闽南传过来的，是国家级非物质文化保护遗产。"饼花"民间艺术和木偶是省级非物质文化保护遗产。这里的提线木偶，明代戏曲评论家谢肇淛《长溪琐语》中便有记载。福鼎木偶"文言加白话"说唱形式全国独一无二。蓝印花布是福鼎民间以兰草染布，传说太姥娘娘是第一个染布女神。关于福鼎的民俗文化，许怀中去市文化馆访问前，马树霞先生向许怀中介绍了许多。

到福鼎的当天晚上，主人请许怀中一行到街上吃小吃。黄记超薄皮馄饨、施家蟹膏雪里蕻、爽口的牛肉溜溜、解馋的鱼片肉片、岩前下酒的油炸带鱼等，都是福鼎地方饮食文化的品牌。

听说福鼎民俗中，有海上闹元宵活动，把元宵闹到海上去，实属罕见。他们视此与海洋文化有关。海洋文化和太姥山文化相融合，注入福鼎人的性格中去。许怀中曾在多年前的散文《山海情》中写道："此处有山区人的朴实浑厚，又有碰海者的秀色钟灵，质朴中蕴含秀气，浑厚里包藏钟灵。"这是对福鼎人的最初印象。此次重访，他对福鼎山海交融精神体会更深，无论走到哪里，都能感受到山和海交融的情怀。这回再次参观翠郊古民居时，就发现大门顶浮雕四个大字"海岳钟祥"，进入大厅上横匾"福海寿山"，对联"福如东海长流水，寿比南山不老松"，都把山和海连缀一起，成为吉祥之意。福鼎是山海交响乐，是一支山海的长歌，有山的厚重，又有海的深沉。

7. 读金漳浦，文化荟萃

漳浦旧为绥安县，东晋义熙年间建，隋废。唐垂拱二年（686年）建立漳州时附州设漳浦县，至今已1300多年。漳浦历史悠久，山川钟秀，人文鼎盛，文化荟萃，民俗风情多姿多彩，人才辈出，浦台渊源深远，拥有区位优势、物资丰富，素有"金漳浦"美称。明代名人黄道周对故乡描摹道："吾浦，故郡治。山水奥交，双溪从西、北来，至九曲，引南涧东上，迄县阳十余里，乃与潮合。潮上下东自鹿溪，西至石邪。石邪之涨，纳于西湖；西溪之涨，入于泮水。环总衣带，在阶除间，众流媵之，故称'浦'焉。明兴二百余年，浦人文最盛，不尽水力，亦以奥宅故。"（《双溪碑记》）黄道周对为何称"浦"做了演绎，并提起人文鼎盛的历史。

许怀中和漳浦缘分匪浅，从20世纪80年代开始，曾多次访浦，在散文集里留下多篇作品。最早是1985年去赵家堡参观，1999年为迎接新中国成立50周年，福建省文联采风团到漳州一带采风，许怀中在漳浦参观了黄道周讲学处、花卉中心、西湖、赤湖等地。进入新世纪的2004年春,在漳州开完会,赴漳浦参观天福茶博物院,到"唐山过台湾石雕园"观赏。2009年暮春,先到漳浦安排采风事,这次和采风团下榻于风景宜人的石雕园内的一幢小别墅中。

走进近年来社会经济各项事业蓬勃发展的"金漳浦",经过几天的参观访问,细细咀嚼"金漳浦"的"金"在哪里,探寻漳浦的含金量:她的闪光点,她的亮点,在"金"光的照耀下,鲜活了过去采风留下的印象,融入重读漳浦的新收获,感受到"金漳浦"的"金"就在于她的"独特"之处。

文明古县漳浦,其历史名人就有它不同凡响的独特性。如"一代完人"黄道周;"两代帝师"蔡世远、蔡新,"蓝氏三杰"蓝理、蓝廷珍、蓝鼎元等文官武将皆然。黄道周10岁能作诗文,"若有神授"。天启二年中进士。为官忠直善谏。时元兵入侵,"诸将帅皆观望,无肯出死力。道周愤,自请督师出关……进至婺源,一军尽覆。被执羁婺源,七日不食,不死",在幽禁期间,"夜闻钟,感旧事,得绝句百余首,哽咽绝俟"。后壮烈牺牲于南京。"道周学贯天人,诗文敏捷,博奥黝深,不可卒读,而妙义回环,讨绎不尽,旁及天文历数,皇极诸书。"他的官品、人品、文品的完美,可为楷模。许怀中曾参观漳浦县城东门外"东皋书舍",今称讲堂社,清代蔡世远、蔡新叔侄,以其学问、道德、文章得到清朝廷的重用和礼遇,分别为乾隆和嘉庆皇帝的老师。他们出生于梁山之麓的下布村,漳浦有一个村落出现"一门两帝师",在我国历史上是少有的奇迹。他们精忠报国、为民造福、恪尽职守、教睦邻里的道德风范,受到人们无限尊敬、爱戴。蔡世远积极从事教育事业,建立以诚义为主体的志气论,躬行复性说(即是要恢复自己的天赋本性)。蔡新通晓政治、经济、军事、史地、理学、易学等,出类拔萃,才华横溢,辅导皇子读书达40年之久。他为中华民族文化巨著《四库全书》付出心血。在清朝的康熙、雍正、乾隆年间,漳浦涌现出蓝理、蓝廷珍和蓝鼎元三位文官武将,被称为"蓝氏三杰"。他们为清朝统一、治理和开发台湾做出卓越贡献。蓝理作为平台先锋,血战肚破,仍两救主帅施琅,被康熙誉为"平台首功",赐予"勇壮简易,所向无前"牌匾。蓝廷珍署理台湾期间,积极维护台湾局势稳定,大力发展台湾民生,多次上书力阻朝廷弃台,被雍正誉为"治台名将"。蓝鼎元首次全面、系统提出治理台湾的理论体系,治台有功,被乾隆誉为"筹台宗匠"。这三位文官武将,传奇性的人生历程,其"所向无前"的精神，独树一格。

从"蓝氏三杰"的伟绩中窥见：漳浦和台湾之间有座金桥。漳浦乌石妈祖和台湾妈祖一脉相承。乌石天后宫位于县城东部的乡镇，人杰地灵，明代中期开始以鼎盛文风著名于世，出现了林士章等一大批以科举出身的著名历史人物。乌石天后宫供着一尊黑面妈祖，据载是探花林士章从莆田湄洲湾祖庙请来的，祖庙原有红面、黑面和金面三种妈祖塑像，至今仅存红面妈祖。20世纪之后，这尊世界上最古老的妈祖金身在台湾巡游本岛及澎湖、金门、马祖等26个县市，掀起"乌石妈祖热"。黑面金身妈祖以黑沉香木所雕，已逾千年，又是妈祖神像中的独特雕像。此次许怀中二度到风景秀丽的乌石天后宫参观，方知其详。

金漳浦之"金"更在于对台区位的独特优势，有着人缘、商缘、茶缘、花缘、神缘、文缘等诸多对台优势。漳浦是台湾同胞的重要祖籍地，目前2300多万台胞中有200多万人祖籍在漳浦，占台湾总人口的十分之一。漳浦人对台开发和治理功不可没。此次采风，许怀中一行重点访问了古雷港口经济开发区。办公大楼上张挂"开发古雷，融入海西""海西明珠"的大幅标语。看地图，古雷像一只大鹏鸟，伸长着脖子，伸向台湾海峡，这"脖子"便有27公里长，地理环境得天独厚，拥有区域发展优势，如有天然深水避风良港，可供建设30万吨级泊位的深水港；又如附近可供饮用的淡水资源丰富；环境容量较大。漳浦人正以大手笔书写石化工业区的宏图，现已建成5000吨级建材码头、5000吨级滚装码头及20多公里长的杜古疏港公路，基础设施正在加紧建设中。

金漳浦是台商投资密集地之一。现已有台资企业52个。古雷港有台商投资巨额的项目。县里在全国率先设立了"台湾农民创业园"。同时，漳浦与台湾还与茶结缘，走出一条两岸同胞共创双赢之路。20世纪90年代，台商李瑞河先生在祖籍漳浦创办天福茶叶集团，建成规模宏大的茶博物院，开辟"唐山过台湾"石雕园和成立全球第一所茶专业高等院校——漳州天福茶职业技术学院，使漳浦成为茶叶经销、茶文化、茶教育、茶研究的一个基地。采风团兴致勃勃地参观了校园优美、新建不久的这所茶专业高等院校等。

旅游资源的丰富和独特性，使漳浦流金焕彩。许怀中记得那年正在酝酿写篇怀念大海的文章，刚好漳浦县副县长、书画家林仲文邀请许怀中去采风，下榻于海滨度假村一幢小别墅。许怀中乘船参观林进屿、南碇岛等火山岛以及古雷半岛、莱屿列岛等世之罕见的海上奇观，被这里的海景深深震撼，写了《海上奇观》《大海情缘》等散文。想不到此次采风第一站，便到国家火山地质公园，这里的"火山岛·蓝海焰影度假村"便是几年前下榻所在。如今独栋别墅新建不少，许怀中经过曾经住过的别致木屋时，度过的海滨温馨夜晚的情景重泛心湖。赵家堡、西湖公园，都是旧地重游。《漳浦县志》上载：西湖"始辟于宋嘉定八年乙亥……湖通南溪，溪潮以时出入""当秋色晴明，鉴澄浩碧，含远山，映近堞，近邑一胜观也。为十景之一，"西湖是近邑的景区之一。乡贤，宋代名臣蔡襄，来过西湖，留下《四月八日西湖观民放生》诗篇："盈舟载鱼虾，投泻清波际。应无校人欺，独行流水惠。非求升斗活，终免蝼蚁制。江湖自相忘，洲岛亦还逝……"他对西湖的放生，有感而发。许怀中在西湖游记中写下这一段："漫步到岛上湖心亭，登上第四层，放眼遥望，江水滔滔。人们不禁回想唐代'开漳圣王'将军陈元光从中原带领士兵浩浩荡荡开拔入闽，后在这设府。士兵们思念家乡，英武的将军指着远处的漳江说，那就是家乡的江。漳江和漳河虽一在南方，一在山西和河南交界的北方，但都是祖国大地上相通的血脉。"

"中国花木之乡""中国榕树盆景之乡"的漳浦，花卉飘香，为打造"金"漳浦营造浓郁的氛围。1995年，国台办、农业部和福建省政府在漳浦马口建成"花博园"，后扩建成"东南花都"，连续成功举办10届"海峡两岸（福建·漳州）花卉博览会"，以花为媒，广交朋友，创造商机，花美卉丽，远播五洲四海。许怀中曾于10年前参观过"花卉中心"，写下"她是展示漳州、漳浦新姿的花卉中心，又是花卉之城，又是百里花卉走廊……集生产基地、保鲜加工、储藏运输、批发零售、科学实验、科普宣传、旅游观光、面向国内外的大型花卉市场于一身。"（《赴漳浦途中·金三角花乡新姿》）后又参加"花博会"活动，重赴东南花都采风，觉得花都花更多更鲜，环境更美了。

离开漳浦之前，特地驱车到沙西镇"中国榕树盆景之乡"参观。它位于漳浦西南部，东和古雷港区接壤，南临东山湾，西接云霄，北依梁山山脉，其独特的人文、地理优势，孕育出具有地方特色的"块根型榕树盆景""气根型榕树盆景""树桩型榕树盆景"，统称为沙西榕树盆景。进入沙西，路旁榕树连接成十里绿色走廊。走进企业、基地，眼前出现各种不同造型的榕树盆景，令许怀中目不暇接，进入"无声的诗，立体的画"

的境界。近年来，产品畅销全国各地，以及出口欧盟、日本、韩国、芬兰、东南亚等国家和地区。沙西榕树盆景前景如花似锦，十分灿烂。全镇已建设规格花圃200多家，种植榕树9180亩，年产榕树盆景精品800万盆，小盆景大产业，誉满全球。尤其是人参榕（块根榕）在海外被誉为"中国根"。西沙镇党委、政府高度重视榕树产业发展，提出"科技兴榕，以榕兴镇"的经济发展战略。临别前许怀中站立于镇办公楼眺望，一片松树海洋，在风中泛起千层绿波。他心中默默地为"中国榕树盆景之乡"祝福……金漳浦，在海峡西岸闪发金光。

8. 沙县小吃，文化灿烂

位于闽江支流沙溪下游的沙县，荡漾着闽江源头的激情，奔涌着虬江的浪花。自东晋义熙元年（405年）建县，迄今已有1600多年的历史，勤劳实干的沙县人民，创造了辉煌灿烂的历史文化，沙县曾出现"五步一塾，十步一庠"的文化景观。源远流长的沙县饮食文化，是中华饮食文化的奇葩，这里有闻名遐迩、被誉为中华饮食"活化石"的沙县小吃，沙县被授予"中国小吃之乡""中国小吃文化名城"等荣誉称号。

沙县小吃历史悠久，制作工艺渊源来自古中原一带民俗，拥有千年历史，蕴含着深厚的文化底蕴。沙县小吃遍及海内外，不仅在国内，当你走街串巷，在大街小巷都可以看到挂着"沙县小吃"招牌的店馆，如在上海有沙县小吃餐饮公司、在深圳有四和食品公司。而且在东南亚和其他国家和地区，也有沙县小吃，如在日本、新加坡、美国的太平洋旅游胜地塞班岛都有沙县小吃的影踪。外国人称赞"沙县小吃"是中国的"三明治"。沙县小吃从业人口多，改革开放以来，县领导为解决就业增收问题，采取一系列扶持政策，走出一条引导农村富余劳动力转移、实现农村经济发展的新路子。沙县小吃店已遍及全国各地，形成中国餐饮行业中经营店数最多、经营区域最广的态势。沙县小吃品种多样，已有63个品种被认定为"福建名小吃"，有30个品种被认定为"中华名小吃"。沙县小吃制作工艺被列入福建省非物质文化遗产名录。

当沙县被中国烹饪协会授予"中国小吃文化名城"称号后，当地投资 2.6 亿多元，占地 100 亩，建筑起面积 8 万多平方米、规模壮观的沙县小吃文化城，成为沙县小吃品牌对外宣传的窗口，变作闽西北游客旅游、观光、饮食、购物、休闲的胜地。

当许怀中一行走进沙县小吃文化城观光时，看到这座建筑采用中国古典徽派园林设计手法，以沙县传统的明清建筑风格为基调，融入了淘金山人文、历史、自然景观，展现出沙县 1600 多年的闽中悠久历史和饮食文化古城风貌。其大门口由书法名家沈鹏手书的对联"俊彦溢清芬焕古色山明水秀，时风催骏骥看新天凤翥龙翔"，体现了沙县人文和自然景观的风采。流连在这座坐北朝南、两厢铺开的小吃文化城，许怀中感受到饮食文化的浓厚氛围。"沙县小吃文化节"的标语犹在高挂，广场上表演着沙县独特的"肩膀戏"，素有肩膀上的民间艺术奇葩之美称。肩膀戏起源于清乾隆年间，已有 100 多年的历史，以其别样妖娆的地方风韵、童趣盎然的独特艺术魅力，成为中华民族民俗园地中的瑰宝。只有三五岁的小演员在演唐僧取经片段，其演技奇特、唱腔动听，几个壮汉肩上站的小演员在乐曲声中，边唱边舞边说白，脚下的大人伴随音乐节奏，配合默契，浑然一体。曾荣获第五届全国民间艺术表演金奖。演完之后，大家抱起了可爱的小演员合影留念。

许怀中离开沙县之前，特地到夏茂镇采访。它是处于沙县西北部距城不到 40 公里的乡镇，是个农业大镇，也是远近闻名的小吃重镇。它是沙县小吃发源地，积淀了独特的地方特色饮食，以风味独特、做工精细、品种繁多和经济实惠著称。如今，全镇外出办小吃人员达 1.5 万人，每年增收 1.5 亿元，小吃业已成为夏茂人民收入的主要支柱之一，夏茂人的小吃文化、精品意识、品牌意识、时代意识、竞争意识和开拓意识，使它的经济社会迅速发展，在小吃文化方面做出贡献。许怀中在街上一间小吃店品尝了米浆灌肠、米浆牛血小吃，确是名不虚传。

在夏茂的长阜村，许怀中感受到新农村建设的成就。这村人口不多，但在外经营小吃的有 1200 多人，创收 1000 多万。留在村里的人，正在按照"生产发展、生活宽裕、乡风文明、村容整洁、管理民主"的要求，加快新农村建设步伐。正在加紧进行旧村改造，在主村开发宅基地、新建村宅，可安置宅基地 161 户，其中"两户一体"户型 118 户。全村朝着建设全省社会主义新农村的先进村目标发展。

沙县的食品产业，是带动饮食文化发展的动力。来到沙县，许怀中第一站便参观了金古园重点企业三和食品集团有限公司。这是一家专业生产经营土笋冻、番茄酱等系列深加工产品的外向型企业，是农业产业化国家重点龙头企业、省级农业产业化重点龙头企业、中国食品土畜进出口商会全国竹笋行业协会理事单位及行业每年度对日谈判首席代表企业，竹笋系列产品远销日本，占日本市场的一半份额。公司投资1.8亿元在金古园新建年产16万吨番茄酱深加工项目（一期），已建成生产厂房、综合办公楼、职工宿舍等设施。番茄酱系列产品生产引进意大利先进技术。许怀中看了先进的番茄酱自动控制系统生产线，产品销往欧、美、俄罗斯、中东与非洲等国家。公司生产技术与装备达到国际先进水平。它以"公司+基地+农户"的产业化经营模式，构建了前接国内市场，中联中小型加工企业，后牵广大农户和原料基地的贸、工、农一体化格局。

食品加工产业，又如在沙县的福建省维斯特蔬菜果汁有限公司。它以"走绿色全天然之路，创健康美好新生活"为经营理念，采用芦笋、胡萝卜、芹菜、菠菜、柠檬、草莓、蜂蜜等为原料，生产全天然百分之百果蔬汁，产品在国内尚属首创。

三明高新技术产业园区金沙园是三明市与沙县联合开发的工业园区，为省级高新技术产业园区之一。其中三和食品公司是全国最大的笋制品加工企业，是园区四大产业的集群之一。

沙县小吃文化和旅游文化的结合，是沙县饮食文化得天独厚的优势。许怀中记得2005年深秋，曾应三明市文联邀请来沙县采风，作家在饭桌上聊天，概括了沙县的四美：美食、美景、美文、美女。美女和美食息息相关，传说古时曾有一末代皇帝，携带后宫几十人逃难来到沙县，皇帝见此处依山靠水，鱼米之乡，就决定将宫女暂时安顿下来。不料皇帝一去被追兵所灭，宫女们只好下嫁沙县，传下后代美女众多。她们把家乡和宫廷各种小吃制作技艺传给当地，成为沙县小吃滥觞。美食和美景又确是沙县的两大特色，这也是所说的小吃和旅游融合的文化景观。小吃可招徕游客，而旅游需要美食。现沙县小吃文化城正在做小吃文化和旅游文化有机结合的文章，使其成为辐射沙县以及周边旅游观光的中心基地，成为沙县和沙县小吃的外窗口，带动沙县小吃业更快发展，又能发挥沙县旅游业的作用。

小吃业与旅游区、旅游景点结合，打造小吃文化名城和旅游基地的品牌，如将在旅游胜地开辟文化小吃广场之类。

此次采风，许怀中重登淘金山，又一次来到独具特色的千年铁树群。"石屏风"旁的宋桂，玉树临风，依然蓊郁。李纲对沙县桂花情有独钟，曾吟咏："桂花岁岁占秋风，香满滨城十里中。怪底士夫多折得，移根初自广寒宫。"许怀中登上山顶，驻足于目前全国最大石雕卧佛之前，思考着沙县旅游资源和饮食文化联姻的事，若有所得。

春夜，许怀中下榻绿园酒店八层单间客房，玻璃窗下，虬江静得一点声息皆无，彩色灯光投影江面，色彩斑斓。许怀中不禁想起李纲的《十里平流》诗句："平溪绿净见游鱼，十里无声若画图。但道曾经太史爱，不须污染自为愚。"灯下，翻阅主人送的《海峡旅游》杂志"沙县小吃"专刊，卷首《民以食为天》，介绍中国饮食文化历史，"名声日噪的沙县小吃，堪称是闽中小吃一朵奇葩。其料之精、工之巧、色之美、味之香"，在华夏大地熠熠生辉。沙县小吃，不仅是一种美食，也是一种文化。从中获得沙县小吃文化和旅游文化融合的许多信息：作为旅游城市，"吃"为旅游六要素之首，透露出沙县饮食文化和旅游文化诸多亮点。沙县政府相继出台了加快旅游业发展的若干意见，并着力挖掘沙县小吃文化内涵，加快小吃文化城的建设。

沙县正大力挖掘、规范、研究饮食文化内涵，提升沙县小吃的品位。沙县党政领导加强对沙县小吃业的领导，设立专门领导机构，如建立沙县小吃同业公会：成立以县委书记任组长的沙县小吃业发展领导小组。小吃城管委会，各乡镇街道也相应成立小吃办。沙县还在全国18个省（市）设立沙县小吃行业管理组织，未设立组织的地方聘用联络员。兴建"沙县小吃培训中心大楼"，先后编撰各种图书，如《沙县小吃丛书》《沙县小吃经营与制作技术》《沙县小吃初级技能鉴定教材》等，出版《沙县小吃经营与制作技术工艺研究》等共7套130多万字的技能培训教材，为沙县小吃培训和提升发展奠定基础。多年来，采取长期办班和短期培训相结合的办法，强化对从业人员的培训，提高质量。重视信息工作，有关部门每月编印一期《沙县小吃信息》。严格行业自律，沙县小吃同业公会先后制定若干"行规行约""管理办法""管理规则"之类，促进从业人员遵纪守法、文明经商、维护沙县小吃品牌。此外又制定一系列行业标准、管理办法和规定的条例。总之，沙县采取了多种行之有效的方式，多层次、多角度推介、维护小吃行业，创造更多有利的发展环境。

举办各种活动，突出品牌宣传。现已举办13届"中国·沙县小吃文化节",举办沙县小吃发展研讨会和论坛等系列活动;在外地举办沙县小吃文化展示和小吃推介品尝等活动;组织参加国家和省市级的餐饮博览会和行业评比、竞赛及相关行业活动。有关影视部门举办过"海峡两岸小吃邀请赛"活动,沙县小吃制作精英现场表演,同时举办"千人包扁肉"活动,拍摄多部影视专题片。通过新闻媒体和文艺形式广泛宣传,不断提高沙县小吃知名度。

在民间流传的沙县小吃故事,也是沙县小吃文化的组成部分。对它们收集整理,可以起到承载、丰富和发展沙县小吃文化内涵的作用。现已出版的《沙县小吃故事》,正是这方面需求的反映。

在沙县小吃故事中,和当地农民起义首领邓茂七有关的如《红糟鳅》。关于李纲吃扁肉的传说,如李纲帮吴仕仁老大爷的扁肉店,他把朝廷传出的添香增味配方用来做扁肉,生意大大兴隆。还有李纲与扁肉西施的故事,小吃店主罗先生老实,妻子美丽聪明能干,她的扁肉最好吃,夫妻对李纲恭敬有加。后扁肉西施被流氓强暴,李纲得知此事后设法追捕逃犯,判以重刑,从此沙县太平无事。宋代名臣李纲被朝廷贬至沙县当小官,对沙县文化教育影响极大,想不到对沙县小吃文化也有贡献。此外还有萨镇冰在沙县到他所敬重的年谊林水栋家吃饭的故事。又有彭德怀用沙县小吃宴请指战员的传说。许怀中在夏茂吃米灌肠小吃,就有篇《米灌肠》故事。有次在饭桌上吃"锅粑",大家赞不绝口,在《烙粑的传说》中介绍沙县民间有吃烙粑的风俗,即以米浆烙粑代煎饼,它不是人们通常所说的煮干饭烧底"锅巴",其中有它独特的制作方法。不少小吃故事中,记载了原料、工艺、制法等,这在民间流传,起了小吃制作的普及作用,又为沙县小吃文化增添了故事色彩。

9. 永定土楼,魅力无限

改革开放新时期,许怀中第一次到龙岩是1991年春,为迎接建党70周年,带领省作家代表团深入访问,写了《红土地踏春行》一组散文。新千年,许怀中读《参考消息》登载的一则日本记者访问永定土楼的文章写道:"客家人被称为中国犹太人,巨大的圆楼群,是客家文化的象征,目前中国正准备将它申报为世界文化遗产。"正好当地来约稿，许怀中以"永定土楼和客家文化"为题，追记10年前到永定参观振成楼等土楼的情景。如今以永定为主体的福建土楼，已被联合国列入世界文化遗产名录。此次，许怀中和省作家采风团专访永定，参观了初溪土楼群等，又读了许多资料，从建筑文化、传统文化、家族文化、民俗文化、旅游文化等方面加深了对永定土楼的认识。

建筑文化，是永定土楼文化的重要载体和体现，它在我国建筑史上写下光辉的篇章。永定客家土楼源远流长，它可以追溯到公元10世纪六七十年代。唐末宋初，客家民系在闽粤赣边区形成后，便是土楼兴建之时。现永定土楼保存数量最多，达2万座以上。其风格独特、结构奇巧、规模宏大、造型壮观，形式多样、功能齐全、内涵丰富，是世界文化珍贵遗产。

永定县位于福建西南部，东与南靖、平和县相连，西与上杭毗邻，南与广东大埔、梅县接壤，北与龙岩新罗区交界。永定在近两千年来中华民族的交融、迁徙、文化交流中，土楼建筑继承古代中原生土建筑传统，不断创新发展，它覆盖永定全县，并向周边地方辐射。土楼建筑文化有一个积淀的过程，随着经济、文化的发展，不断地实践，明代中叶以后，永定土楼建筑进入成熟期，建筑工艺炉火纯青，清初进入全盛时期。随着时代的变迁，土楼建筑吸收外地先进文化，还吸纳了西洋文化。20世纪二三十年代之后，更多的土楼呈现出民族化、人性化和多元化的时代特征。

永定土楼建筑文化，在建筑学方面而言，是我国古代生土建筑的继承和创新。它源于中华民族的传统文化，继承和发扬了民居建筑文化，有其深厚的历史文化背景。土楼的建筑材料为沙质黏土、杉木、竹子、沙子等，全部就地取材，经济而科学。用于夯筑承重墙的沙质黏土，即沙质黄土与黏土按一定比例拌成泥土，比例得当，才能用于夯筑土墙。杉木盛产于永定每座山上，石料用于砌墙基和铺设廊道、天井、门坪、道路等，门框、台阶、柱座均为花岗岩、青砖。建筑工序严密，先选好地址，再行设计，因地制宜，讲究建筑布局，重视建筑结构。经过代代传承和长期实践，造就了大批技艺精湛的土楼建筑师、能工巧匠，包括泥水匠、木匠、雕刻师等。

土楼造型的丰富多彩，是永定土楼文化的主要特色。土楼高低不一，从一层到六层都有。种类繁多，有长方形楼、正方形楼、日字形楼、目字形楼、三合院式楼、府第式楼、宫殿式楼、殿堂式楼、碉堡式方形楼、半月形楼、曲尺形楼、走马楼、五角楼、六角楼、八角楼、纱帽形楼、吊脚楼、圆楼、U字形楼、两堂两落式楼、交椅式楼、前圆后方形楼、前方后圆形楼、椭圆形楼、一字形楼等，这些单座建筑或建筑群，构成杰出的文化景观。

布局严谨，结构奇巧，是永定土楼建筑文化的重要内涵。土楼中轴线鲜明，主楼都建在中轴线左右两侧，对称严格。土楼都有厅堂，以主厅为核心。清初以后土楼更加富丽堂皇、雕梁画栋、古朴典雅，是民居建筑中的佼佼者。永定土楼把中国传统的生土民居建筑艺术推向极致，成为"世界独一无二的、神话般的山区（农村）建筑模式"（联合国教科文组织顾问史蒂文斯·安德烈题词）。土楼文化之最为神奇处，在于建筑工艺要比中国传统的生土民居建筑工艺有更多独特之处，它凝结着永定客家人的匠心与智慧。

土楼文化还体现在它的多功能上，除了最主要的安全防卫、聚族而居功能外，还有调节气候、防震防风、防火防潮、通风采光、节能环保、教化育人的齐全功能。

永定土楼文化，显示出浓厚的中华传统文化底蕴，我国古代的"天人合一"哲学思想和自然观，无论是儒家或道家都主张人与自然的和谐统一，讲究天时、地利、人和。正如《宅经》所说，"笔以形势为身体，以泉水为血脉，以土坡为皮肉，以草木为毛发，以屋舍为衣服，以门户为冠带"，把自然比喻为人体，强调建筑空间、节奏、形态与自然地貌和谐统一，这在土楼建筑文化中体现得相当充分。土楼往往建在山谷或水边，依山傍水，和自然融为一体。而传统文化《易经》中的"天圆地方""天人感应"对土楼建筑有明显的影响。土楼严格遵循阴阳、五行、八卦为代表的建筑思想体系，把地势、风向、水势与土楼的布局相统一，并以象征和寓意的手法加以表现，尤其注意阴阳适中、和谐。如承启楼全楼按《易经》八卦布局，外环、二环、三环，均分为八个卦。外环卦与内卦之间的分界线最为明显，底层的内通廊以开有拱门的青砖相隔，造型精巧，古色古香。许怀中曾参观过的振成楼内按照《易经》八卦原理布局，以青砖防火墙隔成八个单位，楼房呈辐射状八等分，寓意八卦，每等分六间起脚为一卦，每卦关起门户来，自成院落，打开门户，全楼贯通，天井中的花圃与内院融为一体，体现苏州园林风格。许怀中所见过的振福楼也是以八卦造型，别具一格。

土楼内传统文化氛围极其浓厚，如振成楼祖堂前四根石柱，中间两边镌刻柱联："振乃家声，好就孝悌一边做去；成些事业，端从勤俭两字得来。"两侧镌刻柱联都体现传统文化的气息。又如永豪楼祖堂内柱木刻联："读圣贤书立修齐志，行仁义事存忠孝心。"客家长期受儒家文化熏陶，土楼"小社会"显示以人为本、尊卑有别、长幼有序、贫富相济，人生在世要多积德，传统思想根深蒂固，讲究传统美德、勤劳俭朴、坚韧顽强、团结互助、和谐相处、敬祖睦宗、尊老爱幼、崇文重教等风尚。

家族文化是传统文化不可分割的部分，土楼的家族文化、传统宗族伦理观念，在永定客家人心中是很牢固的。客家人有着远离乡井、颠沛流离的沧桑历史，他们渴望有个安全的生活环境，加上他们强烈的宗族意识和忧患意识，聚族而居是他们设置的为保护宗族自身安全和取得更好生存空间而长期形成的传统习俗。同时为了争夺有限的生存空间，每个家族都把聚族而居作为唯一的选择。由于生存空间限制，姓氏纷争是难免的，这就不能不使他们更加看重血缘关系，聚族而居是强化家族观念的纽带。事实说明，聚族而居的生活方式，进一步强化了宗族伦理和社会体制。他们或以村落为单位，或以宗族为单位，集中居住是土楼最好的功能。

家族文化中重视教育后代、农耕文化的传承，是主要内容之一，"耕田好，读书好，学好就好"是客家信奉的理念，也是对后代的要求。客家有句口头禅："有子不读书，不如养头猪。"

客家人继承民族的宗法制度家长制，族长制是古代宗法制度的一个重要内容。他们把血缘、亲缘、宗情、乡情，看得极其重要。同宗同族同住一楼正是强烈的宗法制度传统观念所致。他们共同遵循列祖列宗的遗训，维护族长的尊严。永定土楼祖堂处于核心地位。它是全楼居民祭祀祖宗的场所，又是进行家教活动的中心。一般正墙上设置神座，两边墙上悬挂列祖列宗的画像，下设长条供桌和方形供桌，左右墙上还挂祖宗遗训和名人题词。祖堂也是宗族议事或举行婚丧喜庆活动的场所。维系宗族的管制机制，强烈的宗族观念，维护族长、家长权威，立下祖训、族训、族规、家规、家训，要求代代相传，其核心是忠孝仁义传统思想。

对家族文化的重视，也体现在土楼里里外外的悬挂、镌刻、张贴的楹联、匾额等上面。多是教育后人重视文教、重视德性修养，突出礼义教育内容，书香气十足。楹联遍布于楼门和厅堂、廊道和柱子上，或石刻，或木雕，琳琅满目。许怀中曾在散文里描绘振成楼中楹联，这些楹联挂在大厅的门柱、圆柱上，显示出主人的文化教育水平和客家人秉性，如："从来人品恭能寿，自古文章正乃奇""振作那有闲时少时壮时老年时时时须努力，名成原非易事家事国事天下事事事要关心"。这次参观初溪土楼，许怀中特别注意到厅堂内镌刻祖训，如"听我训章，读书为重"，要求家人"克勤克俭"等等。

土楼客家的民俗风情，处处展现中原民族传统文化的特色，它不但表现在土楼里和睦相处的大家族生活方式上，还充分体现在宗教信仰、婚丧节庆、祭祀礼仪、衣着饮食、民间艺术等方面。淳朴的客家民风民俗，有自己的衣饰、饮食习惯。妇女不缠足、爱劳动、勤俭持家。婚俗基本上保留古代中原一带的"六礼"遗风。

每逢重大传统节日或庆典，乡亲们自发组织舞龙、舞狮、迎灯巡游，到每一楼、每一户恭贺。春节家家户户张贴红纸楹联，同楼各户提一壶自酿的糯米酒，让客人品尝。元宵前后或清明前后，每年一度祭祀祠堂，男女老少敲锣打鼓，舞龙舞狮，齐聚宗祠，祭祀祖先，主祭人由族中德高望重的长老担任。元宵前后祭祀活动更加热闹，除了上述活动外，还举办迎花灯活动，祭祀队伍到各楼各户巡游、挂花灯。

土楼人家十分注重办丧事，俗语云："喜事无帖不来，白事不请自到。"若有哪家办丧事，大家纷纷前往吊唁帮忙，直到办完。

民间文艺富有中原古代风俗文化特点，并体现土楼客家特有的韵味，开展歌舞、戏剧、音乐民俗活动。土楼人家的唱民歌（山歌）唱响满山遍野，民歌中情歌最多，民间乐器也很多样，如丝弦民间大鼓。又有八音、十班和吹鼓手、客家吹打乐组合绝技。

土楼建筑也有习俗，如开工举行仪式，楼主或建筑总管协助风水先生祭拜杨公师，谓之"施杨公"。风水师傅要祭拜象征"荷叶先师"的"五尺"，木匠师傅要拜象征"鲁班先师"的墨斗、曲尺。楼主备好三牲和香纸烛炮，在施工场所与师傅们一起虔诚祭拜"天神"，便鸣炮开工动土。

随着旅游业的发展，永定土楼的旅游文化日益凸显。永定正在打造旅游强县，土楼这"世界上独一无二的民居建筑奇葩"在旅游业中独树一帜，显示出旅游文化的绚丽景观。

永定土楼是一部读不完的百科全书，是土楼的一座博物馆，它在永定旅游中占据突出的地位。许怀中一行走进初溪土楼群，看到风景秀丽，前有溪流，后有山丘，周围梯田重叠，路边山坡上满树红艳艳的柿子和满山遍野的翠竹相映成趣。永定土楼和自然融为一体。永定山水秀美，一丘一壑，一润一泉，天然成趣。芒荡洋、金丰大山，绿荫成盖；永定河、金丰溪明澈如镜；国家森林公园王寿山、东华山风景迷人。许怀中参观棉花滩水电站库区，龙湖荡漾的碧波映入眼帘，它们和土楼的景观融汇成永定丰富的旅游资源，而永定土楼的旅游文化更是独特无比的。

永定县是纯客家县份，土楼文化体现了客家文化。土楼并不是封闭的，而是开放的，是永定客家开拓进取的象征。永定客家人走遍五洲四海，侨居海外的永定人达 50 万以上，加上 16 世纪至 20 世纪中叶经商的分布全国各地的数十万人，总数超过永定本地的现有总人口，这使永定土楼文化广为传播，走向世界。

10. 走进同安，海天为怀

和厦门市区毗邻的同安，是许怀中以前在厦门大学执教时所经常去的地方。或到农村劳动，或参加当时的社教，或夏令营拉练，或带学生去写民兵故事，或搞社会调查，这块热土给许怀中抹不掉的记忆，有时也情不自禁地去追寻父辈年轻时在这里教书所留下的足迹。

在秋高气爽的时节，许怀中和一批省里作家一道来同安采风，先到厦门宾馆，受厦门市委接待。小车穿过翔安海底隧道，不久便是厦门市区。在同安，恍惚走进它那过去、现在和未来的时空隧道，对同安获得更多更深刻的了解。同安于西晋太康三年（282 年）置县，是个拥有 1700 多年历史的古邑。1997 年 5 月间撤县设区，过了几年，区划调整时析出翔安区。同安区地处东南沿海，位于闽南金三角的中心地带，与金门一衣带水，东连翔安，南接集美，北邻安溪、南安、长泰等县域，三面环山，南向大海，是著名的侨乡和台胞祖籍地之一。深厚的历史文化积淀，孕育出辈出的人才，我国宋代宰相苏颂，他所领导首创的"水运仪像台"标志着当时世界科技的最高水平，创造出七个世界第一。还有明代的理学名宦林希元、清代抗英名将陈化成，以及近现代辜鸿铭等许多英才。

同安区隶属于厦门经济特区，依托经济特区的优惠政策，主动融入海西经济区建设，经济社会迅猛发展。许怀中参观了同安工业集中区，环东海域滨海新城建设，翠丰盛之乡的旅游景点和文体中心等，从一区、一城、一乡中，感受到同安区朝气蓬勃、欣欣向荣的景象，同安区人民正以大气魄、大动作、大手笔来建构新同安，描绘最新最美的图画，展示出同安区海天为怀的博大胸怀。

随着厦门市区划调整，同安区提出"工业立区"的发展战略，形成了厦门市以工业为主体的新兴城市，基础工业门类齐全，建成以医药、食品、纺织、机械、电子、建材等为主体的综合性工业体系，其中食品、纺织与皮革、建材、电子及通讯为四大支柱产业。同安本来是传统农业县，如今沿着工业振兴之路奋进，加大产业结构调整的力度，坚定不移地实施工业发展的战略，不断向工业化进程挺进，工业经济快速腾飞，成功地实现了从农业经济到工业经济的快速转型，推动了大跨越发展。同安人民的大手笔，带来了大变化，充分体现了海天为怀的气度。

许怀中看到的同安工业集中区，这是同安人正在实施他们所描绘的宏伟蓝图。这个工业区向西延伸1320亩，向南拓展3500亩，开发建设面积达16平方千米以上，打造一个"平安、优美、温馨、满意、效益"的园区。通过科学谋划，创新机制，凝聚合力，高质建设"金包银"工程，招商引资，正在沿着实现一个大跨越，建设一个新城区，向工业和旅游、物流相联系的三大基地的目标奋斗，使同安区工业经济进入新一轮跨越式发展的大好时期。

在这个阳光明媚的日子里，许怀中沿着同安园、思明园、湖里园和火炬园四个工业园区行走，在这大片土地上，新的高楼大厦拔地而起，道路畅通，绿树成荫，在新建筑群中，有时看到农村的旧房，湖里工业区促进湖里村发生新的变化，这里的所谓"金包银"工程，即是在工业区建设的区域，同步保留的村庄周边规划建设商住楼，在为工业区提供配套的同时，也给被征地村民提供长期稳定的经营性收入来源，并逐步对旧村内部进行规范化配套改造，逐步向城市化过渡，使村庄环境得到改善，农民生活水平得到提高。"金包银"就是工业化带动旧农村向新城市变化，并有效、妥善解决失地农民的生产出路问题。工业区从2005年9月正式破土动工，已引进企业500多家，创值巨大。许怀中一行目睹了新工业区的蓬勃气象，回想同安改革开放之前只有一些小化工、小建材、小农机、小食品加工、小粮油加工"五小"国有、集体企业，喜看今天同安工业正在发生翻天覆地的历史性变化。

当许怀中驱车沿着沈海高速公路去参观正在建设中的环东海域滨海新城，车过已竣工的桥梁丙洲大桥和中洲大桥时，心潮犹如大海波涛奔腾起伏，这个"建城筑梦"的工程，正在把美梦成真。他看沙盘模型和环东海域规划演示，站立的玻璃地板，显示出滨海城的彩色地图，在翔安区入海突出部分，便是过去马巷澳头村。在20世纪70年代，许怀中带学生住在这里写民兵故事一个多月，和渔民一道出海、和民兵一起打篮球。临别前一天，他一个人待在哨所，听潮起潮落的涛声，心中特别激动，当夜写了一首长诗。此情此景，记忆犹新。滨海新城综合整治建设工程，南临厦门机场，西靠天马山，北以高速公路为界，东和翔安大道连接，涵盖集美、同安、翔安三个区，陆域面积110多平方千米，海域面积约91平方千米，同安区占41平方千米。这是一个举世瞩目的海西经济圈，它作为一个新生代的经济综合体而存在。它东望台湾岛，北承长江三角洲，南接珠江三角洲，西与内陆腹地贯通。站在规划模型面前，许怀中觉得古邑建新城的美梦并非遥不可及，而是近在眼前的事。位于厦门岛中部和北部最大内湾——同安湾沿岸，新城以丙洲中心文化环，带着五个组团，设计有水上舞团、人造沙滩、红树林、观光塔等景点，这座具有丰富生态资源、环境优美、交通便捷、商贸繁华、适宜人居、"风景在家里，家在风景里"的现代化新城，正在呼之欲出。它于2006年7月间动工，片区已开工的道路、桥梁如滨海大道，这里的游艇码头、文化艺术中心、体育馆、学校、公寓、别墅、酒店、医院等将配套完善，提升区域生活的档次，画出滨海新城的亮丽动人画面。一座具有一流品位的海湾住宅指日可待。拥有得天独厚地理位置的同安湾，收藏着最美丽的海湾风景，拉近了与探访澳洲看到的悉尼湾的距离。许怀中想起2005年夏，应邀参加在悉尼召开的国际学术讨论会，感受到悉尼的美丽应归功于伸入城中的海湾，它以海取景，20世纪30年代在大海湾蜂腰部建起一座大铁桥，20世纪70年代在桥侧筑起一座蜚声全球的歌剧院。如今，在同安丙洲参观了金帝集团，这公司专注于"人文居住"的房地产开发，采取新技术、新材料、新工艺、新设备，提升住宅科技含量，注入人文精神。公司赠送许怀中一行每人一本厚重的《古典诗词精华——

专题邮票珍藏册》，收集我国古典诗词精品，配有邮票，加以诗词赏析，穿插图像，十分精致。它还出版《金帝广角》刊物，可见这企业对文化的重视，这也是建筑"人文居住"的需要。

站在丙洲湾的大道上，海风频吹，景色迷人。主人介绍：丙洲是名将陈化成的故乡，他的故居犹在。丙洲由七个岛屿组成，从空中望下，犹如长蛇起伏海中，对面又有小山头如龟，可谓龟蛇入口，是块宝地。许怀中眺望海天茫茫，面对将崛起的新城，对同安人的海天为怀，更有深一层的领略。

参观了一"区"、一"城"，又到一"乡"，即翠丰、盛之乡。热情好客的同安主人，让许怀中一行下榻在翠丰温泉度假酒店。原来翠丰和温泉相联系，许怀中此次才深知同安区是温泉丰富之地。这酒店便有温泉，翠丰便以温泉为资源，是一家人文服务的五星级酒店。同安区正在把温泉和旅游、度假结合，除了翠丰温泉酒店，又有盛之乡温泉度假村、竹坝南洋城等旅游休闲场所，此外，还有千年古刹梵天寺以及北辰山风景区，都是旅游胜地。

同安中部的温泉之旅，饱览盛之乡的温泉度假村，乡里的戴斯温泉度假村是福建省唯一一座依山而建的五星级国际度假村。建筑采用闽南风格，又带有唐代庭园韵味，完美地表现出中国汤浴休闲文化的品位。此地的温泉水质特好，对身体健康有益，又有美人肤色效益，故有"美人汤""神仙水"之美誉。位于汀溪镇的这一度假村，溪水环绕，绿树葱郁，风景宜人，有温泉公园和别墅，确是集温泉、养生、休闲、娱乐、旅游于一体的好去处。

竹坝南洋城旅游城，是个富有"南洋风情"的旅游景区，她一身拥有福建省农业旅游示范点、厦门市爱国主义教育基地、厦门市十佳休闲好去处、厦门市十大最美乡村等美称。景区内有来自印尼、越南等八个国家的归侨聚集此地，被称为"小联合国"。然而作为旅游区，其特点是以南洋文化为主导，以南洋风貌的建筑为载体，以南洋美食为特色，以具有浓郁异域特征的民俗为风情，以独具一格的风土人情而扬名。这里是华侨新村，又是侨区，建有华侨农场，还有华侨城、果园等等，是归国华侨的温馨家园，又是和海外华侨心连心的村庄。许怀中觉得这里作为旅游区除了南洋风情，还流淌着农业观光山野情趣的风韵。有诗吟道："独倚竹楼赏野田，结伴林园听鸣蝉。月明清风泛扁舟，花风椰雨南洋游。"伫立华侨农场办公楼天台眺望，四周郁郁苍苍，林木密集，苍山连绵，清静而优美，既不喧嚣，又不冷清，同安确是最适合民居之地。

附近的北辰山，也是同安的风景名胜区，许怀中一行车过此处，北辰山不仅风景优美，而且文化资源丰富，上有王审知塑像，它是"闽王文化"的遗址，素有"开闽圣地"之称。

许怀中来同安区采风，开篇是参观富有历史积淀的孔庙，最后落足点是具有现代文化气息的文体中心。从中领略到同安区能以"海天为怀"来描绘改革开放新篇章，乃得助于文化之驱动力。历史悠久的同安，不但有丰厚的历史文化积淀，而且具有良好的地域文化优势。同安历史上出现科技巨匠苏颂，他是我国科技文化的领头人，又是推动同安科技文化发展的功臣。如今同安发挥了科技优势，科技管理体系健全，科技推广网络完善，科技投入和支撑体系基本形成，科技"创先"卓有成效，高科技企业多家，多家企业又以科技提升竞争力，科技促进工农业发展和社会进步。历史上我国理学家、教育家朱熹在同安当过主簿，这是朱熹一生中唯一当过官的地方。朱熹19岁中进士，22岁授官泉州府同安县主簿，24岁位任，在同安先后4年多时间，他勤政爱民，兴学育才，采风问俗，以礼导民，大力传播儒家文化，同安成为"朱子学"发祥地之一。今天的同安加强文化强区建设，提升同安文化软实力，获得"全国文化先进区"荣称，又是"中国现代民间绘画之乡"，同安县儿童图书馆获"全国少儿图书工作先进单位"称号。同安区的文化教育、科技发展，朝着建设文化强区的战略目标前进，文化成为经济建设强而有力的支撑力量，开阔同安人的视野，体现出海洋文化"海纳百川，有容乃大"的博大精深胸怀。

11. 振铎故里，文化厚重

当许怀中进入长乐高速公路交叉口，便见立着的巨大牌子，上有沈鹏题写的"中国长乐"四个大字，标明："郑和下西洋的港口，郑振铎冰心的故里。"许怀中意识到，这是个人文厚重的地方，不禁想起史书上的记载：早在春秋战国时期吴王夫差和三国时期东吴孙皓，都在此处屯兵造船，故称"吴航"。唐代武德六年（623年）建县，20世纪90年代中叶撤县设市，历史上涌现诸多英才："珠算鼻祖"柯尚迁、"引进番薯第一人"陈振龙、演绎"杏林春暖"的名医董奉、创立"清规戒律"的高僧百丈、近现代天文学家高鲁、"一代才华"郑振铎、"文坛泰斗"冰心以及院士、专家学者、将领等。

新年伊始，许怀中又和一批作家来长乐采风，不仅感受到人文积淀的深厚，而且感受到其地理优势，拥有空、海、江"三港"交通的优势，社会经济繁荣。但作为一名文艺界人士，许怀中对长乐孕育出当代两位文坛巨星郑振铎和冰心，更感难得。记得不久前到连城四堡雕版遗址参观，博物馆中有郑振铎的语录：四堡是"明清时期我国四大雕版印刷基地之一"。此次造访郑振铎首占镇故里，许怀中心中无限感怀。

感怀之一，是郑振铎故里文化底蕴厚重。

首占镇位于长乐市中西部，紧挨城区，古称"洲店"，音讹为"酒店"。南宋景炎二年已形成村落，明洪武十三年（1380年）改为首占。此地江山胜迹，诗意水乡，人杰地灵，人才辈出。有道是，首占，首占，首先占的是福气。东为董奉山，系汉董奉炼丹之处，书载："尝有神人裸体散发，人见之必获福，故又名福山。"有人考据：福州因境内东南有福山，故称"福州"。进入镇的办公楼前，几株古榕根枝苍劲。郑振铎故里首占村，便是镇政府所在地。明嘉靖年间，村名首占取民谚"首占山鸣大魁"的含义。村落依山傍水，沃野平畴，河道交错，风景优美，素有"文化村"之美称。主人领许怀中到岱阳郑氏宗祠参观，内挂"刑部尚书""进士""院士""文坛巨星"等匾，对联："弟进士兄进士一堂六进士，祖翰林孙翰林两世三翰林。"宗祠旁便是郑振铎故居，平房，大厅旁是住房，是郑振铎的高祖郑用苍中进士后盖的，曾祖郑宏博贡生，族叔郑元壁手书碑刻已为鼓山涌泉寺之宝。当代族人为南开大学副校长、著名历史学家郑天挺。被称为"鸟类之父"的院士郑作新，著名导演陈怀凯、陈凯歌等，均为郑振铎的族人。

郑振铎因幕友出身的祖父曾在浙江温州做过小官，举家迁到温州。父亲在苏州县衙当幕僚，因病回温州，不久病故，那时郑振铎才7岁。他父亲去世不久，祖父也驾鹤西归，他母亲以长乐人的坚强，做些针线维持家计，供儿子念书。郑振铎读完中学，后到北京，考进交通部所属的铁路管理学校，五四运动爆发，他和冰心一样，投身爱国学生运动，从此一步一步地走向文化事业的辉煌。

许怀中在郑振铎故里的感怀之二，是他文化成就之巨大。

首先是研究领域之广，除了创作，在文学评论、中外文学史、艺术史研究，翻译、文献、考古等领域的成就都是惊人的，不愧为我国的作家、文学评论家、文学史家、文献学家、艺术史家、考古学家、收藏家等，郭沫若称他为"一代才华"，受之无愧。

以创作而言，郑振铎在诗歌、散文、小说等方面的创作，影响深远。五四运动开始，他和瞿秋白等人创办《新社会》，创刊号发表他的诗歌《我是少年》，便引起了强烈的反响。这首诗充满青少年蓬勃朝气和奋发进取的精神，被谱成曲在学生中广为传唱。他的散文集有《山中杂记》《海燕》《西行书简》《蛰居散记》《集外拾翠》等。小说《桂公塘》《黄公俊之最后》《毁灭》等，都得到超乎前人的评价。

在文学史研究上，第一部传世巨著《文学史纲》，以综合和编年的方法，介绍世界文学的发展，分别阐述各国文学名著，并有精美的插图，打开了通向世界文学之窗户，完成这部巨著的郑振铎，时年才20多岁。他对俄国文学史也有研究。他不但研究外国文学成就卓著，而且对我国文学史研究，都有开山之作，如《插图本中国文学史》《中国俗文学史》，建立了一座"俗文学"的丰碑。

郑振铎在翻译方面，功不可没。《国际歌》歌词最早就是他和耿济之合译的，那时名为《第三国际党歌》。此外，他翻译了契诃夫的剧本、《俄国文学史略》《莱森寓言》《印度寓言》。尤其是他翻译的泰戈尔的《飞鸟集》《新月集》，在中国诗坛产生很大影响，这对冰心便有直接的影响。

编辑、出版刊物和创办社团，是郑振铎一道光辉夺目的文化景观。他自己或和别人合编的有《新社会》《人道》《批评》等，和茅盾、叶圣陶等发起的文学研究会，主编《小说月报》，编过《文学旬刊》《民主》《文艺复兴》《戏剧》《诗》《儿童世界》等，他创办文学研究会和主编《小说月报》，在我国现代文学史上影响之大，培养造就人才之多，是值得大书特书的。编辑、创作、研究的结合，是郑振铎人生的风景线。

郑振铎和文化人的接触，可列出一大串名字来，如瞿秋白、郭沫若，耿济之、茅盾、叶圣陶、老舍、巴金、冰心、曹禺、郭绍虞、瞿世英、许地山、郁达夫、王统照、孙伏园、胡愈之、朱光潜、朱自清、俞平伯……他和鲁迅的关系十分密切，在北京和鲁迅合编《北平笺谱》。鲁迅和郑振铎通信近百封。《鲁迅日记》中出现郑振铎名字达144次之多。在鲁迅逝世后与许广平等合编《鲁迅全集》。鲁迅刚逝世时，郑振铎怀着深情写了《永在的温情——纪念鲁迅先生》。1950年又写了《鲁迅"民族魂"》，要继承鲁迅的伟大精神。

许怀中在郑振铎故里的感怀之三，是他伟大的爱国爱乡情怀。

郑振铎青年在北京求学时期，正好五四运动爆发，他是爱国运动学生代表，又是福建省抗日学生联合会领导人之一，他积极投身反帝反封建运动，在《新社会》发刊词中写的创刊宗旨是："尽力于社会改造的事业……我们改造的目的就是创造德谟克拉西的新社会。"郑振铎是文学研究会的主要发起人之一，提倡"文学为人生"，提出"血和泪的文学"口号。1927年周恩来同志领导上海工人第三次武装起义，郑振铎和胡愈之、叶圣陶等组织上海著作人公会，积极参加革命进步活动。"四一二"事件发生，他被迫远走欧洲近两年。20世纪30年代中期，任暨南大学文学院院长时，以及在这之前，在燕京大学、清华大学任教时，他都积极参加反帝反法西斯斗争，是杰出的社会活动家。他和鲁迅等人发表了《文艺界同人为团结御侮与言论自由宣言》。抗日时期，上海沦陷，他忘我地参加抢救古籍文献活动，投入地下坚持斗争。新中国成立前夕，秘密前往香港，经地下党的安排，郑振铎一行前往解放区。1949年3月抵北平，参加第一次全国文代会。出席第一次全国政治协商会议筹备会。登上天安门，参加新中国成立大典。后被任命为中央文化部文物事业管理局局长，担任中央文化部副部长等职，为新中国的文化事业和文化交流尽心尽力。在繁忙的工作之余，仍然坚持创作、编书，进行研究，直到在一次出访途中，飞机失事，不幸罹难，这是1958年10月18日的凌晨。北京各界及各地召开追悼会，纪念这位永远忠于祖国和人民的爱国者，怀念"对祖国社会主义建设和保卫世界和平事业表现出无限的忠诚和忘我的劳动，直至贡献出自己宝贵的生命"的郑振铎。

许怀中在郑振铎的长乐首占故里，想起他的爱乡之情，激情澎湃。他虽不在故乡出生，但故乡的文脉、故乡的情感，早就沁入他的血液和他幼小的心灵中。郑振铎小时，依偎在母亲怀里，听她讲"蛇龙哥"等许多长乐家乡流传的美丽动听的民间故事，在母亲唱的长乐民间歌谣中轻轻入眠。郑振铎岳父、商务印书馆编译所所长高梦旦，正是长乐龙门村（今航城龙门村）人。1922年，郑振铎在上海神州女子学校上毕业班的国文课时，教务主任谢六逸引进一位身材颀长，穿一身西装，面目清秀，鼻梁上挂着一副深度近视眼镜的年轻老师，向大家介绍："这位是郑振铎先生，本学期由他来担任毕业班的国文课老师。"高梦旦的幼女高君箴正是这班学生，她听这位年轻老师讲古典小说《水浒》《三国》时，滔滔不绝，分析精辟，不觉听得入神，倾慕之情油然而生。这年暑假，高梦旦安排一个巧妙的"相亲"方式（去莫干山旅游），定下这门亲事。结婚时，瞿秋白送来了三枚印章贺礼，一枚是给主婚人郭老夫人的，另两枚是为新郎、新娘刻的，边款一刻"长"字，一刻"乐"字，合成"长乐"，以示新郎新娘都是长乐人，正合他俩心意。1921年，郑振铎回长乐迁葬祖坟，他在友人面前，总以"长乐郑振铎"自居，以此为荣。他所写的文章，落款时也常以"长乐郑振铎"署名。在他的珍贵藏书章上，也都刻上"长乐郑振铎西谛藏书"。

　　在郑振铎的文章中，时常流露出浓郁的乡情。在旅欧时写的《月夜之话》，通过月下纳凉时的闲谈，由一个福州同乡女孩子唱的儿歌，把话题引向福州民歌的议论，表达出对家乡民歌的熟悉和赞赏。散文《海燕》中抒发乡情："这便是我故乡的小燕子，可爱活泼的小燕子……如今离家里几千里！……不料却见着我们的小燕子。""啊，乡愁呀，如轻烟似的乡愁呀！"郑振铎爱说福州话，爱吃长乐菜，爱听故乡的民歌小曲，到处说他是长乐人，在遇难前的一次讲话中说："郑振铎是生长在温州的福建人。"1954年在仰光访问，在长乐会馆，他用福州话大声说："我名叫郑振铎，长乐首占乡人。大家知道，首占乡的人都姓'郑'的。我今天特地来看望乡亲们！"郑振铎对故乡情有独钟，经常接待故乡学子，1939年夏，福州有位文学青年、三中学生很想到暨大学习，经郁达夫介绍到上海拜望郑振铎，郑振铎热情相待，并从中了解家乡的许多情况。

　　新中国成立后，郑振铎回过故乡。1954年春，郑振铎参加全国人大代表团视察福建，在省军区礼堂做了报告。他和文艺界座谈，慰问驻福建前线三军。在一个多月里，他深入前线亲切慰问驻军，受到指战员热烈欢迎。他对福建发展的大好形势有着深刻印象。3月4日给友人刘哲民的信上写道："福州市面很繁荣，土特产不少，因为不大方便，有的东西便无法运到外面推销。像漆的筷子，最为精良，但运到外边的却不是上等货，纸张也很好，水果极多，将来能大大交流也。"4月1日又在信中写道："这一月多的慰问，收获甚大，或将写几篇文章出来，正在仔细打腹稿。"故乡的山山水水，故乡的风土人情、故乡的变化，都激起他创作的欲望。1957年他又因公来福州，关心问及清道光年间福州才女李桂玉所作的长篇评话《榴花梦》收集情况。可惜从此以后，他再也未能回到故乡了。

郑振铎永远忘不了他的故乡，故乡人民也永远忘不了郑振铎。如今在他的故乡长乐，建了郑振铎纪念馆，建了郑振铎公园。他在故乡人的心中建了一座丰碑。

12. 厦门特区，彩凤起舞

厦门是许怀中的第二故乡，由于他父亲从仙游到同安教书，后到厦门工作，许怀中便出生于鼓浪屿海滨。抗日战争爆发，父亲携家回仙游。许怀中在厦门大学读书和后来在校中文系任教，在这里度过30多个春秋，离开鹭岛到榕城后，恍惚常看到白鹭在蓝天飞翔。

2011年是厦门特区成立30周年，许怀中受邀到特区的发祥地湖里采风。这个原隶属于厦门市区前线公社五个自然村组成的农业生产大队，是一个名不见经传的半耕半渔的落后小渔村，经历多少年的守望，迎来了改革开放新时期的风云际会，她以特有的地理区位优势，脱颖而出。这个古称"竹坑湖""凤湖"的湖里，传说是凤凰曾经栖息的地方，犹如彩凤起舞，舞姿越发秀美。记得厦门特区成立10周年之际，许怀中曾参加庆祝大会。后在《湖里辉煌足迹20年》纪念册中读到："这里，是厦门经济特区的发祥地/这里，是中国向世界打开的第一扇'窗口'/二十年光阴荏苒/二十年沧海桑田/曾是笼中凤，长做飞天梦/今日凤凰一亮翅，舞出特区艳阳天。"从中获知特区20年所取得的历史性新成就。今天来到湖里，喜看30年来这只凤凰的新舞姿，一声赞叹：美哉，彩凤起舞！

刚在湖里落足，许怀中便参观了厦门特区纪念馆，感受到创业的艰辛：连办公地点都没有，只好租民房，吃住在工棚，缺水缺电，晴天一身灰，雨天一身泥。筚路蓝缕的建设者风趣地说："晴天洋（扬）灰路，雨天水泥路。"这块处于厦门岛北角的处女地，拥有海景、海岸、内湖、温泉、河道、田园、鸟林七大资源，地形地貌多样、生态环境良好、景观资源丰富，岛内唯一已有600多年历史奚族聚居点，岛上古渡口之一的五通码头等人文景观，孕育着湖里的广阔发展前景，才在1981年10月的破土中开始一步一步地落实特区建设蓝图。

如今展现在眼前的有湾边、湖滨、海上、海底、街道、画村等自然、人文景观，是彩凤起舞，多姿多态。

许怀中来到了五缘湾。在阳光下漫步，五缘湾悠长而宽阔的海上木栈道上，触目的是碧波荡漾、海天一色的水域，一排气势恢宏的五座圆拱桥和一座座拔地而起的现代高楼进入视野，这被人们称为"厦门新客厅、海西新明珠"的五缘湾建筑景观和生态景观，透露出一派新开发和建构的湾边风景。正如标语显示的："亲近大海，生活从此更精彩。"

坐在五缘湾游艇会所楼上舒适的客厅中，玻璃墙外一幅海景映入眼帘。她拥有海湾、沙滩、温泉、湖泊、湿地等自然和人文资源，被认为是厦门岛内得天独厚的风水宝地。主人向许怀中一行介绍：五缘湾有"三个三"的独特性：第一个三是三水汇一湾。这里有2平方千米的海湾，并有一片湿地公园（淡水），还有日均流量2000吨的海水温泉资源。第二个三是三个特色项目：一是全国优良的游艇帆船港，曾举办第三届中国（厦门）国际游艇帆船展览会，至今为止是我国最大规模的水上游艇展。正在建设国际游艇帆船展销中心，将形成东南沿海较具规模的游艇帆船进出口及展示销售基地。举目眺望，岸边停靠100多艘形形色色的游艇。二是以鸟类保护为主要特色的湿地公园。三是厦门首个飞地营运中心。产业发展与生态环境保护的特色十分明显。第三个三是三校集一村。区内建设的五缘学村，把九年一贯制实验学校、厦门二中高中部、中央音乐学院钢琴学校三所学校集在一起，形成普通教育与特色教育有机结合，增添了五缘湾的人文和教育氛围。她是以生态居住、商务办公及休闲度假为主导，集商业服务、养生理疗、旅游休闲、文化娱乐、高科技研发于一体的复合型城区。这个以"五缘"新命名不久的海湾，充分体现了闽台关系和厦门对台交流优势，除了五座圆拱桥（月圆桥、天圆桥、地圆桥、人圆桥、日圆桥）之外，又有一座看不见的闽台文化交流大桥。湾边片区是湖里特区的独特景观。

湖滨风景，指的是湖边水库建设工程。这是湖边村的一个天水库，过去是"战备"用水，如今是个风景秀丽的人工湖，近年来正围绕湖边建造"花园"，即一座座新楼房，片区的建设工程正热火朝天。一是上、下湖旧村改造，位于湖边水库片区的东北侧，改造涉及下湖、上湖和洪塘三个旧村，总共用地面积60万平方米，拆迁总面积约150万平方米，改造涉及近3000人、1000户。二是旧村改造，位于湖边水库片区的南边及吕岭路到湖里思明区界，总用地面积95万平方米，拆迁总建筑面积约240万平方米，改造涉及2300人、700户人家。这个造福于民的工程进展良好，许怀中来这里参观时，看到湖边的一座座新楼林立，是一幅湖里新的图画。

湖里近年新建的几座大桥，气势如虹，构成了海上美丽景观。前进中的湖里区，区位优势、现代化的海陆空及其他重要基础设施星罗棋布，厦门大桥、海沧大桥、集美大桥、杏林大桥及翔安隧道，将厦门本岛与内陆连接起来，使湖里成为进出厦门本岛的重要门户。厦门大桥经过三年多建成于1991年，是我国第一座跨越海峡的公路大桥，由高崎引道、跨海主桥和集美立交三个部分组成，即从高崎至集美长达将近7千米，得到"全国十大公路工程鲁班奖"，也是1999年度"福建双十佳建筑"。它是厦门陆上的门户走廊，解决了海堤成为经济发展"瓶颈"的难题，改善了厦门陆路运输条件。每当夜幕降临，大桥上灯火辉煌，与来往车辆灯光辉映，成为出现在海上的一道绚丽彩虹，景色迷人。集美大桥只花一年多便建成，它南起环岛路的交叉口，桥梁跨过浔江海域，即厦门岛与集美之间海域，在集美东海路上岸，经嘉庚体育馆、大学湾，接通集美大道，全长8000多米，跨海部分将近4000米。它和厦门大桥一样也是预应力混凝土连续结构，桥面极为宽敞。为满足桥下3000吨级船只通过，集美大桥桥高设计为15—20米，它是世界同型桥梁的建设速度的2至3倍，建桥工艺也走在世界前列，目前已获批"国家级工法"，成为该项工艺的"样板工程"向全国推广。其桥型比厦门大桥更刚劲，而又起伏如飘带，修长秀美、"刚柔相济"。这次采风经常经过的海沧大桥，是世界第二、亚洲第一座特大型三跨连续全漂游钢箱梁悬索桥，它是厦门市历史上投资最大的交通工程项目，全长约6千米，花了3年时间建成。这是一座厦门市西港中部大桥，西起海沧开发区马青公路，跨越厦门西海城并穿过火烧屿后接通厦门半岛仙岳路，是厦门岛的第二条对外通道，2008年荣获"第七届中国土木工程詹天佑奖"。许怀中看到大桥凌空而起，俊美飘逸，银灰色的桥身与蓝天、碧海、红花、绿树融为一体，宛如一道飞虹，又似一条银龙架在厦门西海上，成为厦门特区腾飞的翅膀。夜间在桥上纵览灯火辉煌，真像银河星空，显眼闪亮，为"海上花园"厦门锦上添花。前几年兴建的杏林大桥与厦门大桥相邻，这是厦门最长的跨海大桥。它起于厦门高殿至集美杏林，全长 8000 多米，杏林大桥公路桥桥型采用双驼峰设计，被称为驼峰桥，犹如长龙翻腾，含有"鹭岛龙腾"寓意。大桥最大特色在于驼峰两侧设立观景台，市民可停在桥上看风景，这种设计是全国首创。这几座大多始建于 20 世纪八九十年代的跨海大桥，桥梁本身都是一道风景，又为湖里特区建构亮丽的海上景观，显示出彩凤起舞的新姿。

湖里不仅美在湾边、湖滨、海上，而且海底又有一道翔安隧道的景色。在湖里辖区内的翔安隧道，从 2005 年 9 月开始建设，到 2010 年 4 月间开通。许怀中读了《走进福建重点工程——海西新跨越》中的《穿越大海》报告文学，印象最深的是其开挖、弃运的土石方几乎可比埃及大金字塔，使用的钢材可造七座世界驰名的巴黎埃菲尔铁塔，这个建设工程之巨大，令人赞叹。这条隧道位于厦门岛东部，连接厦门本岛和对岸翔安区西滨互通，长 8.695 千米，最深处位于海平面下 70 米，它不仅是我国大陆地区第一条由我国自主完成勘探、设计、施工的海底隧道，还是当今世界上采用钻爆法施工断面最大的海底隧道工程。这个完成穿越世纪之梦的宏伟工程的施工中，克服了多少难以想象的困难，使原来厦门本岛通往翔安需 90 分钟的车程，缩短为 8 分钟，奏响了特区建设的激荡人心的凯歌，创造了"零死亡纪录"的奇迹。中国人的壮举，全世界为之震撼。许怀中曾数度往返福厦，小车经过翔安海底隧道时，他的心情格外激动，他想到这是处于海的深处，周围波涛汹涌，却显得如此宁静与平坦，湖里特区海底的风景，也如此美不胜收。

街道风景，又是湖里的美丽所在。许怀中参观了金山社区，这里的和谐社会风气，叫人赞不绝口。这个社区在厦门岛东北城乡接合部，是一个建设发展中的纯居民社区，在 186 幢住宅中，居住近 3 万人口。社区在"以人为本，服务居民"的办区宗旨下，举办创建公园式学习型、服务型、关爱型、温馨型和谐社区的活动，先后获得"全国文明社区""全国学习型家庭示范社区""全国和谐邻里示范社区"以及"福建省社区建设示范社区"等多种荣誉称号，得到"金山是全国和谐社区的典范"的评价。许怀中一行在社区内徜徉，感受到文化气氛的浓郁，犹如这园内四季桂花的飘香。社区内的"五园"（清风园、文化园、爱心园、健身园、新凤园），引人注目的"两廊"（科普宣传走廊、普法漫画廊），吸引观众。"一墙"（核心价值观宣传墙），给人教益。文化走廊有屈原、林则徐、焦裕禄、谷文昌、雷锋和抗震英雄少年等的雕像，处处可见名言、警句、书法、漫画石刻，"书香广场"书香飘荡。这里设置的100多块不锈钢书画上，书写名人名言，如"人只一念私贪，便销刚为柔，塞知为昏，变恩为憎，染洁为污，坏了一生人品，故古人不贪为宝"。集知识、图画、科技于一体，使社区文化渗透于广大居民生活休闲和观赏、运动区域的花草丛中，可谓别出心裁。社区开展多种多样的活动，心系百姓忧乐、利民便民，为金山人民造福祉。湖里街道社区，风景如画。

街道还有一道独特的风景线——乌石浦油画一条街，这是由油画村变成的街道。这是"一个非到不可的地方"。她处于湖里区江头街道江村社区，自从1992年第一批画师入驻乌石浦，开始从事油画生产的文化产业，吸引了一批批国内外商人来收购画品，同时也吸引了大批来自全国各地的画师，成为生产创作和销售基地，在国内外享有较高的知名度。许怀中在美术文化产业协会庄会长的带领下，在这条街上一家一家画铺参观，真是琳琅满目，油画珍品一幅幅张挂满壁，吸引着海内外的顾客，远销世界各地，油画艺术在这里东西结合，在西方艺术中注入我国传统国画艺术。文化创新，传统韵味注入现代意识，国画山水画和油画结合，叫人感到新鲜。墙上标语"十载锻铸乌石浦，赢得百年油画村"，显示出历史短，而其韵味悠长。

告别湖里前，许怀中到湖里区公园参观，这个新建的公园为市民提供假日休闲之地。公园的管委会王主任陪许怀中参观，园内亚热带植物郁郁苍苍，现为综合性现代公园。他们把文化注入园内，偶然间发现岩石上刻着凤凰站立、起飞、冲天、远飞的四幅形象，象征着湖里（凤湖）发展的四个阶段。《凤之舞赋》石碑写道："湖里，鹭岛西北隅，临海丘陵地。昔积水成湖，沿岸生竹，古名竹坑湖。相传凤凰翔舞其间，故别名凤湖。沧海桑田，竹影消，湖光匿，乡民奉凤凰象湖里。1981年，得改革开放机遇……建厦门特区。"邓小平视察湖里，挥毫题词砥砺，"宛如凤凰来仪，湖里发祥……美哉！湖里如凤之舞"。读罢碑文，许怀中心潮起伏，来此之前，在选题会上报了类似题目，不意在这里读到类似的文字，可谓巧合，愿彩凤起舞得越发优美，湖里特区再腾飞！

第八章

乡愁哲思　清风明月

许怀中先生是一位思想家，一位哲人，他集官员、学者、教授、作家于一身，曾撰写出版学术专著10部，散文集10多部。不管是构建散文走廊，还是耕耘评论园地，许老的文笔充盈着丰沛的情感，文情、友情、亲情流溢在他的字里行间；他的作品浓缩了匆匆岁月的丰富经历和人生感悟，把自己的足迹、心迹、笔迹都留在著作中。特别是"故乡仙游"在他书中尤显突出，有关莆仙的人和事的题材作品占很大部分。

正如北大中文系研究生毕业、现任中国作协创作研究部研究员的家乡人李朝全，为许怀中先生所写的《把故乡带在身边》一样，许老就是"把故乡带在身边"的人，乡韵书香觅真情，写家乡亲情、写家乡友情、写家乡文情，更多的是为家乡作者写序和写评论等等。他散文最宝贵的是将自己的心踪心迹写进文字，在故乡风物人事的描写上，注入了他自己的情感和心灵感受。故乡总萦绕在他的心中，他也总在故乡的怀里。一个把故乡带在身上的人是有根的。他写散文，追怀往事，悼古伤今，系情故事，关心民瘼，成为主要题材。字里行间充满沧桑之慨，饱含人生哲理，令人荡气回肠，寻味不尽。那些大量的怀古忆旧之作，举凡人、事、情，都饱含对往昔美好的记忆，对当今丑恶的鞭挞。

为他人的书籍作序，这是个苦差事，但先生乐此不疲，其奖掖后进的拳拳之心，令人感动。先生的岁月脚步，淡定而从容，一步一景，美不胜收，他的文字在匆匆流转的岁月中，醇香四溢，温暖人心。

许怀中博学多识、造诣深厚，加之阅历丰富、治学严谨，其著述，谈学问以探赜索隐的知识性见长，书杂感以揆情度理的哲理性取胜，均以其真情、真知、真见，有益于世道人心，因而颇为学术界和读书界的人们所喜好，并成为当代杂体散文创作代表性一家。

1. 魅力城厢，留在心田

2011年暮春，许怀中和一行作家走进莆田市城厢区。莆田和仙游相连，通称莆仙，那也是许怀中的故乡。此次，进一步了解城厢区的历史沿革。据载，公元568年，即陈光大二年，莆田置县，城厢始属莆田县管辖。元至元十六年（1279年）在兴化路治城城区及其近郊划为东厢、南厢、左厢、右厢四厢，设城厢录事司，与县分治。"城厢"名称由此得来。1983年析莆田县城厢镇等设城厢区，次年成立。现为莆田市政治、经济、文化、教育、科技中心和交通枢纽。许怀中来采风，走遍了它所管辖的华亭、常太、灵川、东海四个镇和凤凰山等几条街道。

在这里，许怀中感受到城厢区的魅力，可谓"魅力城厢"。她是自然景观与人文景观相融合而成的一种诱人景观。

常太枇杷林、华亭龙眼林和处处的荔枝林三大果林，构成了城厢独特的魅力。去参观地处东圳水库南岸的常太镇洋边村途中，路旁、坡上、水边、田野里、房前屋后到处是密密麻麻连片的枇杷果林，漫山遍野。满树套上袋子的果实，在阳光下闪闪发光，犹如绵延不绝"白花"的海洋。散文家章武惊呼："太漂亮了！"坐在洋边村委会办公楼前，主人端上一大盆枇杷热情招待，客人边尝甘甜的果实，边听介绍。原来这个村落的人在20世纪50年代建东圳水库后，搬到半山腰居住，人均只有0.18亩望天田，加上交通闭塞、荒山秃岭，被人们戏称为"嘴封、脚封、手封"的"三封"村。在这封闭的角落，改革开放的东风吹进后，村民们发扬老区自力更生、艰苦创业的精神，开发、整合山地资源，靠山聚宝，靠地生财。全村大种水果，改变落后面貌。近年，村党支部更新观念、创新思路，走出山门闯市场，闯出一条发家致富的新路子。到2010年，全村人均收入已超过8000元，成为富甲山乡的明星村，被省、市、区定为新农村建设示范村。告别洋边村时，许怀中见到果林林海中，一座座新楼房鳞次栉比。这种入选"福建最美乡村"的魅力，深深地吸引着他。

华亭的龙眼，早已深深地留在许怀中的心田。记得10多年前，他到华亭看望从马来西亚回故里的华人作家云里风，曾写了《木兰溪怀里的绿洲》，文中对龙眼树多有描绘："片片繁枝密叶的龙眼树果林，把烈日挡在头顶，一串串果实拂到面前，'智慧果'遍及这块土地上，向人们显示它的富有。""一路上，我的心田也被龙眼树的绿色染浸，木兰溪怀里的这片绿洲，是龙眼林的绿洲。此次重访华亭，站在横跨木兰溪的园头桥上，桥下大片岩石，溪水缓缓流淌，溪畔绿草如茵，眼前尽是一望无际的龙眼树，在茫茫林海中，绿荫下一座座农家新舍，是一幅秀丽的画面。福建省万亩龙眼基地、兴化桂圆的发源地华亭镇发出诱人的魅力。"

在采风活动中，许怀中提出要去参观荔枝林，主人说："莆田因盛产荔枝，别称'荔城'。城厢的荔枝林到处都是，你下榻的阳光假日大酒店，周围便是大片荔枝林。"果然，当许怀中在客房拉开窗帘，一片荔枝林便出现在楼下，形成酒店的一道景观。

莆田市境内有二十四景，城厢区拥有其半。这二十四景，是清代顺治年间，林尧英始定的。据记载，明代天顺年间，邑人吴希贤第一次给莆田标出四个景区，即"壶桥晴岚、乌山雾雪、绶溪待渡、宁海观澜"，林尧英认为四个景区不能概览莆田优美风光，就遍览莆田大地，概括了这二十四景。城厢区境内便有：东山晓旭、西岩晚眺、梅寺晨钟、石室藏烟、南山松柏、木兰春涨、绶溪钓艇、三紫凌月云、柳桥春晓、钟潭嘈响、智泉珠瀑、北濑飞泉（已沉没于东圳水库）、石梯寺等。许怀中和章武一道游览了几个景点。东山晓旭，是"莆田二十四景"中的首景。东山也称乌石山，古寺庙多处。相传唐代高僧妙应禅师曾留下"乌石山前，官职绵绵"的谶语。后人印证"宋以后莆中林、陈、方、黄、宋、刘、王、郑、李九大姓簪缨不绝，皆居山下也"。南宋大文豪刘克庄住在山下，留下《乌石山》诗，回忆童稚时期在山上游玩的乐趣。在山上可眺望朝阳在云海间冉冉升起的景象，就是"东山晓旭"景观。许怀中还驱车上凤凰山，在小亭中小憩。清风徐来，周身舒适。下有石室藏烟景观。相传唐代名僧妙应禅师在此建寺、坐禅，出入常骑随两只驯虎，故又称"伏虎岩"。山上，林木苍蔚，巨石嶙峋，岩泉清冽，景色优美，常有云雾漂浮，"绿树迷离古刹前，缥缈云山深莫辨"，故有"石室藏烟"之称。南山松柏即在名闻遐迩的广化寺和宋代古堰木兰陂之间。在城厢境内拥有千年古刹广化寺和宋代古堰木兰陂，可谓得天独厚。城区依山傍水、环境优美，又有九龙谷森林公园，都是游览胜地。

九龙谷在常太镇莒溪，素有"莆田后花园"美称。几年前被评为"全国农业旅游示范点"。生态文化尤为突出。其中有国家级保护一、二级植物，又有珍稀动物。公园还在建设之中。景区内还有五道瀑布，绘画出北合九鲤湖、南联东圳库区。东近常太万亩枇杷果园的蓝图。此处有九仙炼丹、九鲤化龙、九龙戏水、弥勒修身、观音显圣等美丽传说。还使许怀中感兴趣的是，九龙谷和家乡的九鲤湖接近。这是徐霞客游九鲤湖时经过之地。在《徐霞客游九鲤湖日记》中载：徐动身时，"正枫亭荔枝新熟时也"，抵兴化府初八日，出莆郡西门，西北行5里，登岭40里，至莒溪，莒溪即下九鲤，指的是九鲤湖的五漈至九漈，即如今的九龙谷。徐霞客即由此登山到九鲤湖。

城厢人文景观富有魅力。这里的衣、食、住、行的民生文化颇具特色。衣，指才子服饰企业。20世纪90年代，许怀中曾和郭风、章武、健民等从榕城到莆田参加《湄洲日报》编辑部和才子集团联合举办的"才子集团"笔会，到灵川镇参观了才子服装厂。在车间见红布条所书："中国人的才子，天下人的衬衫"。离开总部前，他们登上高楼的天台，放眼眺望，这里背靠三层山，面向湄洲湾，对着枫亭镇，溪流环绕，山清水秀。许怀中在散文《灵川"才子"的风度》中叹喟："灵川海头，真是有灵性的地方，可谓人杰地灵。灵川，灵川，地灵之乡；才子，才子，人杰之乡。"这次所见到的"才子"，生产规模又大大扩展了，作坊车间比过去大得多，年生产能力达600多万件，打造中国最佳文化品牌，朝中国一流、世界名牌的宏伟远景迈进。工厂的环境更加美化了，园林式的工厂内棕榈树、绿草地令人悦目。

事有凑巧，参观了"才子服饰企业"，便来到"天喔（中国）食品有限公司"，岂不正是从衣文化到食文化吗？许怀中问企业负责人为什么叫"天喔"，他回答干脆，就"天呀"！以示其大。这家工厂的占地将近500亩，大得惊人。生产经营多种食品，设计年鲜果蔬、果品处理能力达20万吨。公司具有全国最大的鲜果处理加工基地，具有全国第一个全封闭的规模成品蜜饯紫外线晾晒房，代表行业最高水准的果蔬研发、品控、衡定一体的研发中心。公司大力推动"三农"政策，优化生态环保，造福于民生及带动了产业链的发展和食品保健、食疗文化的发掘。在食文化方面，是佼佼者。

住的文化，在城厢区也引人注目。城厢打出"安居兴业"口号，加快向宜居城市建设发展。区里围绕"北扩、南拓、东改、西建"的城市发展思路，旧城改造与新区开发同步，基础设施完善与人居环境优化并进，不断提升中心城区核心区品位，滨溪向海滨城市发展格局已初见雏形，生态宜居城市逐步显现。过去5年，累计改造旧城1.8平方千米，开发新区6平方千米，城区面积由12.9平方千米拓展到19平方千米。城镇化率不断提高，开发房地产项目已有63个，建成万辉国际城、大唐广场、金威豪园等23个高标准住宅小区，新增加的住宅面积86万平米。在城乡的路网、供水、污水处理、燃气输配和城市绿化、亮化方面，卓有成效。城市基础设施不断完善。新建凤凰山沿渠景观带和泗华水上公园等城市公园供市民活动。城镇绿地面积正在扩大延伸，城市家园更加亮丽。

行的文化工程，在城厢得到重视，成效明显。城厢区位于"南北三角"和"东西两岸"的连接点上，扼东南沿海中部水陆交通要冲的黄金地带。东临天然良港湄洲秀屿港，向莆铁路、福厦铁路在境内交汇，国道和福泉高速、莆秀高速、湄水高速、城港大道、滨海大道穿境而过，高等级公路贯通所有乡镇，已形成全方位快捷的海陆空立体交通网络。许怀中站在新建的樟林大桥上，见木兰溪流淌桥下，感受母亲河的恩惠。周围的华林经济开发区欣欣向荣，开发区交通枢纽棒林大桥已通车，桥梁的建筑极其壮观，造型优美，是我国第一座蝶形设计的大桥，为城厢区的文化工程增添色彩。

有1500年置县历史的城厢，历史悠久，人文荟萃，人杰地灵，英才辈出，是"文献名邦""海滨都会"的组成部分。历史上，唐代徐寅为福建第一位状元，其诗267首收进《全唐诗》。此外，又有"十室九书堂"之称，出过175位进士。历史名人郑露、蔡襄、刘克庄、龚茂良、林龙江、郭尚生、郑纪、林兰友、张琴等，都曾生活在这块土地上。城厢文化历史源远流长，唐代就有歌舞、音乐与艺术创作。宋、明、清时期，文学、史学、戏曲、杂技、书画等进入鼎盛时期。古建筑是城厢历史文明的重要载体，是莆田市文物的精华，至今保存的数百座唐、宋、元、明、清古建筑，其中众多宋塔、宋桥、宋陂为代表作。目前尚存900多座佛寺建筑、道观庙宇，棋布城乡。明清时代民居以士大夫居室为多，有着地方特色的布局和构造特征，历来为中外专家所称道。城厢的自然和人文景观富有魅力，形成魅力城厢的文化力度，使这一座文明城市充满活力和希望。

2011年4月，在春意盎然的时节，许怀中和省里一批作家以及莆田当地作家，一道到城厢区采风，编写"走进海西大型纪实文学丛书"之一的《走进城厢》一书。一道采风的仙游作协主席王斌，带着从故乡仙游来的作家刘建成与许怀中见面，送来已编好的散文集《人生如歌》书稿，请许怀中写序。

采风结束回榕城，许怀中即把建成乡亲的书稿抓紧读完，理着头绪，归纳出"纪实、真情、实感、文采"八个字来展开。这本以第一人称"我"来写作的散文集纪实性很强，这是一个鲜明特点。众所周知，如果小说创作以第一人称手法来表现，这里的"我"未必是作者本人，有时和"我"相似，又可能是与"我"截然相反的虚构人物。而散文不同，其中的第一人称往往是指作者"自我"。许怀中本来感到因采风活动空隙很少，只和建成同志匆匆一面，未能多些交谈，了解作者的更多情况。幸好文集中的纪实性，使他读到作者的人生经历和道路。全书分为"童年如梦""故园如画""往事如烟""情深如海""红歌如潮""世事如鉴"六辑，从中得知刘建成在庆祝抗日胜利的鞭炮锣鼓声中出生在仙游盖尾的农家。3岁丧母，遭受继母的虐待，生活无着，父亲只好把他送给贫苦山村一家农户抚养，又遭养母的白眼和遗弃。不久生父也去世了。刘建成小时放牛、砍柴，靠劳动所得勉强上私塾。参加初考名列前茅，全县第一，在老师和亲友帮助下，读完初中，后考上仙游师范，毕业后一直在教育部门工作，从城里学校到山重林叠的山区教学。20世纪90年代初调进县教育局，从事教育工作40多年，退休后还参加有关史志编纂。如今这散文集所收的作品，是近几年所写，可说一路风雨一路歌。刘建成同志兴趣体育、图画，更爱好音乐，喜欢拉二胡、弹琴、唱歌，酷爱文学。许怀中小时候也有这许多相似的兴趣，直到年长。这说明文学作品的纪实，往往具有给人联想与启迪的作用。

真情。文学的纪实性不等于只记事，不抒情。相反，刘建成的散文，纪实中富有浓厚的感情色彩。他对童年生活的艰辛，对故园的礼赞，对往事的眷恋，对亲人、师友、默默无闻的普通劳动者，情深意笃。对党的感恩，对世事的反思感悟，都充满着真实的情感。童年的一件蓑衣，故乡的一条小溪，帮助他的一位邻居"童养媳"，多位上过课的良师……都被深深藏在记忆深处，多年后抒写不尽。

实感。冰心老人说过："作家的称呼是读者赐的，不是自己封的。要做一个未来的作家，一定要有真情实感的时候才下手动笔……"这段意味隽永的话说明：作家一定要有真情实感，否则成不了作家。刘建成的散文，不仅有真情，又有实感。"世事如烟"这部分杂感，从书本里，从人际中，从世事和人情间，有所感，有所悟，化成了文章。如读了《铁壶和瓷杯》的寓言，明白到事物转化的道理：强者为铁壶，有时转强为弱，而弱者如瓷杯，会转弱为强。作者有时从《千家诗》里发现对"春"的赞美和慨叹，"与其说人们喜欢《千家诗》，不如说人们热爱这美好的春天"，这些都是作者的实际感受。有趣的是，本辑的末篇《从天井飞向天空——读丹娅〈天井〉有感》，许怀中也从《福建文学》上读到丹娅的这篇散文，丹娅是许怀中的老乡，又是他在厦大中文系任教时的高足，她已成为名作家和教授。刘建成细读了这篇散文，评论十分准确而有深度，他觉得许多看似平淡的语言中含有深刻的内涵。"曾有人评说丹娅的语言秀逸灵巧，从丹娅的连续叙述中体验到雅致、舒缓、宽容，体验到一种内在的安宁和乐于恬淡的静观。"评论和实感交融。刘建成从初二开始写日记，多年不辍。当时的班主任，语文老师郑元畏曾阅后赠诗："不求格律高，不务文字奇。文章俗为妙，博得天下知。"散文的"俗"不等于平庸、庸俗，也不等于缺乏丰富的语汇、优美的语言。刘建成散文的语言颇有文采，他的"俗"是指不加粉饰，不事琢雕，有真意，朴实自然，优美畅达。他在教学中，对语言文字多有研究，这对他的写作很有帮助。《后记》中谈到该书是作为党的一个忠实儿女，献给我党90周年华诞的一份礼物。正如结尾所表达的："小小的我，全部的爱献给党献给祖国，小小的我，愿继续谱写一首又一首爱之歌。"

2012年诗人哈雷主编《映象仙游》出版之后，又主编了《映象莆阳》，请许怀中写序。哈雷是许怀中的乡亲和文友，主编过"海峡桂冠诗人丛书"，出版了《零点过后》《寻美福建》《寻美人生》等10部作品，是颇有影响力的诗人。近年省炎黄文化研究会和省作协组织作家编写"走进海西大型纪实文学丛书"，哈雷也是主要的采风团成员之一。他们参与了《走进仙游》《走进湄洲岛》《走进城厢》《走进荔城》等书，是以报告文学和散文形式多侧面反映莆仙概貌及其主要特色的系列作品。哈雷出于乡情，约请了当地和外地许多名诗人歌咏了莆阳大地，成为"走进"系列的姊妹篇。

许怀中不禁想起，这块神奇的土地上，历代都出现过诗人。莆田县人林藻，是闽举进士之第一人，工诗书，其诗作收录于《全唐诗》内。黄滔也是城厢区人，为晚唐著名诗人，《全唐诗》收录其诗作100多首。仙游县人蔡襄，诗文清妙，造诣很深，有《蔡忠惠公文集》传世，内集诗歌370多首。仙游人陈谠，任过殿中侍御史等职，诗文雅致。莆田宋珏，善画能诗，诗情画笔倾倒名流。莆田城厢人张琴，是兴化科举以来最后一科进士，其诗文书画等均为世人所收藏。还值得一提的是，莆仙出过不少女诗人。如梅妃江采苹的《一斛珠》为传世名诗。莆田黄石黄幼藻，留下《柳絮篇》名著。明嘉靖倭寇入侵，莆田华亭徐贞女气节凛然，拾炭题五言绝句于壁，随即投潭壮烈就义。诗云："皎皎俞潭水，长流万古清；妾身同此水，静洗月中晶。"此外如俞若耶、吴丝、吴班、吴荔娘、陈琼、陈蕙卿、陈淑英等均有诗篇传世。

从这简要的叙述中说明，莆阳是诗人的故乡。在这"文献名邦""海滨邹鲁"的故里，曾有莆田市吴建华作家市长，又有梁建勇（梁征）诗人市长。许怀中在厦门大学中文系任教时的高足杨健民评论家，最近在评梁征《寻找雪峰》诗集中写道："梁征对于山水的抒情方式，已经从物象意义进入了一种透彻的参悟。"（《梁征和他的寻找》）这组写景诗中，也从物象中透露出一种"参悟"。

老诗人蒋夷牧对莆田的荔枝林情有独钟："这一片片生生不息的荔枝树林里/去种植去收获他们的爱情。"诗人莱笙在诗中对为木兰陂献身的四娘寄以浓厚的深情。哈雷将对故乡的乡情凝聚在木兰陂、龟山寺、千石岩之中。他又在《莆阳之春二题》中抒怀："莆阳诗歌是你的神/是你体内流荡着的血液，在兴化平原上/广袤的果树上都冒着诗歌的嫩芽/是的，闽中之中，被听成一首诗的城市……"诗人洛夫的《子夜读信》、张国治的《关于一座城市的爱》、古月的《木兰溪》都是台湾诗人抒写的对莆阳的爱。此外如朱谷忠、伊路、戴冠青、王鸿、林春荣、林秀美、杨雪帆等许多诗人，都为莆阳映出绚丽的自然和人文的景观。

2. 工艺美术，诗情画意

莆阳大地的故乡，有一支历史悠久的旋律，在新时代更加动人心弦，使故乡益发秀美，它由古典工艺家具、木雕、油画、金银珠宝等四重奏组成，汇成美不胜收的交响乐，曲名叫工艺美术，即工艺和美术结合的产物。它不仅具有文化价值，而且拥有巨大的经济价值和收藏价值以及实用价值，在海内外享有盛名，被列为建设美丽莆田五大国际品牌之一。

这四支乐章内容丰富，形式多样，特色鲜明。这里古典工艺家具，早在唐宋便闻名遐迩，随着岁月的变迁，越发谱出华丽的乐章，故乡由此获得"世界中式古典家具之都"的荣称。其中古典工艺家具产业，许怀中曾参观过榜头、度尾、大济和涵江白塘等地的制作产地，榜头"三福艺术家具"创始人黄氏三兄弟是"仙作"古典工艺家具的代表，开设极为宏大的陈列厅，陈列的作品琳琅满目，姿态万方。"仙作"家具历史漫长，现分布面广，多地发展，坝下是发源地，开创"仙作"辉煌时代。

2020年秋天，许怀中和林丹娅、陈金添、郑怀兴、郑志忠等一同参观设在博览城的三福艺术馆。馆内陈列的具有古典美和现代美碰撞的家具，将传统和时尚、古典和现代通过一定的内在规律和表现形式完美地融合在一起，展现了中国传统艺术的永恒美感，扣人心弦。许怀中一行还在楼上花园留影纪念。下午由公司董事长、中国工艺美术大师黄福华先生安排，在莆田市二轻工业联社副主任肖荔清陪同下，参观书峰乡等地。

木雕工艺是故乡工艺美术的强项。正好隔了一年金秋，许怀中又由肖荔清副主任陪同参观中国工艺美术大师郑春辉主办的莆田市春晖木雕艺术馆。当天馆主出差在外，交代家里人热情接待许怀中。这位大国工匠2019年度人物，还兼任我国好几所高校客座教授，他有数十件作品被故宫博物院收藏，其中60多件作品荣获国家和省级奖项，作品《乡情悠悠》荣获国内外大奖。许怀中在展厅看到的《清明上河图》是郑春辉的代表作，不仅画面生动有立体感，妙手如神，叹为观止。郑春辉还在培养人才方面，贡献了力量。参观木雕艺术馆，许怀中观摩了郑春辉多件精品力作，收获匪浅。在艺术创作上，郑春辉坚持守正创新，把木雕艺术创作谱上美的旋律，使故乡木雕与浙江东阳木雕、浙江乐清黄杨木雕、广东潮州木雕并称为"中国四大木雕"。许怀中记起1996年曾与福建省书画家到浙江办展，参观了"中国木雕之乡"东阳，撰写了散文《放游东阳"艺海"》，为陈列室写了横额"艺海"，又参观了东阳古代和现代建筑，其"白木雕"自唐至今已有千余年的历史，是中华民族最优秀的民间工艺之一，被誉为"国之瑰宝"。

莆田市油画20世纪80年代以来，已逐步发展为全国三大油画产业基地之一，国家有关部门授予莆田市"中国油画产业之都"的称号，著名艺术家黄凤荣以跨界的艺术风格著称，将绘画与表演结合，开创绘画表演相结合之先河，为莆仙油画添上浓郁的色彩，使油画汇入故乡美的旋律。

此外，金银珠宝产业在莆田蓬勃发展，上塘珠宝城成为深圳、义乌之后的全国三大银饰市场，被阿里巴巴评为"淘宝村"，荣获许多荣誉称号，有4个国家级区域品牌，8个省级品牌，拥有国家专利产品55项，"金镶玉玉镶金"技艺入选省级非物质文化遗产名录。投资15亿元的莆田国际珠宝产业园已投入使用，发展势头迅猛。

莆仙美的旋律的谱写，依靠当地能工巧匠的努力，而今人才荟萃，层出不穷。其一，涌现一批国家级、省级和地区级的杰出人物，现有中国工艺美术大师7名，福建省工艺美术大师100名，名人139名，市级工艺美术大师111名，还有6000多名技师等。如木雕美术大师郑春辉，三福艺术馆馆主、中国工艺美术大师黄福华，开创性的油画家黄凤荣，金银珠宝艺术40多位知名企业品牌的名家等等。其二，这许多工艺美术名家，重视培养人才，他们创办仙作文化研究院，又如郑春辉兼任福建艺术职业学院等高校客座教授，木雕技艺走进高等院校和研究院所，积极培养各门类工艺美术人才。其三，莆仙工艺美术优秀人才泉涌，人数极多，形成老中青结构合理的人才梯队。全市共有工艺美术企业7000多家，从业人员30多万人。其中古典工艺家具产业从业人员达15万人，金银珠宝产业从业人员超过12万人。油画目前全市拥有出口企业20多家、大型画室60多个，2万多名画师、画家；木雕工艺美术企业4000多家，从业人员近8万人。以上的数字，说明了莆田市工艺美术参与者为数相当可观，汇成一支浩大的队伍。其四，他们在各自的岗位无私奉献，忠于职守，精雕细琢，不仅作品数量多，而且质量好，共同为家乡美的旋律尽自己的力量。

由于他们的卓越贡献，使故乡显示出诗情画意。木雕大师郑春辉的著作《雕诗刻画》写道："他把激情灌注在木雕上，使作品升华成'诗情画意'。"许怀中曾为仙游"画阁凌烟"书画协会题写了"诗情画意"，不约而同地表达了故乡的美，这里也是美的旋律的生动体现和彰显。

还应该提到的是，中国（莆田）海峡工艺品博览会在国家部委和行业协会的大力支持下，已连续举办14届，对弘扬中华优秀文化，推动两岸经贸文化交流，产生积极的作用，参观人数达27万人次，深化了莆台工艺美术交流合作。

故乡的工艺美术不仅为经济的发展带来巨大的推动作用，而且其文化的内容极其丰富，可谓源远流长，尤其在文化名邦的熏陶下，其人文色彩愈加浓郁。许怀中记得2010年炎黄文化研究会与省作协共同举办撰写"走进八闽大地"文学丛书，一批作家采写报告文学、散文等，在仙游采风，出版了《文化古邑　木雕新都》一书。何少川会长撰写了《仙游"仙游"》，热情洋溢地歌颂仙游。书中凸现仙游的工艺美术，其"木雕篇：古典与时尚"列为专章。许怀中撰写的散文《文化助县》，写道："近年来仙游大力发展以工艺美术产业为龙头的文化产业，成为县域新兴的重点产业。"还写到他们到榜头坝下参观几家工艺美术企业，提到省委原书记、全国政协原主席贾庆林同志题写的"坝下木雕走向世界"的题词。篇中对故乡工艺美术推动县域经济发展给予充分肯定。10年来，仙作赋能工艺美术产业高质量发展，她是美的四重奏在这块热土上优雅绽放，极其悦耳动听。家乡这种美，是一种"诗情画意"的美，许怀中由衷地赞美她的美轮美奂。

3. 传统文化，诠释内蕴

2009年端午节前夕，隐隐约约传来划龙舟的锣鼓声，传递着端午节即将到来的讯息。端午是我国重要的传统节日，许怀中情不自禁地勾起小时在故乡莆仙过端午的回忆。留下最深的印象是，到东门木兰溪桥上看龙舟比赛，溪岸的古榕下，岸边满是观众，大家为龙舟竞发喝彩。此外，便是家家户户包粽子、吃粽子，门上插艾驱邪，还有在鸡蛋上画彩色图、佩香袋、系长命缕等等。

随着年龄的增长，许怀中对端午节的理解也越来越深。端午节已有2500多年的历史，是我国主要的传统节日之一，它与春节、清明节、中秋节并称为中国四大传统节日，在中国人生活中占据重要地位。从2008年起，为我国法定假日。在这之前，已列入国家非物质文化遗产目录，2009年成功入选"世遗"目录。

端午节的名称，是我们所有传统节日中叫法最多的，据统计有20多个别称，如称端阳节、龙舟节、女儿节、午日节、五月节、菖节、艾节、蒲节、端五、重五、天中节、浴兰节、屈原日、诗人节、夏节、地腊节、灯节等。

端午节之所以有如此众多的别称，与节日起源不同有关。如纪念屈原说，它本来是夏季的一个驱除瘟疫的节日，后来楚国爱国诗人屈原于端午节投江自尽，就变成纪念屈原的节日，此说最为流行。吃粽子、赛龙舟都与纪念屈原有关，有唐代文秀《端午》诗为证："节分端午自谁言，万古传闻为屈原。堪笑楚江空渺渺，不能洗得直臣冤。"所以有屈原日、诗人节之称。又有纪念孝女曹娥说，此说出自东汉《曹娥碑》。"迎涛神"传说春秋吴国伍子胥含冤而死，化为涛神，世人哀之而祭，故有端午。这在江浙一带流传很广。此外还有"龙的节日"说、"纪念女诗人秋瑾"说等，不一而足，

这个节日的习俗，各地虽大体相同，但因地而异，丰富多彩。如北平端午节忌打井水，食铺出售"五毒饼"。山东邹平县端午每人早起需饮酒一杯。山西解州这天男女戴艾叶，称为"去疾"。陕西兴安州端午地方官率领僚属观赏竞渡，称之"踏石"。浙江桐庐县乡塾之学童，端午节具礼于师长，称之"衣丝"。江西建昌府端午节用百草水洗浴，以防止疥疮。福州端午旧俗，媳妇以寿衣、鞋袜、团粽、扇子进献公婆。许多地方的习俗时过境迁有所改变，它们已成为历史的记载。

端午节不但是老百姓的节日，而且是帝王娱乐的节日。据载，唐、宋、元、明、清各代皇帝，均有临水观看龙舟的娱乐，也属于游戏之类。《旧唐书》中记穆宗、敬宗均有"观竞渡"之事。《东京梦华录》中记北宋皇帝于临水殿看金明池内龙舟竞渡，这里有彩船、乐船、小船、画舫、小龙船、虎头船等供观赏、奏乐。明代皇帝在中南海紫光阁观龙舟，看

御射监勇士跑马射箭。清代乾隆、嘉庆则在圆明园的福海举行竞渡。

民间的娱乐最流行的是龙舟比赛,此外,还有多种多样的游戏。古代有一种叫"斗草",起源与中医药学有关。白居易《戏儿戏》诗中写道:"弄尘或斗草,尽日乐嬉嬉。"端午又有射箭之戏,史书上有许多记载。

历代留下吟咏端午节的诗词,可说是端午节文化的丰富底蕴。唐代诗人张建封《竞渡歌》:"两岸罗衣扑鼻香,银钗照日如霜刃,鼓声渐急标将近,两龙望标且如瞬。坡上人呼露雷惊,竿头彩挂虹霓晕……"淋漓尽致地描绘出龙舟竞赛的壮观。梅尧臣诗云:"屈氏已沉死,楚人哀不容。何尝奈谗谤,徒欲却蛟龙。未泯生前恨,而追没后踪。沉湘碧潭水,应自照千峰。"(《五月五日》)南宋陆游诗:"重五山林好,榴花忽已繁。粽包分两鬓,艾束著危冠。旧俗方储药,羸躯亦点丹。日斜吾事毕,一笑向杯盘。"(《乙卯重五诗》)写出节日的习俗和气氛。苏轼的《浣溪沙》:"轻汗微微透碧纨,明朝端午浴芳兰,流香涨腻满晴川。彩线轻缠红玉臂,小符斜挂绿云鬟,佳人相见一千年。"写出妇女迎节日的盛装。欧阳修词:"五榴花娇艳烘,绿杨带雨垂垂重。五色新丝缠角粽,金盘送。生绢画扇双凤,正是浴兰时节动。菖蒲酒美清樽共,叶是黄骊时一弄。犹松等闲惊破纱窗梦。"(《渔家傲》)笔下端午节的景物与过节的欢乐气氛描绘得惟妙惟肖。最后引今人《端午快乐》诗作结:"(端)来一盘大粽子,(午)阳高照普天庆。(快)请剥苇唥黄米,(乐)向此中寻真趣。"(任春来)。

在 2011 年 5 月,许怀中的案前摆着好几本从故乡仙游寄送或送来的书稿,请他写序。其中之一是由他在福建省委宣传部工作时的同事、乡亲邱国锞转来的《红旅绿游馨角山》。此书稿由兴泰诗社社长、退休老教师、85 岁高龄的林文栋先生主编,扉页注明:"谨以此书献上中国共产党 90 周年华诞。"

记得建党 70 周年来临之际,兴泰诗社来信,约许怀中为党的颂歌《爱党集》写序,诗社全体会员都热情地咏吟,上有旅台诗人林恭祖先生的《东瀛行》八首以及林文栋先生的和诗。许怀中在序的结尾写道:"在这建党 70 周年喜庆日子里,读了《爱党集》,党的恩情、故里的乡情交织心中。党恩如山高,乡情似水长。"

时光荏苒,匆匆过了 20 年。如今,兴泰诗社又编好此书,为党的 90 华诞献礼,许怀中即认真拜读。此书除了前言、后记、开发馨角的风景区概述之外，共分馨角山、中共上宫支部纪念馆、名胜古迹馨角山馨山书院与兴化文化教育事业的发展、新农村建设宏图大展、老人协会夕阳红、馨山爱山楼文化室六章。馨角山亦名兴角山，坐落在仙游兴泰上宫（即今游洋镇）境内。正如书名所标明，此书主要内容为馨角山包括红色旅游在内的人文景观、绿色游览的自然景观两个部分，体现出"红旅"与"绿游"的特点。

多年前，许怀中曾和邱国鲲同志游览他的故里游洋，他的故里钟山和游洋都属兴泰。那时还未登临馨角山，读了书稿，许怀中才知道馨角山的人文景观和自然景观俱佳，是参观、旅游、度假的胜地。

馨角山人文景观丰富多彩，首先是红色之旅的革命传统文化。中共上宫支部是1927年宣告成立的中共仙游的第一个支部。据载，1927年5月1日，中共莆田特委廖华（陈国柱）于兴泰上宫组成中共仙游县第一支部，即上宫支部，燃起了仙游县的革命星火，发展党员，组织农会，进行地下革命活动。为了纪念此次红旗插上馨角山，称此处为举义岩，是革命老区的载体。后廖华任仙游县委书记，临时县委机关设在馨山书院，揭开了仙游党史光辉的第一页。2007年5月，中共仙游县委纪念第一个支部建立80周年，整修革命旧址为中共上宫支部纪念馆，开辟为仙游县革命传统教育基地和爱国主义教育基地。

馨角山是兴化道教的第一座名山。唐武周时，苏州女子吴媛因拒婚离家出走，来到馨角山结茅为庵，修道行医，人称仙姑，传说后在山上采药化蝶升天。唐开元三年（715年）老百姓改庵建馨角宫，尊称吴妈。馨角山麓建起第一座宫殿，宋代道教盛兴，御封吴媛为顺应夫人，晋封吴圣天妃，成为兴化大地的第一尊女神——医圣。馨角山流传着许多民间故事传说，并有梳妆台、藏经洞、三牲石等多处景点。

馨山书院是宋代建立的兴化第一座书院。据载，宋太宗设兴化军，以兴教化，建书院，兴讲学之风，以敦教化，遂有宋乾道年间"相去其间无百里，七年三度状元来"的光荣历史。理学家朱熹曾来此处讲学，写下"养我浩气"题词。馨山书院始终为莆仙永边区的最高学府，书香溢世，人才辈出，如今是馨角山一道亮丽的人文景观。

据民间传说，隋唐时代此地建有古峰寺。嵩山少林弟子阿治师父游至此择地建寺，离馨角山约1公里，是"南朝四百八十寺"之一，故有古峰寺之称。有识之士主张重建古峰寺，繁荣寺庙文化，发展旅游事业。

馨角山不仅人文景观十分丰富，而且自然景观也多姿多态。海拔将近千米的馨角山，巍峨挺拔，雄视四方，千姿百态，站立山巅眺望，山海缘联，海天一色，气象万千。山上有八大奇观，多处景点，自然景观与神话传说融合，引人入胜。馨角山人文景观中有自然景观，自然景观中含人文景观，红色之旅、绿色之游交融，又和周围景区连接，大有发展前途。

书中除了文字说明，又收集穿插游记、诗词、楹联、题字、民间故事传说，对开发、建设、发展馨角山旅游胜地大有帮助。许怀中读到厦大华侨函授部同事林去病写的诗文，感到十分亲切。他在心中祝愿红色之旅、绿色之游远播四方，吸引更多的朝圣者和旅游者。

4. 故乡胜地，菜溪岩题

故乡仙游"四大景"之一的菜溪岩，曾列榜首。据《兴化县志》载：唐代僧人智广云游至此，结庐修炼，不食人间烟火，只以野菜充饥，村民见溪流中菜叶漂荡，菜溪因此得名。许怀中曾畅游此名胜，惊叹在方圆约30平方公里之内，景点如此集中，遂写了散文《走进画境》以记："在观赏中，菜溪的景区给人产生了一种'小而全'的印象……它集溪流飞瀑、悬崖奇石、幻洞幽谷、古刹亭榭、文物古迹、老松翠枯等120多个景点，重重叠叠，全集在这里，景点如此密集，可谓得天独厚。"

菜溪岩的自然风光和人文景观俱佳，曾吸引多少古代名人和游人流连驻足，留下许多脍炙人口的诗文。南宋吏部尚书郑侨，曾在此苦读，写下名篇："古树凌云竞插天，奇峰叠秀各争妍。飞瀑穴从天际落，石屏巍然屹眼前。天门有径天梯登，宝伞重阴古刹顶。百景千姿观不尽，八闽圣地菜溪先。"诗人把菜溪的秀丽风光尽收笔下，他称菜溪为"八闽圣地"，并将它列在圣地之先，可谓慧眼独具。

展示在许怀中面前的这本画册，便取名为《八闽圣地菜溪岩》，可说是有根有据的，并非妄称。画册分成"峰岩叠峻""佳木竞秀""奇石争妍""溪泉鸣玉"四个部分，正巧合郑侨诗中所咏景物"古树""奇峰""飞瀑""石屏"等。此外，"天门""古刹"等"自景千姿"，皆在画册之中，卷首录有明代才子唐伯虎的诗，图片附有优美的文字说明，可谓图文并茂。

峰岩叠峻：主峰凉伞峰高耸云天，"蘑菇石"传载着不朽的民间传说，绵羊峰、卧牛峰、鹰嘴峰、象王峰等"奇峰叠秀各争妍"，建构菜溪岩景区的精髓所在。

佳木竞秀：这里苍松翠柏，林木森然，千年古银杏屹立寺门，枝叶茂盛，犹如张开双臂在迎客。那丛林中的国家一级保护植物红豆杉，那年过千载的枫树、桂树、桃树，阅尽人间春色。那高入云天的古木，正是"古树凌云竞插天"的意境。竞秀的佳木，将菜溪岩营造成难得的旅游避暑胜地。

奇石争妍：菜溪岩的石景，有天造地设、鬼斧神工之妙。峻峭逼真的狮子岩，犹如巨龙蜿蜒的山峦，令人叹为观止的"石拱门"石屏幛、眠云石、仙人指路、将军守门、寿桃石、官帽石、虎啸石、石鼓、石钟、石笋……蔚为奇观，描绘出菜溪岩的神奇景象。

溪泉鸣玉：在菜溪岩的奇峰怪石、佳木参差之间，山泉潺潺，平湖如镜，鲸鲵腾波，涧腾飞虹，万派争流，帘洞生烟……尤其是那"飞瀑穴从天际落"的"仙人观瀑"景观，名扬千古。鉴赏这本画册，许怀中又一次走进"百景千姿"的画境。

5. 文苑文坛，文以聚友

《莆田文学》10周年。故乡的文友，每每提起这本刊物，都不禁要感谢当时的作家市长吴建华，这刊物是他批准的，并拨给经费。文艺刊物，是培养文学新人特别是当地文学新人的摇篮，是个文艺荟萃之处。

10年来，《莆田文学》为老作家和中青年作家提供了发表作品的园地，尤其是许多新作家的成长往往和这些文学刊物的帮助分不开。

文苑、文学园地是建构文坛景观的后花园。文坛，固然不等于就是文学园地，但它离不开文苑的支撑。就由于《莆田文学》及报纸副刊的作用，如今莆仙文坛呈现出花团锦簇、百花盛开的绚丽文化景观。郭风、吴建华、章武、朱谷忠、陈章汉、杨健民、林丹娅、陈金添等在外地的莆仙籍作家的作品，在故乡的刊物上发表。更为可喜的是，许多莆仙当地的作家，担任了文学刊物的编辑工作，如郑国贤、杨金远、许培元、黄明安、林娜、林金松、潘直进、黎晗等作家。在外地或在本地的莆仙籍作家，围绕着文学刊物，构成莆仙文坛一道道明丽的风景线。

在 2012 年迎春节的气氛中，许怀中读了从故乡仙游寄来的《挚友》第一辑，这里的挚友，其中有原 29 军仙游籍战友、母校一中前身省立仙游高级中学的校友。读罢他们的回忆文章，许怀中乡情倍增，怀旧之情油然而生，遂写了《春节怀旧——〈挚友〉读后感》，寄给主编蔡庆中老乡。文中提到一中校友李南谷大文，许怀中写道："她的父母亲李拱宸和张淑英伉俪，他们的名字，我父母亲经常挂在嘴巴上，我小时只略知一二，不知其详，从李南谷回忆她父母的文中，才知道他们的人生道路和革命精神。"接着说，李南谷是许怀中仙高的校友，却从未接触，新中国成立前夕，她受父母影响，参加闽中游击队，后参军。文章承庆中寄给南谷，她就从西安和许怀中通了电话，之后，他们常在电话中谈父辈往事。3 月间，李南谷寄来由她口述、由她孙子笔录的信，信一开头便写道："我们本有机会在学生时代相识，却等到耄耋之年才相知。遗憾的是我已不能看不能写，只能通过电话和你共同缅怀父辈的友情。"许怀中本想立即写篇读后感，不料一直生病，耽误了一段。缅怀父辈的文章值得抒写，正如李南谷信中所说："我们的父辈是受五四运动影响的爱国青年。他们都热爱文学，既是校友也是文友。"她寄来许怀中父亲的两首诗，一首是写在 1928 年李南谷父母结婚前，许怀中小时曾从母亲口中听到过；另一首是 1979 年张淑英去世时，相隔 51 年。诗中情感真挚动人："每叹侪辈已无多／噩耗传来涕泪沱／肺裂肝摧肠寸断／招魂何处三山高。"其时"文革"已结束，新的历史时期已启航。许怀中曾为父亲编诗集出版，却未收进这两首诗，感谢李南谷为诗集补遗。此诗正如李南谷所写，印证了他们半个世纪的友情。李南谷深知父辈的精神可贵和坎坷经历：他们是在战乱和改朝换代中度过一生的。青年时代受到政治迫害，背井离乡四处逃难，没有工作艰难度日，他们小时候都跟父母度过流浪生活。"我的父亲身体不好，在困难当头救国无门的时候，他 34 岁就悲愤因病而死，我母亲活到解放后却蒙不白之冤，受牢狱之苦，去世后七年才给她平反。对比之下，我们这辈比他们要幸福得多，工作固定，生活安定，国家富裕强大，中国人站起来了。"

李南谷信中提到仙游高级中学校长陈侃，他也是许怀中父辈在集美师范的同学。陈侃每天爬上八层楼去病房探望李南谷母亲张淑英，安慰她，帮她回顾人生。信后附录陈校长悼念张淑英的五首诗，其中一首《七律》如下："晚寝夕照漫天红，我再三年与君同。半世仓皇炮火里，一生庸碌乱离中。中舍拱楼照皓月，怀中南谷卷东风。华发当年皆少女，而今都是七旬孀。"注明：中舍、拱楼系金石中学的两座教室，怀中是怀念丙中之意；怀中系子烈之次子，仙高一组，南谷是仙高三组，相差二年。华、发即琼华、淑英，集美女师同学。（这是数年前与子烈八十自寿诗）陈侃校长诗中提到许怀中，令许怀中感激不已。陈侃诗后注明的"怀念丙中之意"，"丙中"系受反动派杀害的烈士。许怀中在仙高求学时，陈侃校长每周周会都上台讲话，有次讲话中引了古人所云"民不畏死，奈何以死惧之"，针对国民党右派杀害人民的反动嘴脸，给许怀中的印象极深。陈侃是民主人士，为人耿直，办学有方，培养许多学生成长。许怀中记得他脸孔白皙，有学者风度。

2011年传统节日中秋，像亲人款步而来。每逢佳节倍思亲，许怀中不禁乡情油然而生。他正好读完乡亲林片玉（笔名林朝信）从故乡仙游寄来的书稿《麦斜岩》。麦斜岩是许怀中的祖籍地，他小时在家只去钟山九鲤湖，未去麦斜，近年才去访祖，站在石所山前，迎面横卧的山犹如雄狮，昂首扑爪、脊背高耸，果然风景非凡，许怀中的祖辈就埋葬于"狮穴"的风水宝地。

读了文学作品《麦斜岩》，许怀中备感亲切。从中可看到麦斜岩、大洋和南日岛等独特的南国风光，更重要的是展现出的这一带革命斗争的风云。封面上注明的是为"纪念闽中——中国工农红军创建80周年而写"。据载，1930年秋，在邓子恢的指导下，中共仙游临时县委在麦斜岩成立了"工农红军第108团"，这是仙游县党组织领导下的第一支工农武装队伍。

作者林朝信曾是知青，后被招工，20世纪80年代下海创办建材企业，足迹遍及大江南北。林朝信自幼爱好文学，70年代开始创作，曾和许怀中在厦门大学执教的同事有过联系，成为挚友。林朝信在21世纪初叶细读了《中共闽中地方史》，对风景佳绝、人文荟萃、革命风云激荡的麦斜岩情有独钟，创作了革命题材长篇小说《麦斜岩》，历时3年完成。这部取材于地方党史的文学作品，撷取了闽中革命斗争史上的几个重大事件，反映抗日战争至解放战争时期闽中革命先辈艰苦卓绝的斗争历程，展现出曾为错案后平反昭雪的城工部鲜为人知的特殊使命，表现出革命者的博大胸怀。

具有文学创作功底的林朝信，建构出波澜起伏、引人入胜的故事情节，吸引着读者的兴趣。他从 1941 年 4 月连江会战写起，福建省政府从福州撤退到山区永安，国民党消极抗战、积极反共，我党城工部顽强斗争。凸显林氏糖庄这条主线，围绕闽中游击队在南日岛、湄洲湾一带劫日本货轮行动开展。随着日本投降，国民党反动派加紧"剿共"，我党转入南疆砥柱岩革命根据地继续斗争。人民解放军战略防御转入大反攻后，城工部在护送华东局特派员途中遭敌伏击，特派员不幸牺牲。由于情况复杂，某些领导的主观臆断造成历史上特大的冤假错案，城工部负责人被错杀。最终"麦斜岩上杜鹃红"，闽中解放，城工部错案得到昭雪。正如福建党史所书："城工部烈士的鲜血，同样染红了共和国的旗帜。"

这部小说中的人物，不用真实姓名，但形象鲜明、个性突出，这是作品成功的关键所在。林朝信所写的林氏三兄妹：大哥林氏糖庄经理林明瀚为抗日牺牲；二哥国民党鼓山舰舰长林明涛抗日有功，作为起义将领深明大义；妹妹闽中城工部副部长林珊，外表漂亮，外柔内刚，为我党地下活动做出卓越的贡献。这位感情丰富的女性由于错案壮烈牺牲，令人扼腕叹息。作者浓彩重墨地描写了她把生死置之度外："她是城工部负责人，她有勇气去承担一切，保护自己的战友、同志！她走到黄国勋、龚力面前，沉痛地说：'不要再拷打自己的同志了，如果能证明我的战友、同志的清白，我今日从这儿跳下去。'她解开项上的那枚传家宝翡翠红豆，转身交给蔡敏臻说：'这是我最后交的一次党费。'她微笑地朝众人挥了挥手，纵身跳下百丈悬崖！"这是个多么可爱可敬的女革命家的形象。其他如新四军驻榕办事处主任、省委宣传部部长龚力、省委宣传干事佟菊、福州市城工部部长张李浩、闽中特委书记黄国勋、闽中游击队队长蔡敏臻、闽中城工部部长陆乾宇、闽中游击队支队长罗云祥、绿林女杰黄毛丫等，都各有各的个性特征。其他如反面人物老奸巨猾的晏仕杰，叛徒齐天柱、史良才，闽中警察局局长牟日升，汉奸贾仲年、石寿山等，也个性鲜明。

典型人物和典型环境分不开。林朝信笔下的斗争环境如南日岛、湄洲湾，尤其是麦斜岩，不仅自然风光秀美，而且人文景观丰富，地势险要，便于斗争。如麦斜岩的山水、历史文化、革命历史写得相当充分，其中写到的"溪上头"，便是许怀中的祖籍地，他过去散文中把它写成"溪泉头"，"泉"应该为"上"之误。许怀中感谢林朝信为他故乡添彩。

6. 壶公山青，木兰溪碧

2016年1月初，厦门大学莆仙籍教授林丹娅等来福州参加福建省政协十一届四次会议，几位在榕的校友、乡亲与之聚会，许怀中也参加。故友相聚，乡情高如壶公山，清似木兰水，谈起故乡的变化，大家都怀着一个心愿：愿壶公山更青，木兰溪更碧。

莆阳大地，以壶公山和木兰溪为象征，一山一水，称为壶兰，她既有自然景观，又有人文底蕴。多年前，许怀中受莆田籍马来西亚华文作协主席云里风邀请，赴马访问，宿于马六甲壶兰同乡会会所。海外莆仙乡亲以"壶兰"命名会所，可见乡情之切。

许怀中小时就听了关于壶公山的许多传说故事，印象最深的是见了壶公山聪明花便开了，这里的"聪明花"便是人文的陶冶和影响。宋理学家朱熹曾仰望海滨的壶公山，叹说："莆多人物，乃此公作为怪也。"驱车进入莆田地界，那座山头尖尖的壶公山就出现眼前。2010年春，莆田市原社科联领导金文亨曾陪许怀中上壶公山，那时许怀中任莆田市玉皇文化研究会会长。他们在春雨绵绵中登上壶公山的凌云殿，领略了壶公山的秀丽景色，又看到玉皇大帝的善男信女在殿前朝拜的虔诚场面，归来许怀中写了《雨中登壶公山》一文。

故乡木兰溪流韵，富有地方风情，蕴含的文化底蕴深厚，可说是莆仙人的母亲河。莆田历史文化名人郑樵，曾以"壶山八闽苍翠，兰水一泓涟漪"诗句来赞美家乡的美丽，壶山即壶公山，兰水便是木兰溪，构成了"壶兰雄色"。

木兰溪发源于德化戴云山，流经永春，横贯仙游县西东，绕过重重山，冲出条条谷，聚集大小溪流300多条，奔流到首田湾入海，全长105公里，流域面积1732平方公里。如何利导木兰溪，是莆仙世代人所共虑的问题。早在唐代，莆田高僧妙应禅师就有"水绕壶公山，莆阳朱紫半"

的箴言，所谓"朱紫"乃官服之意。明代黄铺据朱熹的话作了《游木兰溪题续前人》的诗："水绕壶公山，此地方好看，相传三百载，符识在木兰。莆田多人物，乃此老作怪。更有木兰水，添作怪中怪。"诗人注意到壶公山，又注意到木兰溪，壶兰人杰地灵，补充了朱熹之意。放眼世界，河流的作用不可低估，埃及的尼罗河，英国的泰晤士河，造就了名城，我国的长江、黄河，其举足轻重，人人皆知。

木兰溪孕养着世世代代的莆仙儿女，尤其是莆田木兰陂的建成，对这块热土的繁荣起了不可估量的作用。来到木兰陂上，便可见一泓清澈见底的溪水，漫过石砌的29个闸门，犹如29条巨龙，奔流入海。木兰陂改变了海水渗透溪水的历史，使溪水灌溉了莆田南北大片土地，变盐碱为良田。"木兰春涨"是莆田的二十四景之一。

木兰陂历时20年建成，是古人"水绕壶公山"理想的实现。不仅"莆阳朱紫半"，科甲鼎盛，而且还有激励后人奋勇前进的钱四娘精神。1962年郭沫若来参观，留下动人的诗句："至今人道是钱妃。"钱四娘的精神，感天动地。

许怀中记得小时坐船到莆田南门桥下码头上船，坐在船舱里，由船夫撑着竹篙，慢慢地顺流而下，饱览两岸风光。沿岸龙眼树和荔枝林郁郁葱葱，其时只有一座石桥。后来，溪水受污染，溪道堵塞，母亲河犹如体弱多病的老人。庆幸的是，故乡领导重视清理木兰溪，工程虽然巨大，但终还溪水以清澄。2015年，许怀中回仙游故里，参加县作协举办的一位作家长篇小说《古镇》首发式暨座谈会。他夜游木兰溪，看见公园广场露天舞厅群众舞蹈，队伍整齐，舞姿优美；南门的"水上乐园"，水畔凉亭、走廊、铁栏、茶座、站台、儿童游乐园等错落有致，两岸灯火辉煌。木兰溪换了新天地，水韵更加绚丽，美不胜收。

夜凉如水，溪风轻吹，往事似烟，乡情如缕。许怀中曾应莆田市荔城区邀请去采风，在散文《荔林水乡风情》中提到他少时文章《木兰溪的晚风》所写的一段对母亲河的礼赞，文中还抒写"属于木兰溪流域的延寿溪"的水乡风情。愿莆阳大地益发蓬勃生机，壶兰更加风姿绰约。

7. 寻根访祖，题写牌匾

许怀中小时听他父亲说，祖家在兴泰（即钟山一带）的溪泉头。钟山是名胜古迹，传说中九仙升天的九鲤湖所在地，许怀中从小到大虽多次游九鲤湖，但对祖籍地却没有什么印象。步入老年，寻根访祖的愿望随着年龄增长而愈发强烈，直到2008年春才得如愿。

大年过后的初八，仙游县政府和厦门大学联办九仙文化讲坛等活动，请许怀中直接到钟山镇报到。这段时间一直阴冷，几个省都有冰雪之灾。许怀中做好上山气候更加寒冷的准备后，兴致勃勃地和曾在仙游县挂职当副县长的散文名家章武一道驱车到钟山镇。回想20世纪80年代初，从厦门大学回故乡过春节，和仙游籍的学生约好大年初五上九鲤湖游览。除夕开始，便春雨连绵，像扯不断的丝缕，直到初四夜间，依然雨声淅沥，许怀中以为九鲤湖之行将成泡影。料想不到，天公作美，初五醒来见朝阳入窗，太阳在东方微笑。如约到车站乘公交车上山，许怀中一行一路兴高采烈，有人兴之所至说："这中间必有福星高照的人！"屈指一算，时光流逝将近30个春秋。

活动举办方安排许怀中在钟山镇办公楼上的客房午休，论坛晚上开幕，下午他正好有空隙去寻根访祖。许怀中在陈志忠副镇长的陪同下，坐了一会儿的车，便来到祖籍地。原来溪泉头是钟山镇鸣和村的一个自然村，《仙游古今》上记载："延寿溪，上游称九鲤湖，发源于钟山，流经钟山境内，出九鲤湖注入莆田东圳水库，全长57公里，其中仙游境内长12公里，流域面积64平方公里。"溪泉头乃溪水源头之意，名字好听，又有深意。章武对鸣和村的名字赞不绝口，说是非常祥和。鸣和村党支部书记许成洪热情接待了他们，并带他们去参观了许氏宗祠。他告诉许怀中，还生活在这里的许氏宗亲约200人，许多人已迁到城里和外地。许怀中说他的先祖便也是在清朝迁往城里的，他父亲生前常说："祖先葬在狮穴，是风水宝地。"许怀中仰望前面的山，宛如躺狮，狮首昂然，狮身逼真，真是一座雄伟之山！陈副镇长和许怀中说，他们祖先的坟墓就在狮首的穴中，在那狭缝间点蜡烛也不会被风吹灭。同行的章武兴奋地说:"那叫'藏风聚气'。"陈副镇长说这座山叫作"云居山"。武夷山有个"云窝",是在天游峰脚下一个洞,而这整座山称为"云居",是云所居之山。古诗中写入山采药的老僧"只在此山中,云深不知处",那是多么幻妙遥远的意境。鸣和村许成洪书记说,古代此处的书院称"云山书院",书院也和云山联结在一起。"白云生处有人家",祖辈就在这云山之中生活劳作,接受着文化的熏陶,沐浴于自然风光中,这一连串的好名字连缀成祖籍地的"和美"之音:鸣和村、溪泉头、云居山、云山书院。想不到在这年龄,无意间实现了寻根访祖的愿望,发现祖籍地的山和水、自然和人文都这么雅致。村支书要许怀中为鸣和小学和许氏宗祠题写牌匾,许怀中欣然答应。

在镇长的陪同下,许怀中重游了九鲤湖。归途中,夕阳下山上的芦苇低垂摇曳,苍茫旷远。在苍山沉静之夜,专家学者一道谈论九仙文化,仙游县领导也畅谈了进一步开发九鲤湖的设想。夜在沸腾。2008年,在榕城召开成立仙游钟山在榕乡亲联谊会大会,许怀中受邀参加。会上洋溢着钟山乡亲之情。

2019年暮春,许怀中和名家陈金添夫妇从榕城回仙游故乡,并约厦大中文系林丹娅教授回乡共聚,其目的是到他母亲祖家书峰寻访。受《仙游今报》副总编郑志忠热情接待,安排在博览城里的三福艺术馆聚会,参观各楼层陈列的古典家具,和著名剧作家郑怀兴等,在楼上花园拍照留念,原来故乡也有如此典雅建筑,堪称一家上档次的古典家具有限公司。陪同许怀中一行的是中国工艺美术大师、国家级非遗传承人、福建省人大代表黄福华董事长,黄董的热情好客给许怀中留下深刻的印象。

午后,许怀中驱车至离县城约15公里的书峰乡,志忠特别邀请曾在书峰乡任党委书记的肖荔清主任陪同,她对书峰乡了如指掌,如数家珍。在这次返乡途中,荔清给传递一条信息,即10年前她下乡,偶然在果园发现许怀中先祖的古墓,此次叫人拍照传来,上书"溪泉、许公有年癸卯举人"。许怀中的祖籍在麦斜岩溪泉头,确认无疑。他小时听说祖辈一位早年就中举人,后守孝几年,不去考官,而去日本留学,回来办学,仙游古厝是学堂建筑。许氏家族中出了莆仙第一位留学生,无巧不成书,居然书峰成为先祖的风水宝地。

来到书峰乡党委、政府办公所在地书峰村,也便是许怀中母亲的祖籍地。许怀中小时曾和姐姐到书峰做客,记得出了县城,便爬山越岭,在树林下穿行。走得又累又饿，便吃点带的送礼糕点。那时两个小孩居然也寻到母亲祖家。家里简单，在做青黛染料，姐弟俩过一夜便返。许怀中多年来未再去了。

下车见群山环抱中一片高楼大厦，古民居作为旅游参观点在几个村中保存。此处已不见了。过去客居之房，毫无踪迹。周围一片楼房，对面枇杷一条街。中间一大坑地，许怀中小时听母亲说家乡"徐坑"（方言），果然有坑，陪同者介绍此处将建人工湖，增添旅游景点。许怀中先到妈祖庙瞻仰，林氏后代供先祖林默娘，也是理所当然。这漈头宫具有人文、历史、艺术、科学价值。许怀中迫不及待参观了林氏宗祠，母亲姓林，正是祖家宗祠。它建于康熙五十年，大门口石鼓作为镇宅之宝，现为新建祠堂。正大门对联"忠孝有声天地老，古今无数子孙贤"，据说是宋仁宗皇帝为林氏家谱题词。此地产枇杷，约4200亩，又种青黛500亩。农业部授予全国"一村一品"示范村称号。这里不仅物产丰富，而且风景优美、山清水秀，诸多名胜古迹，有神奇的山峰山帽寨，还有壮观的漈头瀑布。沿溪两岸建构休闲人行道，旅游设施更加完备。书峰村乃600年前林氏祖乐公来此定居，辛苦创业，子孙旺盛。主人激情自夸道："这里山水美，人更美。"从母亲留在许怀中记忆中的音容笑貌看，人美完全可信。

书峰乡除了书峰村之外，还有五个行政村。书峰是枇杷之乡，那年清明节许怀中回故乡扫墓，亲朋好友送他几箱枇杷，就是书峰名产，种植面积680公顷，驰名中外。书峰又称建青黛之乡，建青黛种植面积30多公顷。建青黛不仅是蓝色染料，又是名贵药材。其他各个行政村，各具特色，所组成的这个乡，地理位置优越，交通方便，已铺了水泥路，贯通各村。如四黄村，主姓黄，村民和睦团结，勤劳朴实，人才辈出，有民族英雄"无头公"的英勇抗倭故事流传，宗教色彩较浓。青黛也是此处特产，是板蓝根主要原料，除作为印染，也是美术绘画颜料。这里"早钟六号"枇杷畅销各地。书峰乡的锦峰村是革命老区，如今成为旅游胜地。兰石村是乡里的第一大行政村，又是革命老区。双溪口处有座供奉包公的庙宇，真不寻常。山上茂林修竹，溪流贯穿全村，一个绿源名贵植物园，面积2500亩，种植沉香、黄花梨、小叶紫檀等，奇花异木，亭台石桥，风景优美，是省级美丽乡村。百松村原名西坑村，这个革命老区村已成为教育、制作基地，境内有千年古驿道，又称"状元路"，近年被省旅游局列入乡村旅游特点村,"生态度假,休闲运动,创作体验"。此外,鲤岭村特别重视基础设施投入,公路贯穿境内,社会安定,民风朴素,投资环境良好。

书峰乡正是由这6个特色显著的行政村组合成的神奇地方,这个处处有奇观,代代有风流的胜地,正在建构"看得见青山,望得见绿水,记得住乡愁"的秀丽乡村,在建设文化名乡、旅游休闲的宝地。许怀中此次来此,算是追寻母亲那时生活的踪迹,对母亲的怀念油然而生。母亲逝世后,许怀中曾写悼念散文《母心》,文中写道:"我伯父在她家乡教私塾,发现这农家有这么一位美丽的小姑娘,便替我父亲说媒,送了几十块银圆便算定亲了。那时我父亲师范还没有念毕业,母亲过门前一天,外祖父拉着他女儿的手,劝她不要悔婚。这样注定了她的命运。"母亲对子女管教严,对丈夫尽责,她小时念过几年私塾,认识一些字,在厦门定居时学刺绣,留下几幅艺术品,可说是传家之宝。她在故乡度过晚年,无疾而终。夜里吃点心,嘴里还含着一口面线糊,就仙逝了。许怀中写道:"我忽然想起大象的传说,大象临终之前,为了不连累同类,独自偷偷躲到深山密林里,无声无息地溘然而逝。"母亲逝世,父亲悲痛欲绝。

在书峰母亲的故乡,许怀中追寻亲情、乡情、母情,也是追寻自己小时留下的足迹。乡情、乡愁、乡恋,似这里的溪流,永远流淌,流淌。

8. 亲情乡情,永留人间

2007年8月10日,许怀中在云南开远姐姐家为父亲的诗歌集献言,写道:父亲许子烈,为人正直,一生坎坷。曾祖早逝,父亲无力念完师范,自学成才,被誉为仙游四才子之一。20世纪80年代初叶父亲辞世,留下唯一遗产就是《许子烈诗词集》。此集许怀中曾请在福州的亲戚打印,搁下多时。此次乘和妹妹到云南开远看望姐姐之机,细细校对了一遍,感受到父亲一生的经历心迹。从开篇题记中得知,父亲于1915年小学毕业,时年十六。秋间抱病,未能升学,在家翻检先人藏书,阅读诗法入门和古典诗词名家多卷。后又在泉州师范课余广读近代名家诗集,这是父亲填词写诗的基础。

父亲于20世纪20年代末避居鼓浪屿，许怀中便在海滨呱呱坠地。从记事起，许怀中便听到父亲用方言背诵古典诗词，声音洪亮，铿锵和谐。随着年岁增长，许怀中逐渐领会诗词内容，启蒙爱好文学的兴趣。许怀中在家乡念书时，时常读父亲的诗词作品。印象最深的是，20世纪70年代父亲和母亲到厦大，同宿斗室，父亲有次写篇《蟋蟀吟》（填词）示于许怀中。许怀中当时觉得基调过于凄清，愿父亲创作出更高昂的作品。至今重读，许怀中才理解其中境界和心情，自愧当时思想不够解放。这首词，赢得当时父亲厦门诗友和仙游诗友的唱和，可见其影响之广。

1981年初夏，许怀中突然接到从家乡来的电话，惊悉父亲病危，连忙赶回。父亲躺在阴暗的寝室，见许怀中回来，一丝笑容出现在消瘦的脸上。当晚许怀中和从云南回来的姐姐、在家的弟妹看守病父，邻居也来探望。父亲精神特好，谈起自己写的吟梅妃的长诗，比《长恨歌》还要长。谈到唐代如何送荔枝到京城，脑子十分清晰。不料天未亮时，父亲便悄然辞世，驾鹤而去。父亲逝后，许怀中将长诗寄给《莆田政协报》发表，还收在他的散文集内。

《咏梅妃》得到广泛好评，在这本诗词集内末篇《步韵奉和许子烈长咏梅妃诗》写道："许子烈诗长，少即聪颖过人，一生耽于诗史不求闻达，对诗词创作享有精深造诣，常多不假思索，顷刻立就，辄成佳构。晚年好咏梅妃，有长歌梅妃曲及律绝等首。梅妃曲长达九百余字，婉转缠恻、波澜起伏……一时步韵奉和者皆多。"这篇大作未见于诗词集，打印稿也没有署名。许怀中记起曾为故乡老诗人余启铿先生的《剑鸣诗集》作序，内有类似的评论。正好带来送给姐姐的散文集《月满西楼》，内有《为〈剑鸣诗集〉作序》篇，提道："拜读余老诗集里的《步韵奉和许子烈长诗咏梅妃诗》前一段简介，情深意笃，尊重家严之情，感人至深。"接着说："家严诗稿，我一直想整理打印，但至今未能实现，心中发焚。如今，余老的诗出版，家严有知，将含笑于九泉之下。"余老已成故人，读之黯然神伤。父亲诗词已对好，许怀中准备把它印刷出版，虽父亲同辈唱和诗友多已不在世间，然可作为纪念。

父亲的诗词集有"霞川集"篇，收进早年诗作46首。"梦花词集"篇中有《临江仙·鹭江夜渡写怀》："一派音楼临水次，灯光万点波明，小船如织往来轻，天边去欲尽，海上月初生。悽绝满腔家国戚，旧仇新恨难平……"显然是客居厦门所作。国难当头，忧国忧民愤慨之情溢于言表,"冲冠起看吴钩横"。诗词中流溢爱国思乡之情。抗日时期,厦门沦陷前,父亲携妇将雏回到故乡仙游。集子里也收进回仙游以及70年代到厦门的创作。如《重游南普陀》(1973年)、《游集美(纪念陈嘉庚先生)》《登郑延平水操台》:"千秋功业仰延平,铁马楼船此举兵。怀古情深空怅望,海风鼓浪起雄声。"父亲直到晚年,诗心未泯,《词章砚作田》篇内多和诗友唱和诗篇,其中《齐天乐·蟋蟀吟》情感深沉,通过蟋蟀吟抒写心态,感人至深,唱和者特多。许怀中高兴地从集子中读到他在厦大时的老师黄典诚、李拓之的诗作。

80年代初,许怀中的母亲仙逝。这年过春节,他特地带幼孩回仙游和父亲过节,宿仙高妹妹宿舍。除夕晚煮点菜,许怀中和父亲一起围炉。时夜雨潇潇,鞭炮声更添几分凄凉。父亲夜不能寐,在冷雨中写下《悼亡六首》,凄凉悱恻:"悲君辗转睡难成,惨淡孤灯暗不明。五十九秋恍昨日,何堪老耄泪纵横。"(其一)父亲和母亲共同生活59个春秋,他思之凄然。《元夜二首》:"被冷卧床梦不温,邻家笑语恐相闻。一尺罗巾泪湿透,旧痕满幅又新痕。"父母夫妻情感,催人泪下。遗稿中多用繁体字,其中有些字迹不清,但至今读了遗稿倍思亲情。在阔别10年的姐姐家做客,难免叙旧,姐弟兄妹共忆在家乡的往事,怀念父母之情难抑。

2016年中秋节过后,许怀中的姐姐一家4代人从云南开远县千里迢迢来看望他。最高龄的姐姐年近九旬,最小的曾孙女才1岁多,使许怀中感动不已。他的姐姐出生在故乡仙游,出生时父亲刚逃过一场灭顶之灾。

许怀中姐姐童年也在厦门度过,至今她还记得鼓浪屿龙头码头那座平房的样子。许怀中也记得窗口对着大海,他记事起就爬到窗口看大海,可惜这座住房早已拆掉。国难当头,日寇铁蹄踏进中华大地,厦门沦陷前夕,父亲携家回故乡仙游。一时找不到工作,家境便困难起来。许怀中上小学时,父亲蒙冤遭拘留,更是雪上加霜。姐姐从小养成刻苦耐劳的习惯,帮做家务事。姐弟俩平时去乡下挑谷子,假日便跋山涉水,到书峰母亲祖家或回老家钟山带点农作物。父亲出狱后,报考公务人员,到永春工作,有了正常收入,总算渡过难关。

姐姐仙游师范毕业后当教师,教学认真,教育部门要保送她到福建师范学院深造。她觉得家庭经济并不充裕,需要她帮衬,就放弃深造的机会。后来许怀中厦大毕业有了工作,姐姐随许怀中的校友吴氏到北京重工业部门工作,成立了家庭。

为了支援地方工业建设，许怀中姐姐一家于"大跃进"年代，下放到昆明，后到边远的开远水泥厂工作。那时交通不便，姐姐不顾旅途疲劳，常回老家仙游探亲，有时单独来，有时携儿女，还带来云南土特产孝敬父母。许怀中印象最深的一次是"文革"后第二年，姐姐回家住了一段时间，许怀中已倦打"派战"，便和毕业班的老乡乘一辆货车回老家，和姐姐相处了一些时日。

心地善良的姐姐看到弟弟没有工作，在家闲着，一股正气地跑到县民政局询问，要求给弟弟找个职业，但处动乱岁月，谁来管这些事？虽然无法解决问题，但她关心弟弟可见一斑。姐姐回厂后，许怀中也结束了这段"逍遥"生活，回校复课。

"文革"结束，迎来了民族复兴的新曙光。1983年暮春，许怀中到昆明参加高校的一个学术研究会，姐夫把他接到开远，盛情招待。姐姐教子有方，提前离休让孩子补员。儿子吴许也很争气，于新世纪头几年当了开远水泥厂的厂长，他坚持"以人为本"治厂，多年来给厂里带来正能量。

许怀中到省里工作后，姐姐和家人还来住过，许怀中也常去云南看她。2007年夏天她陪许怀中游遍云南风景胜地，如丽江、大理、西双版纳等，留下诸多美好记忆和文字。

许怀中的姐姐自己省吃俭用，对人却很慷慨，肯为亲戚朋友花钱。值得提到的是，她因先天不足，身体欠佳，但她几十年如一日，坚持锻炼，居然当了太极拳教练，参加各种比赛，屡获大奖。在报刊上常有褒扬她的文章，如："特别是许怀四老师，她不但全心全意指导会员，还刻苦钻研技艺，精益求精……无论是集体，还是个人，都能取得好成绩。""连续三年获系统和省里比赛集体第一名。"又如《老年武术花盛开》写道："许怀四老师不顾80多岁的高龄和腿脚的疼痛，风雨无阻，呕心沥血，诲人不倦……只要有人愿意学，她怎么教都不觉累，她的热心和耐心让会员们深深感动。"他姐姐不计报酬，乐于奉献，"堪称广大离退休人员的楷模"。此次聚会，亲情和乡情交融，亲情中有浓郁的乡情，乡情中孕育着无限亲情，愿亲情与乡情的鲜花盛开不败，永放人间。

2015年8月底，许怀中送最小的孙子去厦门大学上学，他爸妈陪同他一道去。厦大也是许怀中的母校，虽然为孙子考上这所大学而高兴，但送他上车后，许怀中心里忽然空洞洞的，伤别之情油然而生。小孙子长期在许怀中的小书房做功课，电灯一直亮着。小孙子上大学后，有一天，许怀中上楼来,远远看见书房的灯暗着,心中像堵着一块石头似的,沉甸甸的。

许怀中的睡眠不好。小孙子走后,许怀中想睡,又睡不着,一直起来看他写孙子的两篇散文,往事不禁重现眼前。小孙子出生于21世纪来临前三年的仲夏。快出生时,许怀中准备去医院看望,天刚蒙蒙亮,又睡着了,忽梦见厦门的孙子和一个小男孩并躺在竹榻上。醒来,许怀中立即披衣驱车到医院,刚好赶上孩子出生,果然是个男孩。

那时许怀中住在省会屏山大院。屏山是昔日风景名胜地之一,后为省直机关重地。朝夕漫步院内,常见一老人携着一个儿童徐行。老者的苍苍白发和幼者的红色衣裳在晨曦或晚霞映照下,形成强烈的反差。那老人可能是离退休老同志,晚年有余暇带着孙子,享受一点天伦之乐。当时许怀中已有的孙子都在外地,他体会不到含饴弄孙的乐趣。自从身边有了这个小孙子,看孙子天天长大,从躺到坐,从坐到爬,从爬到蹒跚学步,再从能走到跑;从啼哭到欢笑,从会叫爷爷到说很多话。小孙子3岁半那年,许怀中发表《维系两代人的小使者》散文,记述这段祖孙相处所感。

说来有趣,小孙子和许怀中特亲。孙子满2周岁时,患肺炎住院,出院后在家啼哭不止,奶奶、保姆毫无办法。只好打电话给在外面活动的许怀中。许怀中一回家孙子便不哭了,家人戏说他是"止哭剂"。许怀中应邀去英国牛津大学参加国际艺术交流会归来,刚到门口,孙子就从保姆怀里扑过来,奶奶说像是老华侨回来与亲人见面迫不及待地拥抱。

小孙子刚开始送附近的幼儿园,后来他爸妈改送到条件较好的省儿童保育院,许怀中有空便去接他。放学后,已长大些的小孙子还留下来玩,许怀中在旁看着玩得畅快的儿童们,也分享了一份快乐。回家路上,他和小孙子说笑话、讲故事、猜谜语、对对子,也是一个畅快的过程。有时,孙子受了表扬,额上贴着"红豆",祖孙情绪就更高了。

每逢节日,院内灯火明亮,喷水池喷出水柱、水花,色彩缤纷。小孙子便兴高采烈地叫着"灯火辉煌"。孙子越来越能运用一些成语,词汇日渐丰富,语言表达日益清晰。双休日,小孙子在家看图识字,他爸妈教他识汉字、英文字母和单词。累了,许怀中便带他到附近花园玩。有时许怀中要去开会或外出,他哭着要跟去,在门外听见"爷爷、爷爷"的喊声,许怀中就有些情绪低落。有时许怀中赶写稿子,小孙子爬到桌边,把墨水弄翻,看他知错的表情,许怀中心中也就不烦了。在外地许怀中常常要打电话问孙子情况，时时刻刻心系着他。许怀中不由感到：小孙子是维系当代家庭的链条，是维系着两代人的小使者。这是他写那篇散文的由来。

和小孙子去旅游观光，也是许怀中老年生活的一大乐趣。有个暑假，全家都到外地"海洋世界"玩，小孙子画了一张"海洋探秘"的画，颇有想象力。许怀中在散文《家庭旅游的乐趣》中记叙了全家到永泰赤壁、百涤沟景区旅游的情景。在赤壁，小孙子一下就被短尾猴所吸引，扔东西喂它，还一道照相，笑得十分开心，大家都很高兴。登百涤沟，景物多姿多彩，小孙子初次自己登山叽叽喳喳地说个没完，颇有合家乐的气氛。

后来小孙子进了重点小学，成绩常名列前茅，还担任班长。业余学习电子琴，后来又学钢琴。从小也练字，笔迹工整挺拔。初中阶段，理科很好，但文科也不差。高中阶段，又上了重点学校，是班里的优秀生，理科更加突出，常被学校选送参加各种竞赛，都能得奖。如福建省信息学奥林匹克二等奖、福建省高中数学竞赛二等奖、泛珠三角物理奥林匹克竞赛二等奖等。文科仍然不偏废，许怀中书房里的各种书不够他读，他又买新的书橱，不够放，许怀中便腾出来让他使用。他还能背诵我国古典诗词名篇，读遍名著小说，英语也不赖。小的时候，他身高一般，长大后变得高大起来。他还爱好体育锻炼和音乐，他爸妈给他买了一架钢琴，他有空也弹弹琴，琴声悦耳。许怀中对钢琴声尤为动情。记得"文革"期间回故乡当"逍遥派"，借宿临近仙游师范的教师宿舍，楼下就是钢琴室。许怀中在楼上苦读《鲁迅全集》，楼下传来学生弹钢琴声，至今难忘。小孙子的琴声，令许怀中回想那段生活。往事并不如烟，尤其是对小孙子的一步一个脚印，许怀中始终铭记在心中。许怀中的挚友从厦门发来短信"祝他早日成才"，这也是许怀中的愿望。

小孙子刚离开，许怀中的心情都是老人心态的反映。也许有人认为人越到老感情也越来越淡薄，其实正好相反，随着岁月的流逝，老年人的情感并不流逝，而是越来越浓郁，越来越深沉，越来越丰满。爱幼童，爱生活，爱亲情，爱友谊，然而有时也感到为情所累。理解老人的情感世界，也正是理解社会、理解生活、理解人生之所需。老年人也应调整自己的心态，"人有悲欢离合，月有阴晴圆缺，此事古难全"。"悲欢离合"是人之常情，自古以来皆如此，概莫能外。

9. 莆仙文学，花团锦簇

素称"文献名邦"的莆仙，自古以来一直重视教育事业。故乡莆仙教育源远流长。远在战国时期，已与吴越文化交流，后中原、黄河文化入闽，梁陈时便有河南人士来莆筑庐讲学，并设书堂讲学。唐代建立县学，宋代莆仙教育进入鼎盛时期。元、明倡办社学颇盛。明、清学塾普及。自唐至清末，所建书、斋、舍、书堂多所，教育发达，人才辈出。1912年学堂改为学校，新中国成立以后，尤其是改革开放新时期，继承和发扬尊师重教优良传统，教育事业蓬勃发展，为新文化建设、建立文化强国做出一定的贡献。

莆田在重视教育事业的同时，极其关注校园文化。而校园文学作为校园文化的重要组成部分，犹如争艳鲜花开遍校园，成为一道绚丽的文化景观。2003年，市里举办首届文学节时，出版过"校园文学丛书"，是文学天空闪耀着的一颗耀眼新星。2008年，举国上下庆祝改革开放30周年之际，莆田市第二届文学节有声有色地进行着。出版的第二套"校园文学丛书"，是校园文化建设的新成果。它从第一套的12本，增加到15本，从12所学校，增加到15所学校。这两届文学节，是由莆田市委宣传部和莆田市文联共同举办的。时任市委宣传部副部长兼市文联主席郑祖杰约许怀中为这两套文学丛书写了总序。郑祖杰调任莆田市教育局局长之后，又于2012年及2013年分别举办校园文学节，出版中小学两卷校园文学丛书。许怀中又欣然为之写序，乐见家乡文学新秀从这里走出。

这几套校园文学丛书，各册篇数多寡不一，篇幅长短不拘，有的设栏目，也有不设的，其中有的附老师评语，并署指导老师姓名。在作文习作中，老师的辛劳指导是功不可没的。各册文章以散文为主，又有评论，如书评、影评，还有诗歌。从中学卷可窥见青春的美梦，校园情愫、人事交加、写景状物、人生感悟、阳光成长、飞扬个性、抒写人文、社会风尚、日常生活、历史遐思、书海拾贝、社会广角、心灵方舟、理想追求、师生情谊、同窗情愫、亲人情怀、乡情乡恋……题材广阔，内容丰富多彩，形式生动活泼，既有时代气息，又有心灵火花。小学卷散发奇思妙想，"童"字突出：童年忆趣、童心畅想、追梦童年、童幻王国、童梦花开、七彩童年……可谓色彩缤纷。

校园文学节，除了出版校园文学丛书，又举办各种活动，如办展览、开讲座、评云里风校园文学奖、校园文学作品比赛等等，这些举措对提高中小学教育质量，促进文化交流，推动语文教学的发展，活跃校园文化，提升文学创作水平，培养文学新人，都有积极的作用。可以说，校园文学节既是莆阳教育界的盛事，也是文艺界的喜事。

2009年早春二月，在榕城召开全省宣传部长会议，仙游县委宣传部在大会上，以"'软实力'形成'硬支撑'——文化建设助推仙游经济社会提速发展"为题进行交流，总结了几年来文化在提升产业、促进发展、营造和谐方面的重要作用，文化"软实力"正在对仙游临港工贸旅游城市建设产生显著效应的经验，引起与会者的热烈反响。许怀中作为一名在省里宣传文化部门工作过的仙游老乡，一直以为发挥仙游地方文化资源优势，建设经济社会是至关重要的。因而对这次经验交流，感到十分欣慰。

由此，许怀中联想起近年来故乡文学艺术事业的欣欣向荣景象。就以文学创作而言，呈现出春天的繁花似锦的景观。老辈作家不论在本地或在外地的，创作热情和成果引人注目。著名剧作家郑怀兴，他的剧本创作，属于文学范畴，其在省内外的影响力，是众所周知的。更可喜的是，他还出版了长篇历史小说《血祭山河》。仙游作协主席、中国作协会员郑清为，几十年笔耕不辍，坚持诗歌和散文写作，从事枫亭文化研究，发表的各类文学作品达150万字，精神难能可贵。年届八旬的退休教师朱先兴，笔耕不辍，几年内出版了长篇小说《飞雪迎春》以及散文、民间故事、儿童文学等多种作品集，许怀中都为之写序。老革命、老文化人余鸿，年事已高，写了许多从事文化工作的体会、回忆录，出版了单行本。仙游博物馆原馆长、省文史研究馆馆员陈职仪，在进行书画创作同时，也撰写文学作品。许多离退休老干部，写作热情不减当年。在外地的仙游籍作家，如曾任莆田市市长的吴建华，响应省炎黄文化研究会、省作协组织编写出版"走进八闽"丛书的号召，经常和许怀中一道下去采风，撰写散文。省委宣传部新闻处原处长邱国锞，继出版诗集《杜鹃花》之后，又有《迎春花》诗集问世。

中青年作家是仙游文坛的中坚力量。近年来在散文创作方面，应首先提到王清铭。他在全国各地刊物上发表多篇散文佳作，影响甚大。仙游县文联主席连铁杞，不仅对民间工艺美术情有独钟，而且时有散文发表。仙游作协常务副主席王斌，在刊物上发表了许多散文、随笔，出版散文集《春雨潇潇》。许怀中曾参加在故乡举行的《春雨潇潇》作品研讨会，对王斌的作品给予好评。仙游作协秘书长吴子雄，创作出版了《金石晓风》。仙游报道组组长郑志忠，曾出随笔《家园漫笔》，后又有新作《守望家园》出版，是位在家园辛勤耕耘的青年作家。青年作家陈小平第一部长篇小说《苦楝泪》，莆田市文联为包括他在内的莆仙青年作家的小说举办研讨会，许怀中和著名作家杨少衡到会。21世纪伊始，仙游文联、作协出版文集《兰溪韵》（王斌主编），在序中许怀中曾提过萧然的散文《清明》（获"云里风文学奖"一等奖）、方金腾的《大山的儿子》、黄林华的《头发的故事》、陈林红的《夜来香》，提到的新人新作还有陈珍佐的《笔下风霜论古今》等。还值得一提的是，20世纪90年代，仙游文学还推出一些重点作品，请许怀中、杨健民、林丹娅等名家进行评点，在省内产生了广泛的影响。

对故乡的文学，许怀中曾充满着激情说："仙游老一辈文艺家奋发青春、宝刀不老。中青年文艺家创作活跃，正在不断冒头，形成老中青创作队伍合力。"

10. 守望梦想，宣传家乡

2010年岁将暮，许怀中回一趟故乡仙游，和县作协主席王斌等领导班子聚会。副秘书长方金腾面交《守候最初的梦想》厚厚的书稿，故乡的作家出书，许怀中自然乐意写序。

中年作家方金腾是许怀中在县作协开会时认识的。从《学会感恩》（后记）中进一步了解他的经历：他出生于游洋山区的农民家庭，小时喂猪、放牛、养鸭、种田，大山赋予他坚强意志。祖辈、父辈三人参加革命，使他有幸在游洋念完初中后被仙游师范招考就读，当学生干部。在学校好的文学氛围的熏陶下，和同学创办文学刊物，向学校的《采薇》诗刊投稿，走出文学创作的第一步。从此便向国内文学刊物投稿，诗歌在

《中学生学习报》上发表。20世纪80年代末毕业后，在乡村当小学老师，继续写作，还写新闻作品。一年多后被借调到县教育局，帮助编辑《仙游教育》《仙游文学》等。将近10年后又到学校和乡镇工作。《"海滨邹鲁"鲤城》文学脚本就是这期间的创作，被拍摄成福建省百部爱国主义教育电视系列片之一。2003年1月调县报道组工作。

请许怀中写序的书稿是从他已发表过的百余篇文章中筛选结集的，也许是方金腾第一部出版的文集，比较全面地反映了他写作的成果，体裁有诗歌、散文、言论、新通讯报道以及话剧、影视等，可见作者文学兴趣之广泛和写作之勤奋。许怀中从中概括它的特点是：守候家园、热爱家园、宣传家园、守候家园。

该书共分八辑：诗海拾贝、五味生活、基层传真、人物春秋、教育天地、鲤城放歌、蜚山漫话、艺苑杂萃。其中所写的无论是诗歌或散文、新闻通讯报道或言论、剧本或影视，主要是仙游家乡的题材。热爱家园。从书稿中散发出故乡泥土的芳香，乡情浓郁。许怀中尤其喜欢他所写的诗歌和散文流露出对家园之情。这里有父母的亲情、大山儿子对大山的恋情、师生的恩情、朋友的友情，无不凝诸笔端。诗歌《期待》抒写："我是故乡放飞的风筝／无论飞出多远／总有一条小径拴在心头／从此我把所有的收获／精心装订起来／期待着故乡收线的那天。"诗人的心和故乡永远是相连的。散文《大山的儿子》中表现出对"生我育我"大山的深情："走到天涯你还是大山的儿子，总丢不掉那一身的野气，也不想丢掉。大山随时张开双臂让你扑进山的怀抱，深情地挂在母亲腮边两线相思。"对这首诗许怀中在厦大的高足、老乡名家杨健民有很精彩的评点："大山藏着大山的儿子的梦……诗的语言恰恰在这里感悟到了生命的某种野性，然而它并不狂野；相反地，作者在一种似乎颇有节制的吟唱中，去穿透人生的一个主题：走到天涯，你还是大山的儿子。因此，这篇散文就以一种潜在的悟性梳理了抒情的风度。"对大山怀着浓得化不开的情感，哪怕大山弯弯的山路，也像一条"无尽头的延伸"的心路。

在文集中，方金腾写了许多家乡好人和好事，洋溢着热爱家乡的乡情。如"人物春秋"辑中，写了仙游籍的剧作家郑怀兴，他的成就，他对剧本创作的贡献，对振兴仙游戏剧的作用；是作为受"滨海邹鲁，文献名邦"文化熏陶而成长起来的一位剧作家。方金腾还写了从大山走出来的残疾青年邱世芳充满传奇色彩的故事："他爱家乡的大山。现在他站在大山上，眺望远方，一轮红日把金光洒满大地……大山的儿子，完全陶醉在家乡大自然美丽的风景中，举起画笔，在速写本上描下了一幅幅画。"对家乡的爱，也凝结在画家的画本上。方金腾笔下的文艺家、医务工作者、司法干部、助学的古稀老人等等，都跳动着一颗热爱家乡、故园热炽的心。

也许由于方金腾长期在县报道组工作，文集中收集更多的是新闻通讯报道。充分体现出他是一位勤业敬业、热心宣传仙游的好新闻工作者。就许怀中所知，仙游县报道组，在县委宣传部的重视下，由郑志忠组长主持，报道工作相当不错。方金腾文集中所写的报道，有他个人写的，有和别人合作的，报道面十分广泛，书中的"基层传真""教育天地""鲤城放歌"及"蜚山漫话"等辑，报道了近年来仙游经济社会发展，以及教育、旅游业等方方面面的成就，如项目攻坚战、重点项目建设工程、新农村建设、交通、农村合作医疗、群众体育、文明建设、社区管理和社会风尚等等，都囊括在内，对宣传仙游、宣传家乡，起了很大的作用。作者深入基层，认真探访，用事实说话，这是坚持"三贴近"的结果。所写的言论，有的放矢，如写仙游组团赴北京、上海等地成立商会，结尾写了团队精神的重要："一个单位需要团队精神，一个民族更需要团队精神。民族精神就是团队精神的升华。"方金腾在《实践"三个贴近"，提高采写能力》文中，要求新闻工作者要坚持和实践"三个贴近"，要求记者要眼勤、笔勤、沉得下去，有吃苦精神，这实际上也是他的工作总结和自我写照。由于能做好"三个贴近"，方金腾为家园的宣传报道做了大量的工作。

《九鲤湖梦墨》是一部富有地方特色、图文并茂、可供阅读、又能欣赏、别开生面的图书。它出自诗人、画家黄叶之手。黄叶是许怀中的乡亲，两人曾在故乡谋面。2010年年底，黄叶把刚出版的《不愠斋吟稿》赠许怀中。这本诗集，前有几幅古典人物画，显示出李耕画派的特色。老诗人臧克家为之题词，老作家孟伟哉为此书写封热情洋溢的信。许怀中即写了"如诗如画"以赠。书名中的"不愠斋"给许怀中留下深刻印象。"不愠"即不怒、不怨恨之意，这是一种人生和创作的心态，但不能理解为心如古井那样心涛不兴。正相反，作为诗人和画家的黄叶，思想感情丰富，就诗集的第一部分"盛世直声"而言，针砭时弊、抨击弊端，感情热烈、激情充沛，可见他不是只埋头绘画、写诗的文人，而是关心世态和社会且不赶时髦的画家和作家。

黄叶为仙游籍画家、李耕国画研究所副所长，长期从事李耕国画艺术的传承与研究，作品曾多次入选中国美协主办的画展，受到行内名家的好评。

黄叶的《九鲤湖梦墨》精选仙游县政协1993年汇编的《九鲤湖百梦》中的50个祈梦故事，分为功名梦、人事梦、经济梦、子嗣梦、寿数梦等类。作为仙游李耕国画研究所副所长，长期从事李耕传统人物画技法传承与研究的黄叶，发挥他之所长，以国画形式表现梦文化内容，他把仙游"中国梦文化之乡"和"李耕国画"这两张名片，献给广大读者，可谓"一箭双雕""一石二鸟"之作。近年来，仙游县委、县人民政府为促进"工贸旅游城市建设"，成立福建九鲤湖梦文化研究会，聘许怀中为顾问，他也已参加多次的梦文化活动。如2003年参加了在故乡召开的梦文化学术研讨会，后又到钟山参加此类研讨会。家乡仙游通过文学艺术创作、讲座、研讨等形式，发掘九鲤湖文化梦的内涵，许怀中也从不同角度为家乡文化助力。

2011年入春以来，从故乡仙游寄来、送来的书稿已好几本了，都要许怀中写序，说明故乡的作者写作热情之高。仙游作协名誉主席郑清为，带他故里枫亭的一位作者朱春泉来榕城和许怀中见面，朱春泉将已编好的《天高地厚》书稿和已出版的小册子《母亲》送许怀中。从郑清为同志的介绍中，许怀中得知朱春泉是已退休的老工人，早年因家境困难，初中未毕业便出来工作，他为了报答母亲，写了《母亲》之后，又撰写了这本回忆录《天高地厚》，表现他这个大家庭的变化，所取书名乃有报恩之意。许怀中和朱春泉虽是初面，但对朱春泉的朴实憨厚留下了深刻的印象。朱春泉的弟弟朱春水是许怀中厦大的校友，和许怀中在中文系任教时的高足、老乡、已英年早逝的林功荣是好友，这些都勾起许怀中的缕缕乡情。

读了《母亲》，又读完《天高地厚》书稿，许怀中得知作者以纪实手法所写的这部回忆录分为"尘封的记忆""动乱岁月"和"天高地厚"3辑，写了从童年的梦到青春年华，当工人时所经历的三年困难时期，到10年的"文革"动乱的艰难，直到改革开放新时期家庭的兴旺发达，得到"五好家庭"的多种荣誉。写出一位平凡而伟大的母亲，围绕仙游枫亭农村一个贫苦家庭的巨大变化，总结出一个道理：家与国、个人命运与时代发展密切相关。

书稿中这位具有莆仙妇女典型性格的母亲，出生于莆田县东沙磨顶村的一个农民家庭，她叫"阿珍"，嫁给仙游枫亭朱寨一个贫苦农民为妻，结婚前没有一分田地，只靠做瓦窑工挣钱，靠勤俭积累买下离家僻远的山坑里的两亩薄田。老实巴交的父亲，为了生计，忙于耕田种地，农闲又到油坊做工。由于长年积劳成疾，无法医病，一生老实厚道的父亲终于撒手而去，其时母亲刚44岁，已生下五男六女。母亲痛不欲生，想随恩爱的丈夫而去。但她为了培养子女，最后选择了生，以难以想象的毅力挑起了家庭千斤重担，把儿女培养成人，有的上大学，有的工作，在改革开放的春潮中，各显神通，发家致富。正如郑清为在《母亲》序言中所写：96岁的母亲蔡阿珍，是一位普普通通的农村妇女，勤劳、朴实、坚强、善良，具有兴化女性的优秀美德。她下地种田，上山打柴，捻麻织布，勤俭治家。"一双硕大的脚板上长着五个脚趾像钉耙一样散开，那是青壮年时期赤脚劳动的结果；十个手指像竹节一样，又硬又粗，脸上的皱纹……无不显露出艰难岁月流淌的痕迹。"作者深情地写道："时光易逝，世事苍茫；我们敬爱的母亲已在2002年8月逝世，享年96岁。她传下了200多人的内外子孙，在改革开放中大显身手，也不知建了多少座厂房，盖了多少幢楼房，买了多少层套房和别墅……这已经不重要了，重要的是我们忘不了和父母亲相依为命的日子里，用血和汗打造自己的家园。因为她凝聚着前辈的心血与期待，体现中华民族的特有精神——勤俭节约、艰苦奋斗、自强不息，这才是最永恒的。"

这是一个带有典型意义的劳动人民家庭，在家庭主妇的苦苦支撑下，建成一个和睦团结、友爱互助、生死与共、同甘共苦、发奋图强、克服国难、锐意创业的大家庭。母亲生下的五个男孩，都很争气。他们虽然也经历着种种艰难险境，如"文革"中大哥被隔离审查，二哥蒙冤入狱，作为老三的朱春泉，也被游街殴打，后又长期和疾病斗争。60多年跟随母亲风风雨雨，坎坷谋生，直到党的十一届三中全会以后，柳暗花明，兄弟和亲戚从商办厂、艰难创业，"大展宏图的大好时机已来到"，莆田市首家由农民独资经营的中型企业"华丰鞋业"在灵川镇横空出世，虽有挫折，但都转亏为盈，越办越红火。先后办了五个中型企业和许多小厂作坊，为国家社会做贡献。大家虽然忙于事业，但都没有忘记风烛残年、体弱多病的母亲。兄弟家人精心照料，孝敬老人，连续6年被村、镇、县老年委评为"孝敬之家""孝敬好儿女"等，后又被省里评为"五好文明家庭标兵户"，是莆田市唯一的一家，获得多家新闻媒体广为宣传。

一位母亲，一个家庭，一个又一个家庭构成国家。我国儒家文化所谓：修身、养性、齐家、治国、平天下。从个人做起到家庭和谐，才能治国，达到平天下的目的。这个家庭的兴衰，也与国家民族的兴衰分不开，个人的命运与民族的命运紧密相连。母亲生前常说：没有共产党就没有家庭的今天。作者怀着感恩之情写道："母亲！您的儿子带病终于完成了他毕生的心愿，让母亲的高尚品德和光辉事迹代代相传。"在母亲伟大精神的带动下，这个大家族子孙有10多人获得高级技术职称，四人出国留学，许多人正在念大学，为国家的富强、民族的振兴努力做出应有的贡献，该书则是作者的又一种社会奉献。

许怀中是一位学者型官员、官员中的学者，集教授、学者、作者及官员等多重身份于一身。他的人生经历和多方面成就，不仅在莆仙屈指可数，在全省亦属凤毛麟角。他为文学晚辈树立了一个榜样，竖起了一道很难被超越的标杆。

许怀中的散文浸透着浓郁的乡情和乡思，书写仙游风物的篇什让人们备感亲切和温暖。如《走进"仙门"》，他在暑夏走进"仙游四景"之一的"仙门"，他回忆起小学时学校组织的"远足"，老师率领学生带着干粮步行几十里，将旅游与锻炼结合在一起："这样的活动小时候也曾多次参加过，几乎每年，就读的潭边小学都要组织我们全校几百号学生去做这样的远足，一年两次，名曰'春游''秋游'。当年，在幼小的我的眼里，这样的远足是有趣的、难忘的，让乡村孩子拓宽视野，很长见识。'仙门'，我至今唯一一次去过那里就是通过学校组织的这样的活动。"

正如许怀中文章中写到的，那里有"仙水缸""仙脚迹""仙脚桶"，到处撒满了仙人留下的印记。尽管岁月流逝了几十载，但都还清晰地记得。而他文中所写到的那些景致、提到的那些名词，都是莆仙乡语方言中独特的表达，在乡亲们读来非常亲切，而在莆仙之外的读者读来，相信亦不会有陌生而别样的感受。又如《九鲤寻梦》，许怀中多次到徐霞客笔下的"福建三绝"之一的九鲤湖漫步，找寻失落在那里数千年的"仙梦"，实在是一件叫人心驰神往的快事。他描写了青年时期的初游九鲤、中年丧母后的再游和近年的故地重游，每每都有新鲜的经历，再以简练之文学从容道来，令人如临其境。许怀中忆起故乡，常常想家乡"仙游"实在是一个独特而神秘的名字，是一片仙幻仙气十足的土地。那里到处景象万千，千奇百态，果真一个"神仙悠游忘返"的所在。那里到处散落着一个个关于神仙的传说，一个个神奇、神秘、玄妙的故事。

许怀中总是不遗余力地宣传自己的故乡，把自己的追求、梦想、憧憬与向往，都与故乡融为了一体。故乡总萦绕在他的心中，他也总在故乡的怀里。他是仙游的孩子，可以漂泊天涯，游荡世界，但他却永远也走不出母亲关切的视线，永远走不出家乡温暖的怀抱。一个把故乡带在了身上的人是有根的、有福的，是仁者、智者。

11. 乡愁萦绕，最忆故乡

许怀中认为最忆是故乡。人生的情感，是多种多样的。而对故乡的乡情，也许是最难忘的情愫，尤其是童年、少年在家乡的生活，随着岁月的流逝，却越来越清晰地在记忆的深处浮现。

许怀中出生在厦门鼓浪屿。抗日战争爆发，日寇的铁蹄将踏进厦门岛时，他的父母携家人回到了故乡仙游，而他正值入学年龄。那时，借居亲戚住宅，先住下房，后搬到顶厅。上下厅由几个阶梯连接，下厅有个后园，大片果树，空阔。搬住上厅时，后门是片旷地，有株高大的杧果树，每逢刮风下雨，成熟的杧果便掉下来，孩子们忙着拾果子，算是一场意外的收获。树下，经常搭戏台演戏，空地是最好的剧场。

那时族居，有许多堂兄弟姐妹相聚，给许怀中的童年、少年增添了许多乐趣。暑天，晚上大家聚在户外乘凉，上一辈坐着聊天，小字辈捉迷藏，萤火虫像提着小灯笼似的前来助兴。假日雨天，堂兄弟在室内猜灯谜，有个谜语是"春雨绵绵妻独睡"，打一个字。许怀中猜出是"一"字，春雨的"春"字去了"日"，妻独睡去了"夫"，即剩下"一"，可谓贴切。有时也玩扑克、下棋，边玩边大喊大叫，游玩有种种名目。许怀中特别难忘的是寒暑假劳动，上山砍柴。日出而出，他和堂兄们爬山，五里一亭，爬了好几个亭，爬秋、砍柴、吃带来的地瓜。有一次他爬上松树，被挂在树上，好不容易才下来。家务劳动如挑水等，是家常便饭。家乡的劳作，培养了许怀中吃苦耐劳的习惯，对他人生的旅程影响颇深。

吃苦耐劳的习惯养成，和运动也密不可分。夏夜，街道上没有行人，堂兄弟们便把街道作为跑道，许怀中年龄最小，却经常跑在最前面。短跑、田径是许怀中后来的强项，曾以跳远项目参加第一届省运动会，还写通讯报道。当时《福建日报》把许怀中所写纳入记者的报道，和记者一起署名，人家还以为许怀中当了记者。小时候的运动不只有赛跑，而且项目颇多，如抛"铁球"，把圆石头当成"铁球"，比较简单。从小培养体育锻炼的习惯，为后来许怀中成为中小学乃至大学的运动员，奠定了坚实的基础。念仙高时，举行爬山比赛，许怀中爬得很吃力，最后不仅坚持了下来，还得到了名次。运动需要耐力和毅力，这是家乡给他的厚赐。

许怀中小时候到农村走亲戚，农家的乐趣是乡情之所寄。有一次，许怀中和堂兄弟到不远的农村探亲，门口有条清澈的河流，他们一起下河抓鱼虾，许怀中端着脸盆，堂哥们抓的鱼虾都放在脸盆内。河道很滑，许怀中不小心跌倒，把脸盆内的鱼虾全放生了，因他年龄最小，大家也不责备，少了一番口福罢了。许怀中的姑母在霞苑，母亲祖家在书峰，他的祖籍在麦斜溪泉头，小时候去做过客，春节期间在农村，特别好玩。有时假期也到同学家，晚上他们会打着手电筒去水田抓青蛙、摸田螺。故乡的农家，也带给许怀中乡情和乡愁。

校园环境、校园文化构成了许怀中乡情的画面。许怀中小时候在文虎小学读书，校园在县体育场旁侧，校园美丽，后成为仙游师范的校舍，一所培养师资的摇篮。许怀中的哥哥、姐姐、堂姐等都在这所学校毕业。多年以后，许怀中的学习成绩突飞猛进，当了级长。抗日战争中，学校搬到了农村。后来，许怀中以优异的成绩考入仙游慕陶中学，这是一所教会办的学校，环境更是优美。学校后门，通往郊区，一片田地，蔗园连片，农民榨糖、煮糖时，四处飘香。那时组建了歌咏队，许怀中是队员，对音乐的兴趣在这时萌长。莆仙人一般都会一两种乐器，许怀中小时候学了二胡、笛子和洞箫，二胡未学成，但学会了洞箫。音乐会上合奏的《昭君怨》悲凉悱恻，许怀中在月明风清的夜晚吹这曲的洞箫，箫声在夜空回旋，凄楚动人。当时许怀中的美术、写生、文理科都好，可说是德、智、体全面发展，打下良好的学习基础。初中毕业后，正好成立仙游高级中学，是第一所高中学校，入学考试时，许怀中也名列前茅。这所学校，在金石山风景区，后门是一座山，校园的优美，在省内并不多见。操场旁一棵高入云霄的白杨，宿舍前一排桐树,将毕业前的一个黄昏,学生们在林荫道上漫步,白色的樱花飘落而下……许怀中每思及此,乡情储满心间。

每逢佳节倍思乡,节日文化是维系乡情的纽带。春节,家乡有过大岁的传统,接下来,还有元宵游灯、端午划龙舟、中秋赏月……各有特色,充满地方风俗民情。过节日的情景,许怀中埋在心灵深处,时时回味,韵味绵长。节日的文化活动如好戏连台,莆仙是"文献名邦",地方文化丰富多彩,每逢节日或重大的喜庆活动,格外活跃。庆祝抗日战争胜利时,仙游城格外热闹,城里到处人山人海,看表演、演出、化装游行,百姓的爱国心和乡情交融。那时,许怀中已经念高中,在家乡经历了一个难忘的"黄金日"。

12. 似水流年,岁月如歌

许怀中记得 10 多年前去南平,主人陪他游溪源庵,一路山涧流泉潺潺,如歌似吟。许怀中不禁想起沈从文的《边城》中所写:兄弟俩都爱上可爱的少女翠翠,老二出个主意,他俩在月夜轮流唱歌,谁得到回答,谁便得到翠翠。翠翠在梦里听到那又软又缠绵的情歌。溪源庵途中的流水声,就像唱给情人的歌。

岁月如流水,这流水似歌。但这歌并不单调,而是丰富的:有情歌,也有无爱之歌;有欢歌,也有悲伤之歌;有高歌,也有低回之歌……

许怀中上了年纪后,每当逢年过节,在欢乐祥和气氛里,不免感慨岁月之无情,韶光之易逝,暗生一缕淡淡的哀愁。有一年春节,在外地的孩子都回来过年。除夕,一家大小三代人一起吃团圆饭,孩子们高兴地说:"今年最齐全了。"初五过大岁前后,他们都陆续走了,老大最后回去,许怀中老伴多留他一天,也留不住,因为要准备上班。许怀中默然,忽然想起父母健在时,自己却很少回故乡过年。有年带着小孩回家过春节,买了回程车票,母亲说:"把票退了吧,多留一天。"有时出差经故乡,在家逗留一两天。走前母亲总说:"多留一天再走。"当时由于教学、工作忙,许怀中总不能遂母亲"多留一天"的小小心愿。这回他体会到做父母的总希望在外儿女在家"多留一天"的心情,也体会到做父母过年的心情。

2002年春节在一片"马到成功"的祝贺声中到来了。拜年活动似比往年更多。除一年一度的全省性团拜之外,还有各种的春节茶话会、联欢会、团拜会,许怀中家客厅里摆着从省里到家乡送来的花束和花篮,温馨之芳香充盈鼻腔。这期间,莆田市委、市政府在福州温泉宾馆举行在榕莆田乡亲新春座谈会暨莆田市开发湄洲湾协会榕城促进会成立大会。会上,春意融融,喜气洋洋,热气腾腾,许怀中和乡亲们难得一聚,乡情似酒。

有个深夜,许怀中接到从厦门大学回故乡仙游过年的年轻教授的电话,自然是拜年和叙旧。许怀中忆起80年代初,和仙游籍的几位学生,相约在大年过后的初六,一起游鲤湖的情景。这群人中有高年级将毕业的,也有刚进校一学期的新生,大家在庙里煮食、嬉游。如今,这些学子有的出国,有的成为专家学者,有的当教授作家,有的当了党政干部,各在一方,各得其所。这位年轻教授,在电话里深深感慨说:"生活中多少事是不可重复的。那时同游九鲤湖的伙伴,不可能重聚一起观飞瀑了。即使是能重聚重游,也追不回当时的心态了。"正如西方哲人赫拉克利特所说:"人们不能两次踏进同一条河。"这也是所谓生活中事物之不可重复性的意思。许怀中翻开相册,留影中挂电话的这位教授,当时正蹲在湖边捧着一朵水花哩。

时光如流水,流水如歌。已逝去的岁月,或正在逝去的岁月,就如流水,不停地奔流而去,谁也无法阻止。然而,莫叹韶光易逝,就把她视为歌吟的流水,聆听她的歌唱,即使唱的不都是欢乐之歌,也是生活之歌,人生之歌。

13. 共叙发展,乡情浓浓

莆田市委、市政府每年新春佳节期间都在榕城召开乡亲迎春座谈会,乡亲们欢聚一起,共叙莆仙发展,乡情浓浓。在辞旧迎新的节日气氛之中,许怀中回忆往事,童年少年在家乡过春节的情景,明晰地重现眼前。

许怀中记忆里的家乡春节,充满着诗意。尽管那时压在父亲肩上的生活担子很沉重，家庭经济并不宽裕，有时还颇拮据。也许正因如此，春节带来的欢乐，更加难忘怀。为了过好春节，父亲煞费苦心，起码要给孩子们做套新衣裳，还要吃好、过好。大抵旧历廿五就忙起来，母亲和妯娌到木兰溪畔洗涤，负责搞卫生、大扫除的家务；许怀中跟母亲到溪边玩，又跟父亲去采购，为了价钱便宜点，到乡下买肉类，到田间向菜农买蔬菜；还有哥姊去磨米，做红团白糕之类，也得忙上一阵。春节前的这许多事，都包括在过春节之中。所谓过年，不只是一天的节日，而是从大年廿五到过元宵，将近一个月时间，这样过节，也许是世上少有的。

除夕的围炉，几乎是节日的重要内容。全家老少围在饭桌上，桌下放着火炉，撒把盐，哗啪作响。围炉是团聚，炉火又象征着兴旺，不说不吉利的话，气氛特别祥和。祥和又是春节的一大特征。希冀祥和的日子，是许怀中国民间的传统。这夜，是孩子们欢乐不眠之夜。守夜，可玩到天亮，至少熬到下半夜，这叫守岁。夜半四周鞭炮声大作，春来了！

从除夕到元宵，这期间，都洋溢着祥和的气氛，老百姓讲求祥和，今天提倡"和谐社会"，正是这个传统的继承和发扬。过节的祥和气氛，也给孩子们增添欢乐。初一去拜年、逛街，口袋里又有压岁钱，可到摊点买"七饼"之类的点心。过完大年初五，到乡下走亲，又享受一番农村过年的乐趣。春节期间家长让孩子们玩耍，已成定例。不受打骂，玩得开心，何乐不为。到元宵节，学校一般已开学，制纸灯、去游行、看灯，也别有一种情趣。

传统的新春佳节，时间长，内容多，气氛好，这其中更跃动一个"情"字。春节前后，各种迎春茶话会、联欢会、座谈会接连不断。每年故乡莆田市委宣传部、市文联领导都来榕城看望慰问莆仙籍文艺家们，他们带来的乡情，使许怀中感动不已。每当独处静思时，许怀中不免感到韶光易逝，流年似水。"天增岁月人增寿"，对老年人来说，是更老了一岁。留在记忆深处的童年在家乡过春节的情境浮出心海，遂生光阴似箭之慨，许怀中更深体会到当年父母为子女过好节日的心思，更理解老一辈人的节日心态。

第九章

老骥伏枥　艺术常青

耄耋之年本应退休在家颐养天年，但在福建有这样一位老人，老骥伏枥，志在千里，退休30多年笔耕不辍，专心著述，出版专著超千万字。活一天，干一天，写一天，是他一生不变的追求。他就是退而不休的老领导、老作家、老教授、老学者、老研究家许怀中先生。

许怀中1927年出生，从烽火连天的革命战争年代，到今天恢宏壮阔的新时代，在近一个世纪的峥嵘岁月中，他艰苦奋斗、潜心探索的初心从未改变。专心著述的生活，每天除了吃饭、睡觉，大部分时间都伏案奋书，用他自己的话说，"党和国家把我培养成大学生，又培养成教授，还重用我走上领导岗位，我只要还有一口气，就要拼命干"。

许怀中退休前风风火火，退休后也丝毫不减热度，他始终保持在职工作状态，发扬退休不退志的精神，紧跟时代步伐，焕发时代光彩，发挥兴趣特长，宣传党的政策，讲好中国故事、福建故事、红色故事、八闽特色，画好同心圆，用实际行动诠释了退休党员领导干部的忠诚和担当，赢得了省内外广泛赞誉和尊重。

在许怀中看来，退休就是转换战场，还有更多的事情等着他去做。他每天仍保持着读书看报、笔耕不辍的忙碌状态。"1946年，我读高二的时候，开始发表文学作品，至今已有70多年，生命不息，创作不止。"许怀中的身上，透着一股倔强的精神，他说这或许深受鲁迅影响。

2007年底，在福建省第六次文代会上，已忠诚履职20多年的许怀中以"年事已高"为由，坚辞"省文联主席"职务，感于他所做的贡献，现场掌声经久不息，令他感动得难以言表。"到了2010年5月，恰逢省文联成立60周年，时任省委主要领导亲自为从事文艺工作60年的我颁奖。得到这个殊荣，实在感激不尽。"许怀中笑说，人们称赞他是福建文艺界的常青树。

许怀中说，他是"文学创作与学术研究同行"。作为学者，他从20世纪70年代起，以每年一本专著的速度，废寝忘食地著述立论，迅速成为福建知名的鲁迅研究专家；作为散文家，他的创作高峰期出现在从政之后，因为工作性质的变化，出差机会多了，社会接触面更广，便利用空隙创作散文，陆续出版12本散文集，而且一本比一本厚。

相比学术研究，许怀中的散文更加凸显个人风格。冰心曾为其作序，称之为"散文名家"；著名剧作家曹禺为他的第一部散文集《秋色满山楼》题写书名，更赠言"先生之风，山高水长"；老一辈散文家郭风则定义了他的文风，属于"学者散文"，意即语言优美畅达，思想深刻严谨，内容言之有物，字里行间体现厚重的文化底蕴。北京大学中文系名教授王瑶读了许怀中的散文，也热情洋溢地写信勉励。

几十年来，许怀中还应邀写了上百篇序言和评论，上至耄耋老人，下至花季少儿，"要推掉任何一篇序，都于心不忍"。他在《福建文学》所写的《心灵的叩问》一文中，表达过"文人切忌势利"，他认为文学主真、主情，文人更应该讲真情。

许怀中对鲁迅的学术研究，开始于"无书可读"的特殊年代。彼时，学校彻底停课，他回到故乡当"逍遥派"，借居邻近仙游师范的教师宿舍，"躲进小楼成一统"，借了一套20卷本的《鲁迅全集》，从杂文开始、小说、日记、书信、译文……日夜苦读，还做小卡片。伴随着楼下传来学生练钢琴的旋律，许怀中暂时忘却了现实，思想跟随鲁迅深刻犀利的笔触，进入探寻中华民族灵魂的空间地带。8个月后，学校通知复课，他重返厦大。

没想到的是，这成为他后来撰写鲁迅研究专著的基础和准备。许怀中对鲁迅产生研究兴趣，还有一个客观原因不得不提：厦门大学中文系是全国不多的鲁迅留下足迹的一个院系，系里成立的鲁迅纪念馆，是全国高校唯一的鲁迅纪念馆，位列国内五大鲁迅纪念馆之一。

鲁迅于1926年9月4日来到厦门大学，那时候称为厦大国学院文科国文系，虽然只任教一学期，却留下许多著作。他教学认真，和学生关系很好，他写信给许广平说：学生对他感情好，文科也有生气了。鲁迅帮助学生出版期刊《渡艇》《鼓浪》，成为学生的良师益友。

1970年，厦门大学中文系招收工农兵学员，并计划撰写一本《鲁迅在厦门》的书，由许怀中和另一位中国现代文学史教研组的老师一同编写，后该书以集体名义出版，留下时代的烙印。5年后，许怀中带领毕业班鲁迅研究专题组学生住在绍兴鲁迅纪念馆，合写《〈朝花夕拾〉浅析》一书。寒冬时节，许怀中独宿池塘后的一间玻璃间的小房，小园内有望月亭，亭旁的红梅斗雪盛开，傍晚暗香入室，为他送来缕缕清香。

"如果说，人生都有一段或几段难忘的生涯的话，那么这段经历是难以忘怀的。与鲁迅纪念馆的友情，犹如梅花，香溢记忆的深处。"许怀中白天和馆里的人员改书稿，夜里利用时间阅读馆藏资料，建构鲁迅研究第一本专著——《鲁迅与文艺批评》。此书1979年由江西人民出版社出版，许怀中借此评上副教授职称。

以这本专著为起点，许怀中将鲁迅研究不断推向新的高度。"把鲁迅研究以专著形式系列化，是我学术道路上的一个重要步骤。"许怀中马不停蹄与时间赛跑，从鲁迅研究的不同角度和领域，如鲁迅的创作思想、鲁迅与中国古典文学、鲁迅与外国文学、鲁迅与文艺思潮流派等方面，撰写了多部著作。"鲁迅思想，像个富矿，挖掘不完，研究的过程，其实也是提高和丰富自己思想的过程。"

对鲁迅整理我国传统文化的贡献，在过去的鲁迅研究中是个被忽视的领域，这和长期以来片面地视鲁迅为"革命家"的思想倾向有关。第三部著作，许怀中将研究方向瞄准了"鲁迅与中国古典小说"，着重从"文学史家""小说史家"的鲁迅，来观照描画鲁迅学术著作。

为了写好《鲁迅与中国古典小说》，许怀中不但将鲁迅有关论述系统摘出，而且阅读鲁迅所评论的古典小说，厦大图书馆找不到的作品，他就利用出差机会到上海图书馆借阅。那时，正值1979年的国庆节，他住在上海文艺出版社作者招待所，早出晚归，在上海图书馆阅览室"欢度"节日，边吃干粮，边做阅读笔记。在写书时，他已改变用小卡片记录材料的做法，而是用大张活页，免得卡片排满桌面不便处理。

在《鲁迅与中国古典小说》的绪论中他写道："我们研究鲁迅与中国古典小说的关系，不但有助于了解鲁迅的思想和创作，看出他对我国文化遗产的态度，而且将帮助我们更好地批判继承我国古典文学遗产，发展社会主义的新文艺。"这本书稿由陕西人民出版社在1982年出版，并列入"鲁迅研究丛书"，赞为"鲁迅研究崭露头角的著作"。

此后，许怀中把研究鲁迅以著作形式系列化，开始单独带硕士研究生，一年撰写一本，寒假写初稿，给研究生教授一遍，暑假定稿。正是"拼搏"时期，他要夺回被耽误的时间，白天上班，晚上有时就躲在邻居宿舍写作。

特别值得一提的是，许怀中以每年一本的速度完成鲁迅研究专著，除了上述两部，还有《鲁迅创作思想的辩证法》（1981年福建人民出版社出版）、《鲁迅与文艺思潮流派》（1984年湖南人民出版社出版）和《关于"人"的审视与建构——鲁迅与世界文学的一个视角》（1991年陕西人民出版社出版等）。

在厦门大学撰写的鲁迅研究专著《鲁迅与文艺思潮流派》，是许怀中离开厦大前的最后一部，基本完成鲁迅研究著作的系列。

不妨再次提起许怀中常说的话："文人切忌势利。文学主真、主情，文人更应该讲真情。"潮起潮落，花开花谢，韶光易逝，似水流年。多年来，文之真情，犹如一江向东流的春水，滔滔不尽，流淌不绝。许怀中的内心一直珍藏着文学的"真"与"情"二字，珍藏"感恩"的心态，这就是一位智者留给我们的真言。

我们拜读许老的著作，透过那些浸润着艰辛、不屈、顽强、拼搏、坚持、执着的苦难辉煌人生，感觉到许老忠诚于党的宣传文化和文学文艺事业的高大形象，而许老的另一面，即对人谦逊、低调、和善、热情的高贵品格，更深深地印记在我们心上。